国际产能合作的
思路、重点及对策研究

吴涧生 等著

中国财经出版传媒集团

 经济科学出版社
Economic Science Press

图书在版编目（CIP）数据

国际产能合作的思路、重点及对策研究/吴涧生等著．
—北京：经济科学出版社，2017.4（2019.5重印）
ISBN 978-7-5141-7949-1

Ⅰ.①国… Ⅱ.①吴… Ⅲ.①区域经济合作–国际合作–研究–中国 Ⅳ.①F125.5

中国版本图书馆 CIP 数据核字（2017）第 084143 号

责任编辑：李晓杰
责任校对：王苗苗
版式设计：齐　杰
责任印制：李　鹏

国际产能合作的思路、重点及对策研究

吴涧生　等著
经济科学出版社出版、发行　新华书店经销
社址：北京市海淀区阜成路甲 28 号　邮编：100142
总编部电话：010-88191217　发行部电话：010-88191522
网址：www.esp.com.cn
电子邮件：esp@esp.com.cn
天猫网店：经济科学出版社旗舰店
网址：http://jjkxcbs.tmall.com
北京季蜂印刷有限公司印装
710×1000　16 开　19.75 印张　350000 字
2017 年 4 月第 1 版　2019 年 5 月第 2 次印刷
ISBN 978-7-5141-7949-1　定价：48.00 元
（图书出现印装问题，本社负责调换。电话：010-88191510）
（版权所有　侵权必究　举报电话：010-88191586
电子邮箱：dbts@esp.com.cn）

本书课题组成员

课题负责人
  吴涧生 国家发改委对外经济研究所副所长、研究员
  曲凤杰 国家发改委对外经济研究所副研究员

课题组成员
  丁 刚 国家发改委对外经济研究所副所长、研究员
  关秀丽 国家发改委对外经济研究所副研究员
  陈长缨 国家发改委对外经济研究所副研究员
  李大伟 国家发改委对外经济研究所室副主任、副研究员
  杜 琼 国家发改委宏观院科研部外经办副主任、副研究员
  季剑军 国家发改委对外经济研究所副研究员
  金瑞庭 国家发改委对外经济研究所助理研究员
  原 倩 国家发改委对外经济研究所助理研究员

前　言
PREFACE

当前，和平与发展仍是时代主题，世界多极化、经济全球化、文化多样化、社会信息化深入发展，国际金融危机冲击和深层次影响在相当长时期依然存在，全球贸易持续低迷，贸易保护主义时有抬头，全球直接投资对实体经济的带动作用明显减弱，全球经济进入一个中长期低速增长期，突出表现在：一是国际金融危机后全球直接投资整体放缓，发达国家的大型跨国公司对外产业转移动力明显减弱；二是世界经济初步形成"三个梯队"的格局，我国与其他国家的经济关系从"一竞争一互补"转向"两竞争两互补"；三是新兴市场国家加速推进其工业化和城镇化进程，承接国际产业转移的需求动力强劲且呈不断上升态势；四是新一轮科技革命和新兴产业加速发展、蓄势待发，有利于新兴经济体深度融入全球产业链、价值链和创新链。

从国内方面看，现阶段我国经济发展进入新常态，"三期"叠加效应日益凸显，经济全球化传统动力趋向弱化，我国继续依靠既有模式分享全球化收益受到了明显的限制，经济增速、经济结构和发展动力正处于加快转换的关键阶段，主要表现在：一是传统要素禀赋优势发生显著变化，我国对外输出产能、装备、技术和资本的能力和动力进一步增强；二是部分传统行业产能严重过剩，我国对外贸易出口面临较多贸易壁垒；三是企业国际竞争力增强，全球范围内配置资源的内在诉求持续上升。

国际产能合作是新时期我国政府扩大对外投资与对外输出优势产能的一项重大倡议，也是由我国所处的发展阶段及与之相关的经济、产业、技术、资本等内在条件共同决定的，具有客观规律性和历史必然性。它的提出和实施，对于促进国内经济增长和结构调整升级、加强与世界不同发展阶段国家的发展战略对接和产业互补衔接、深入推动全球产业链高中低端深度融合、不断增强我国对"一带一路"沿线重点国家和地区经济辐射力和影响力、有效促进世界经济持续稳定复苏具有十分重要的意义。

"国际产能合作的思路、重点及对策研究"正是在这一背景下作为2016年度国家发展改革委宏观经济研究院重点课题立项而有序展开的，本书就是在这项研究成果基础上编纂而成的。本报告重点围绕为什么（Why）、是什么（What）和做什么（How）三个维度对国际产能合作的思路、重点及对策进行系统深入研究。首先，着重阐述了我国开展国际产能合作的时代背景和重大意义，以及拥有的基础条件和面临的机遇和挑战。其次，系统探讨了"新雁阵"模式的由来与演进及对我国的适用性，在此基础上进一步提出了我国开展国际产能合作应采取的模式及内涵特征。再次，较为完整地构建了多层次的指标筛选体系，将160多个国家和地区分5类按照合作地位重要性进行排序，并对国际产能合作方式进行分类研究。最后，有针对性地提出了我国开展国际产能合作的"一核两轴三片区"总体思路，以及相关重点任务和对策思路与建议。

本书即将付梓之际，衷心感谢国家发展改革委宏观经济研究院白和金、林兆木、陈东琪、马晓河、王昌林、吴晓华、毕吉耀、张长春、黄汉权等专家和领导，他们在课题开题、课题研究、结题评述以及书稿出版过程中提出了许多宝贵的修改意见，从而使本项研究成果更具创新性、前沿性和务实性。同时，感谢经济科学出版社李晓杰编辑的热情相助和认真审阅。

本书各部分执笔人分别为：总报告 吴涧生等，专题报告一 曲凤杰，专题报告二 李大伟等，专题报告三 季剑军等，专题报告四 金瑞庭；调研报告一 陈长缨，调研报告二 关秀丽，调研报告三 曲凤杰等，调研报告四 吴涧生等，调研报告五 丁刚等；附件一、附件二、附件三和附件四 曲凤杰等，附件五和附件六 关秀丽，附件七 金瑞庭，附件八 陈长缨，附件九 杜琼，附件十 季剑军，附件十一 杜琼。

限于课题组的研究水平和工作深度，书中难免存在不当和错漏之处，敬请广大读者批评指正。

本书课题组
2017 年 5 月

目 录
CONTENTS

第一篇 总报告 / 1

国际产能合作的思路、重点及对策研究 / 3
一、国际产能合作的时代背景及重大意义 / 3
二、国际产能合作的基础条件分析 / 10
三、国际产能合作模式的探讨及其内涵特征 / 13
四、国际产能合作的重点国别和空间布局 / 19
五、国际产能合作的重点任务与对策建议 / 25

第二篇 专题报告 / 35

专题报告一 通过国际产能合作建立中国主导的区域产业分工体系 / 37
一、雁形模式：东亚经济依次起飞、产业转移和分工格局 / 37
二、从雁形模式到群马模式 / 38
三、从群马模式中突围：建立中国主导的区域国际分工体系，构筑新雁群模式 / 39
四、中国与相关国家具备贸易、产业和资本的互补性，构筑新雁群模式具备一定的可行性 / 40
五、构筑新雁群模式面临"四个"不确定性 / 41
六、构筑新雁群模式面临三大挑战 / 43
七、对策建议 / 45

专题报告二 国际产能合作重点区域和国别筛选机制研究 / 47
一、国际产能合作的内涵和范围 / 47

二、国际产能合作的具体模式分析 / 48
　　三、国际产能合作重点合作国家的评价指标体系构建 / 54
　　四、国际产能合作重点合作国家排序及地图绘制 / 63
　　五、打造"一环多点三片区"的全球国际产能合作格局 / 98

专题报告三　国际产能合作路径及模式研究 / 101
　　一、国际产能合作不同层面的内涵和模式选择 / 101
　　二、国际产能合作模式分类 / 103
　　三、我国重点行业开展国际产能合作模式选择 / 107
　　四、新形势下优化国际产能合作模式的对策 / 109

专题报告四　推进国际产能合作的支撑体系和保障机制研究 / 112
　　一、革新国际产能合作理念 / 112
　　二、做好对外开放大文章 / 112
　　三、从总体布局高度进行顶层谋划 / 113
　　四、设立中国产能合作促进组织 / 115
　　五、深化融资体制变革 / 115
　　六、推进政府职能转变，全力打造海外投资"一站式"
　　　　服务 / 117
　　七、建立产能合作企业"产业联盟" / 118
　　八、发挥行业协会积极作用，重点培育法律和财务服务机构、
　　　　市场交易中介机构、信息咨询机构以及市场监督机构等
　　　　四大类中介机构，着手建立包含信息、标准、要素、人才、
　　　　风险管控在内的综合类公共平台 / 120

第三篇　调研报告　　　　　　　　　　　　　　　 / *123*

调研报告一　我国国际产能合作的优势和类型研究 / 125
调研报告二　国际资本流动对我国国际产能合作的影响 / 137
调研报告三　国际产能合作进展状况、面临障碍及应对策略调研
　　　　　　　报告 / 145
调研报告四　关于苏皖两省开展国际产能合作情况的调研报告 / 180
调研报告五　推动企业"走出去"、积极开展国际产能合作 / 188

第四篇 附件 / 197

附件一 关于开展国际产能合作的问卷调查 / 199

附件二 Questionnaire of Conducting International Production Capacity Cooperation / 206

附件三 中国和印度尼西亚国际产能合作思路、重点和对策 / 215

附件四 中国与坦桑尼亚国际产能合作前景展望 / 229

附件五 中印产能与投资合作的现状及前景 / 245

附件六 中英产能与投资合作：方向、重点及建议 / 253

附件七 中哈产能与投资合作现状、制约条件及策略选择 / 261

附件八 我国电力项目国际产能合作 / 269

附件九 我国钢铁行业国际产能合作的现状、问题及政策建议 / 273

附件十 汽车行业开展国际产能合作现状、经验及启示 / 280

附件十一 关于国际产能合作的文献综述 / 291

第一篇 总报告

国际产能合作的思路、重点及对策研究

一、国际产能合作的时代背景及重大意义

（一）时代背景

从国际方面看，和平与发展仍是时代主题，世界多极化、经济全球化、文化多样化、社会信息化深入发展。国际金融危机引发全球增长方式、供需关系深刻调整。国际金融危机冲击和深层次影响在相当长时期依然存在，全球贸易持续低迷，贸易保护主义时有抬头，全球直接投资对实体经济的带动作用明显减弱，全球经济进入一个中长期低速增长期。

1. 国际金融危机爆发后全球直接投资整体放缓，发达国家大型跨国公司对外产业转移动力趋向减弱

在大多数发达经济体尤其是新兴经济体增长普遍放缓的大背景下，结构性的全球市场和投资需求收缩将是一个中长期现象。受此影响，加之地缘政治冲突和局部地区持续动荡，跨国公司投资信心大幅下降，全球跨境直接投资增幅明显回落。2009~2014年间，全球跨国直接投资总额年均增速仅达7.7%，2014年出现大幅下降，降幅高达16.3%。① 2015年，全球跨国直接投资在新兴经济体带动下虽有所反弹，但增幅仍明显低于危机前的水平。

长期以来，发达国家大型跨国公司是跨国直接投资的主力军。国际金融危机爆发后，发达经济体复苏缓慢曲折，政府债务风险不断加剧，跨国公司的资产负债表进入漫长修复期，社会资金相对匮乏，加之美国等经济体积极推行"再工业化"战略以引导国际资本回流，导致大型跨国公司在全球范

---

① 联合国贸易发展组织《2016世界投资报告》。

围内部署产业链的趋势明显转弱。与此同时，新兴经济体和广大发展中国家普遍对资金、技术、管理和先进制造等存在着长期而巨大的需求，各国政府吸引利用外资意愿比较强烈。这将有利于我国以充裕资本、成熟技术和优势产能输出为载体，积极面向这些国家开展国际产能合作。

2. 世界经济初步形成"三个梯队"的格局，我国与其他国家的经济关系从"一竞争一互补"转向"两竞争两互补"

21世纪以来，世界经济格局最引人瞩目的变化就是以金砖国家为代表的新兴经济体群体性崛起，在传统的"发达国家"和"发展中国家"二元结构中开辟出第三极力量，使世界经济初步形成美欧日等发达经济体、中俄印巴南非等新兴经济体及亚非拉欠发达国家"三个梯队"并存格局。其中，我国发展成就尤为引人注目，与其他国家的经济关系也从原先的"一竞争一互补"转向"两竞争两互补"①。

现阶段，我国与发达经济体、新兴市场和发展中国家形成"两竞争两互补"关系，使我国拥有面向发达经济体开放和面向新兴市场和发展中国家开放并重、不断拓展对外发展战略空间的新机遇。我国资本相对充裕，与世界多数国家招商引资的需求形成明显互补，为我国企业走出去开展对外投资、利用国外市场和资源、提升国际化经营能力带来新机遇。积极推进"一带一路"建设和国际产能合作，使我国有望实现从"雁行"分工模式追随者向国际分工"领跑者"角色转变。

3. 新兴市场国家加速推进其工业化和城镇化进程，承接国际产业转移的需求动力强劲且呈不断上升态势

近年来，印度、印度尼西亚、越南、哥伦比亚、尼日利亚、肯尼亚等新兴市场国家开始借鉴日本、韩国以及中国经济发展的经验，充分发挥其劳动力资源丰富、制造业基础良好的比较优势，加强基础设施建设，积极推进工业化和城镇化进程，从而有效地推动了本国经济较快增长。2011~2015年，

---

① "一竞争一互补"，是指过去我国比较优势和产业结构与其他发展中国家存在较强竞争性，但与发达经济体则呈现高度互补性。"两竞争两互补"，是指一方面我国的劳动密集型产业与其他发展中国家仍存在较强竞争，而船舶、新能源、通信设备等资本和技术密集产业与发达国家的竞争日趋显现。另一方面，我国与发达国家要素禀赋和产业结构总体仍呈互补大于竞争态势，而我国充裕的资本、完整的工业体系、强大的制造能力和素质不断提高的人力资本又与多数发展中国家的要素禀赋形成明显互补。

印度、印度尼西亚、越南、尼日利亚等新兴经济体实际 GDP 年均增速分别达到 6.7%、5.5%、5.9% 和 4.7%，均显著高于同期全球平均水平。① 据 IMF 预计，未来全球新兴市场国家的工业化和城镇化进程仍将继续快速推进，按购买力平价计算，到 2025 年新兴市场国家经济总量占全球 GDP 的比重将进一步攀升至 64% 以上。②

就新兴经济体而言，受经济发展水平不高、国内金融体系不发达、居民储蓄率偏低等因素影响，其城镇化和工业化正面临显著的投资缺口。近年来，一些新兴经济体不断扩大对外开放，鼓励支持引进外资，如印度的"莫迪新政"和印度尼西亚的"海上战略支点"计划等，都是通过承接钢铁、石化、纺织等传统产业转移以弥补国内建设资金短缺作为其国家发展战略的重要组成部分。在相关优惠政策的支持下，大多数新兴经济体已经成为国际产业转移的重要目的地。

4. 新一轮科技革命和新兴产业加速发展、蓄势待发，有利于新兴经济体深度融入全球产业链、价值链和创新链

国际金融危机爆发后，主要发达国家和新兴经济体纷纷推出促进新能源、信息技术、新材料、3D 打印、大数据、智能制造、高端制造、云计算、互联网＋、生物技术、海洋技术、空间技术等高新技术和新兴产业发展的战略规划与政策，如美国提出"重振制造业战略"和移动互联网联盟战略、欧盟提出"2020 战略"、德国实施工业 4.0 战略、日本提出"再生战略"、俄罗斯提出"2020 年前俄罗斯创新发展战略"等，纷纷抢占科技变革和新兴产业发展的制高点。

随着各国研发投入力度不断加大，全球新兴技术发展不断取得新突破，并呈现加速融合发展的新态势。特别是，移动互联网产业、可再生能源产业等新兴产业和互联网金融、电子商务、移动理财等新兴业态快速发展，由微型研发企业、个人及中小型智能化制造车间所构成的去中心化、网格化的新型生产组织方式正在成为当代主流。在这种新型生产组织方式下，由个人和中小型企业构成的网络化、分散化、彼此较为平等的新型国际分工方式迅速发展，成为传统的水平型分工、垂直专门化分工等合作方式的重要补充。这将显著降低新兴市场国家参与全球产业价值链合作的"门槛"，承接产业转移的方式也将更为多样化，有利于各类资源要素在全球范围内实现深度融

---

①② http://www.imf.org/external/pubs/ft/weo/2016/02/weodata/weoselagr.aspx.

合、高效配置。

从国内方面看，现阶段，我国经济发展进入新常态，"三期"叠加效应日益凸显，经济全球化传统动力趋向弱化，我国继续依靠既有模式分享全球化收益受到了明显的限制，经济增速、经济结构和发展动力正处于加快转换的关键阶段。

1. 传统要素禀赋优势发生显著变化，我国对外输出产能、装备、技术和资本的动力进一步增强

在改革开放初期，我国在劳动力和土地等生产要素成本上具有明显比较优势，而资本和技术等生产要素相对短缺，因此，吸引外资弥补国内资本短缺，发展外向型经济以出口换外汇成为一种必然选择。然而，随着我国经济长期持续较快发展，我国要素禀赋优势已发生显著变化。据相关测算显示，现阶段我国与"一带一路"沿线国家相比，技术相对劳动力、资源和土地的比较优势分别由2005年的0.25、0.62和0.98上升到2013年的1.04、2.4和3.57，资本相对劳动力、资源和土地的比较优势则由2005年的0.28、0.71和1.12上升到2013年的1.18、2.74和3.97①。这表明我国在技术和资本输出方面已具备了较好的基础条件。

理论和实践表明，在跨境流动不存在壁垒的情况下，生产要素自然将从相对充裕的国家流向相对短缺的国家。这意味着我国的资本和技术通过双多边产能合作向新兴市场和广大发展中国家转移将是一个不可逆转的大趋势。2016年前三季度，我国非金融类对外直接投资规模达到1342.2亿美元，同比增长53.7%，显著超过了我国利用外资规模，继续成为对外直接投资净输出国②。

2. 部分传统行业产能严重过剩，我国对外贸易出口面临较多贸易壁垒

长期以来，我国经济体系中投资和消费间存在着严重失衡。据统计，1981~2014年间，固定资产投资名义值年均增速高达20.96%，较名义GDP年均增速高出5个百分点以上。③长期高增长的固定资产投资，在对我国上升为全球第二大经济体作出重大贡献的同时，也导致钢铁、建材、有色等传统产业的盲目发展，形成了目前严重的结构性产能过剩。欧盟商会2016年发布的一份研究报告称，2014年，我国钢铁、铝、水泥、成品油、玻璃、

---

①③　笔者基于《中国统计年鉴》数据测算。
②　《中国统计年鉴》。

纸制品等六大资源型产品的产能过剩规模分别达到 3.27 亿吨、920 万吨、8.5 亿吨、2.3 亿吨、2.15 亿重量箱和 2100 万吨,分别为 2008 年的 2.47、1.88、1.89、2.83、2.83 和 2.33 倍。①

当前,新兴市场国家正在着力推进工业化和城镇化进程,对资源类产品和产业及装备制造存在着日益增长的巨大市场需求,这为我国开展国际产能和装备制造合作提供了广阔的空间。但也不难注意到,由于资源型行业在各国均属支柱产业,出于保护本国产业发展、拉动就业、创造税收等方面的考虑,有些国家对我实施贸易保护主义措施,我国资源型产品一直是贸易保护主义的重灾区。2015 年,我国出口商品受到来自美国、欧盟、印度、墨西哥、秘鲁、泰国等经济体多达 71 起反倾销调查,居全球首位,而这其中相当一部分主要是针对我国的钢铁制品、石化产品、塑料制品等资源型产品。针对当前国际贸易摩擦的新动向新特点,我们必须大力创新合作模式,在积极对外输出富余优势产能的同时,要更加注重实现我国与合作方互利共赢、共同发展。

3. 企业国际竞争力增强,全球范围内配置资源的内在诉求持续上升

与巴西、土耳其、印度、俄罗斯等大多数新兴经济体相比,我国企业整体国际竞争力具有明显优势。2014 年《财富》杂志评选的世界 500 强企业中,我国内地 90 多家企业榜上有名,仅次于美国,居世界第二位,而巴西、土耳其等国仅有为数不多的几家企业位列其中。特别是,我国这些大型企业几乎涵盖能源、IT、机械、化工、金融等绝大多数行业领域。

跨国公司理论表明,随着企业自身独特竞争优势(又称"所有权优势")与日俱增,企业通过对外投资开拓海外市场、降低交易成本以及在全球范围内配置资源的能力和意愿不断上升。近年来,我国企业通过绿地投资或并购方式,在境外设立资源深加工基地、研发中心、加工组装基地以及区域经营总部的意愿和动力越来越引人注目。比如,中石油、中石化等大型央企以及华为、三一重工、联想、红豆等众多民营企业均已初步形成了全球性的营销生产网络。

(二)重大意义

1. 有利于推动我国结构性供需失衡向高水平供需平衡跃升

现阶段,我国经济周期性矛盾和结构性矛盾并存,但主要矛盾已经转化

---

① 笔者基于《中国统计年鉴》数据测算。

为结构性的供需失衡。因此，在坚持适度扩大总需求和调整需求结构的同时，着力增加有效供给、减少无效供给、改善供给结构、提高供给效率已成为当务之急。而目前，大多数新兴经济体和发展中国家尚处于工业化和城镇化的初期或中期阶段，对我国的钢铁、化工、建材、纺织等优势产品供给存在着巨大的市场需求。

综合运用绿地投资、并购、工程建设、对外贸易等多种方式，积极开展国际产能和装备制造合作，将能够有效推动我国富余优势产能在全球范围内对外输出，有利于我国和其他国家和地区之间不断深化经贸合作、推动要素有序流动、资源高效配置和市场深度融合，为我国实现结构性供需失衡向高水平供需平衡跃升创造有利的外部条件。

2. 有利于打造以我国为"领头羊"的区域国际分工体系

当前，国际分工"大三角"格局已悄然发生变化，但从全球价值链视角来看，美国、德国、法国、英国等发达国家仍处于链条的最高端，日本、韩国处于次高端，而新兴经济体和广大发展中国家参与全球分工的程度相对较低，且大多处于能源资源供应和最终产品加工组装等中低端环节。确切地说，全球价值链的主导权和控制权目前仍然掌握在少数发达经济体的大型跨国公司手中，新兴经济体和广大发展中国家能够从全球价值链中获取的利润仍然偏低。据印度出口组织联合会发布的一份研究报告称，印度单位出口所创造的附加值仅为 0.17 左右，不仅低于美国、日本等国，甚至也低于我国。

随着全球新一轮科技革命孕育新突破和新兴产业加速发展，网格化、相对平等的国际分工体系正在加速演进，未来甚或存在取代传统的垂直专门化国际分工体系的可能性。在传统国际分工体系下，我国正处在由中低端的最终产品加工组装环节迈向中高端的研发和高附加值零部件制造环节的过程中，虽然在全球价值链中的地位还远不及一些主要发达经济体，但却完全可以担当起新兴经济体和广大发展中国家的"领头羊"。未来，通过开展国际产能合作将富余优势产能对外转移，逐步建立起覆盖中亚、南亚、东南亚、北非、中东欧区域的跨国生产和贸易网络，并推动国家间产能输出和产业递次升级，将有利于提升我国在全球和区域价值链中的位势，为构建以我国为"领头羊"的新型区域国际分工体系奠定了重要基础。

3. 有利于打造互利共赢的命运共同体

面对国际经济格局深刻调整、区域经济一体化蓬勃发展、发达经济体试图重塑国际经贸规则的重大变化，以及实现我国"两个一百年"奋斗目标和中华民族伟大复兴的重大历史任务，党中央从统筹国际国内两个大局、打造人类命运共同体的战略高度出发，及时果断地提出"一带一路"战略，首次提出共商、共建、共享的原则，以加强政策沟通、设施联通、贸易畅通、资金流通、民心相通"五通"为重要内容和有力抓手，积极同沿线国家发展战略对接，不断扩大利益契合点和合作交汇点，从更大范围、更高水平、更深层次全面开展全球性区域合作。

作为实施"一带一路"战略的重要平台，通过开展国际产能合作将能够更好地发挥我国和相关国家各自比较优势，有效促进要素有序流动、资源高效配置、市场深度融合，不仅能够助力国内产业转型升级和迈向全球中高端，积极参与抢占新一轮产业竞争制高点，规避日益严重的贸易保护主义，寻找贸易、投资增长的突破口，而且也能够让相关国家搭上我国经济发展的"便车"和"快车"，寻求发展的最大公约数，共同打造利益共同体、责任共同体乃至命运共同体。

4. 有利于加快培育全球性跨国企业

跨国公司是新技术、新产品、新理念的主要创造者，也是各国深度参与经济全球化的主要动力。目前，虽然我国在诸多领域已涌现出一批有一定竞争力的跨国企业，在新兴经济体和发展中国家中也处于领先地位，但与美欧等发达经济体相比，在国际化经营能力和核心技术等"所有权优势"方面仍存在较大差距。无论是从推动国内产业转型升级和迈向全球中高端水平，还是从推动我国由经济全球化的被动接受者向主动参与塑造者转变来看，加快培育形成一批更具国际竞争力的跨国企业已刻不容缓。

企业是国际产能合作中最重要的主体，通过开展国际产能合作，可以扩大企业市场空间，提高生产能力利用率；可以在更大范围内配置要素资源，尤其是劳动力和科技资源，有助于降低生产成本、提高创新能力；可以与低梯度发展中国家进行合作，有利于企业专注高附加值的生产环节、研发以及品牌建设和服务，提升在价值链中的地位；可以与高梯度发达国家进行合作，有利于企业适应和制定全球性商业规则和技术标准，合理布局全球加工生产基地、研发中心和营销网络等。

5. 有利于实现国民经济综合平衡

从宏观层面看，开展国际产能合作对于促进投资、贸易、国际收支收均衡发展、实现国民经济综合平衡具有重要的意义。一是促进投资转换。通过国际产能合作将以官方外汇储备形式的资本外流转换成企业自主对外投资行为，将以债权类为主的对外投资转换成以股权类为主的对外投资。在此过程中，企业部门可以参与到优势要素资源配置中，不断提高其投资收益和产出效率；而金融部门也可以参与到这一储蓄投资的转化过程中，促进金融业的发展和人民币国际化。二是促进贸易转换。通过国际产能合作扩大装备技术产品和服务的出口，提高对象国制成品生产加工能力，推动我国制造业对外转移。这既可减轻我国资源环境承载压力，同时又可助力国内产业转型升级。三是促进国际收支平衡。通过国际产能合作，以资本和金融项目逆差平衡经常项目顺差，逐步推动国际收支结构趋向均衡合理。

二、国际产能合作的基础条件分析

（一）主要优势

1. 我国已建立起较为完整的国民经济产业体系，企业国际竞争力增强，相关行业的技术、管理和服务走出去优势比较明显，为开展国际产能合作奠定了坚实的基础

大规模推进国际产能合作是以较强的企业国际竞争力为先决条件的。经过多年的发展，我国装备制造业形成了门类齐全、具有相当技术水准和成套水平的完整产业体系，在钢铁、有色、建材、铁路、电力、化工、轻纺、汽车、通信、工程机械、船舶等众多行业拥有富余优势产能。随着我国国际分工地位不断提升，我国在钢铁、有色、建材、轻纺及高端装备制造等领域已经拥有明显的规模、技术和资本优势，涌现出一大批具有国际竞争力的跨国企业，中国资本、中国装备、中国技术、中国标准乃至中国发展经验也越来越得到国际社会的认同，受到新兴经济体和发展中国家的欢迎和青睐。这些将为国际产能合作提供重要支撑。

2. 我国加强与相关国家发展战略对接、产业间互补性较强，为开展国际产能合作提供了广阔的空间

"一带一路"倡议与沿线国家和地区的发展战略高度契合，合作交汇点不断扩大。目前，"一带一路"倡议与俄罗斯的欧亚经济联盟、蒙古国的

"草原之路"以及哈萨克斯坦的"光明之路"等发展战略有机对接，先后有100多个国家、地区和国际组织参与其中。国际金融危机爆发后，大多数发展中国家都无一例外地把推进工业化和基础设施建设放在更加重要的位置。如俄罗斯的《2020年前俄罗斯社会经济长期发展构想》中明确提出了加快对传统工业升级改造、改善基础设施的重大措施；巴基斯坦的《2030年远景规划》中明确提出要重点发展能源电力、铁路、地铁轻轨、公路以及电信等领域；哈萨克斯坦的"光明大道"新经济计划明确提出要加强交通基础设施等目标任务。现阶段，我国周边国家和沿线国家大多数工业化程度较低，但在自然资源、劳动力资源等方面具有比较优势，这与我国在产能、技术、资本、服务等方面的优势形成了明显互补，使得更大范围、更宽领域、更深层次开展双多边产能合作成为现实可能。

3. 初步形成了服务国际产能合作的多个机制平台，亚投行、丝路基金和金砖银行等金融服务支持作用不断彰显

目前，我国已与塔吉克斯坦、哈萨克斯坦、卡塔尔、科威特等30个国家和地区签署共建"一带一路"谅解备忘录，同20多个国家和地区签署国际产能合作协议。中哈重大产能合作28个项目文件顺利签署，协议总投资超过230亿美元。中老铁路正式动工，中泰铁路已举行项目启动仪式。设立50多个境外产业园区和经济合作区，中白工业园、中印度尼西亚综合产业园、中哈霍尔果斯国际边境合作中心以及多个跨境经济合作区建设逐步加快。中巴经济走廊签约项目达460亿美元。中国—印度尼西亚雅万高铁采用中国技术、中国标准和中国设备，一批有影响力的标志性项目逐步落地。我国资本相对充裕，完全有条件积极推进国际产能合作。在这方面，除发挥好现有机制平台作用外，我国倡导设立的亚投行、丝路基金和金砖国家银行及各类双多边合作基金等，也都将为国际产能合作提供重要助力。

（二）主要劣势

1. 产业创新能力不足，"大而不强"特征明显，对国际产能合作的基础支撑作用有待进一步提高

目前，我国产业仍处于全球价值链的中低端，没有掌握核心技术及品牌、营销渠道等。在一些技术研发和高端产品开发方面，70%的技术要靠外源技术，重要零部件、基础元器件、关键新材料的80%仍然依赖进口。我国规模以上工业企业研发投入占销售收入的比重不足1%，而发达国家企业平均值为2%。① 从2014年世界前100家专利申请最多的公司分布情况来看，在机械制造领域专利申请最多的国家分别是德国和日本的企业，美国企业则在计算机、通信、新材料、石化领域的专利申请较为集中。目前，除在数字通信领域依托华为科技有限公司、中兴通讯股份有限公司等龙头企业具有一定专利优势外，我国在其他领域基本上均处于劣势。我国企业的品牌建设和国际化经营能力也有待进一步提升。

2. 基础设施领域合作面临资金供应和盈利模式双重困境，实现合作预期目标任重道远

"一带一路"建设和国际产能合作把基础设施领域合作放在重要的位置，其基本逻辑是：基础设施互联互通→降低物流成本→促进与我国的贸易和投资→带动我国装备产品出口→促进我国产业在全球和区域价值链中的地位提升。但该逻辑有时会出现断点，因为基础设施的改善不仅有利于我国与合作方开展经贸投资产业合作，也有利于该国与其他国家开展经贸投资产业合作，这样就会出现"搭便车"问题，甚至会出现第三国从中获利更多的现象。对于基础设施项目，很多国家都限制外资和私人资本进入，加之缺乏好的盈利模式，该类项目"融资难"问题往往比较突出。因此，建立一个规范有效的国际产能合作资金供应机制和盈利模式将是不可回避的重要问题。

3. 国际产能合作协调组织服务水平仍然不高，精准化政策合力和有效协作机制尚未形成

要综合发挥政府、非政府组织、企业对外组织协调能力。一方面，由于政府、非政府组织、咨询设计、金融机构等的协调配合缺失，加之各级地方政府本位思想严重，造成企业在境外各自为战、互相恶性竞争，不利于树立和提升中国企业海外形象和声誉。另一方面，有关部门和地方政府对国际规则和国外投资环境缺乏了解，各部门制定的政策碎片化，导致政策合力不足。由于缺少精准化政策和统筹协调机制的有力支持，许多企业走出去往往感到势单力薄，难以尽快成长壮大。

---

① 《经济日报》2015年12月22日。

三、国际产能合作模式的探讨及其内涵特征

（一）"雁行"模式的由来及"新雁阵模式"的提出与探讨

1. "雁行"模式的由来

"雁行模式"（Geese Flying Pattern）是一个描述20世纪60年代末日本主导东亚国家间产业动态转移与分工的概念。该概念是由日本学者赤松要（1932）在《我国经济发展的综合原理》中提出的，主要用以说明当时日本的工业成长模式。赤松要认为，日本的产业通常经历进口、当地生产、开拓出口、出口增长四个阶段并呈周期循环。某一产业随着进口的不断增加，以及国内生产和出口的形成，其图形就如三只大雁展翅翱翔。人们常以此形象地表述后进国家工业化、重工业化和高加工度发展过程，并称之为"雁行产业发展形态"。在一国范围内，"雁行产业发展形态"首先是在低附加值的消费品产业中出现，然后在生产资料产业中出现，继而在整个制造业结构调整中呈现雁行变化格局。

随后，日本学者山泽逸平将赤松要的"雁行产业发展形态"理论作进一步扩展，提出引进→进口替代→出口成长→成熟→逆进口五个阶段，更加详尽地描述了后进国家如何通过进口先进国家产品和引进技术，建立自己的工厂进行生产以满足国内需求和对外出口，并且后来居上取代"领头雁"地位，以最终实现经济起飞的全过程。

20世纪70年代，日本一桥大学教授小岛清深入分析了战后日本企业对外直接投资与美国跨国公司对外直接投资之间的不同特征，提出了适合日本国情的对外直接投资理论即"比较优势论"，从而将"雁行模式"理论推到新的理论高度。小岛清认为，对外直接投资应从本国（投资国）已经处于或即将陷入比较劣势的产业即边际产业依次进行。小岛清的这一理论又称为边际产业扩张理论。在小岛清看来，对外直接投资可分为"顺贸易导向型"和"逆贸易导向型"两大类。顺贸易导向型（贸易创造型）对外投资主要集中于资源开发以及在本国丧失比较优势而在东道国仍然具有比较优势的产业领域，而国内则集中发展比较优势更大的产业。逆贸易导向型（贸易替代型）对外投资主要集中于在本国具有比较优势的产业部门，从而导致本国出口减少，贸易逆差增加。

20世纪70至80年代，日本对亚洲地区的直接投资一直沿着日本→"亚洲四小龙"→东盟及中国沿海地区垂直梯度展开。在这种国际产业转移的格局中，日本被视为"领头雁"或"雁首"，处于科技与经济的核心地位，通过资金和技术供应、市场吸收和传统产业转移，带动了本地区经济增长与繁荣；"亚洲四小龙"被视作"雁翼"，是雁阵中的主要承接者，它们积极利用日本的资金、技术、市场来发展本国资本和技术密集型产业，同时将本国失去竞争力的劳动密集型产业转移到处于"雁尾"东盟以及中国东部沿海地区。事实上，作为"雁翼"的"亚洲四小龙"和作为"雁尾"的东盟及中国东部地区，对视为"雁首"的日本经济具有较强的依附性和继承性，日本经济一旦风吹草动，这些国家和地区的经济发展就会受到显著的影响。

2. "雁行"模式的历史演进

到20世纪90年代，日本雁行模式日渐式微。其主要原因是，一方面，日本产业升级趋缓，产业创新动力不足，致使"雁首"效应逐渐减弱；而"亚洲四小龙"产业呈现加速发展的势头，进而成为推动中国和东盟产业转型升级的生力军。另一方面，爆发于1997年的亚洲金融危机导致东南亚国家产业发展明显受阻，东盟国家间区域合作意愿随之不断上升；而这一时期中国产业也迅速发展壮大，国际市场竞争力显著增强。正是基于这一现实背景，2001年5月，日本经济产业省在《通商白皮书》中首次明确指出，以日本为"领头雁"的东亚经济"雁行形态发展时代"业已结束，取而代之的是"以东亚为舞台的大竞争时代"的到来。

目前，国内有部分学者认为，传统雁行模式虽已不复存在，但后雁行时代已经来临，并指出目前东亚依赖日本投资和技术扩散的雁行模式虽然没有原来那么明显，但新的产业分工格局已经初具雏形，也可称之"后雁行模式"。其主要内涵是，一方面，东亚区域分工和经济发展本质上仍沿用了传统的"雁行模式"，这是由当前东亚各国经济发展的差异性和层次性所决定的。虽然中国和东盟的经济结构和发展规模已不可同日而语，但在科技研发水平和产业结构总体分布层次等决定经济发展水平的核心指标方面仍然与日本存在着较大的差距，而这也是短期内难以弥补或消除的。因此，传统"雁行模式"的基本生存土壤尚存，可以说后雁行时代的发展模式是其一种延续。另一方面，目前东亚区域国际分工体系逐步向新的水平型网络化区域国际分工体系过渡。这种新型国际分工体系的主要特征是，宏观上，东亚国家（地区）之间相互的水平分工关系逐渐增强；微观上，则存在以日本、"亚洲四小龙"的跨国企业为核心的东亚地区网络化跨国生产体系，即通过企业内部的国际分工将产品的设计、研发、生产、销售等环节在东亚地区进行区位优化配置。从全球范围来看，目前也正发生着类似的变化，即宏观上新兴经济体和发展中大国与发达国家之间的水平分工现象日益增多，微观上则存在以美日欧等发达经济体的跨国企业为核心的全球生产供应链和价值链体系。由此可见，当前全球分工体系已处于向后雁行模式逐步演进的阶段。

3. "新雁阵"模式的提出

国际金融危机爆发后，我国对外投资持续快速增长，特别是在提出"一带一路"战略倡议以后，我国与周边国家和地区之间的双边产能合作发展迅猛，合作领域和层次不断拓展，合作机制日趋强化。在此背景下，一些国内专家学者也相应提出了"新雁阵"模式，以此来描述和反映我国与周边及亚欧国家经贸投资合作的新格局。如，有专家学者在对我国与"一带一路"沿线国家工业化发展水平进行对比分析的基础上，提出了我国与沿线国家的"新雁阵"合作模式，认为"一带一路"沿线国家和地区间的工业化水平差距较大，几乎涵盖工业化进程的各阶段，我国与这些国家和地区的产业对接潜力巨大，可以寻找不同的角色定位，共同培育以"互补合作"为主导的产能合作"新雁阵"模式。具体来说，随着中国劳动力低成本时代的结束，劳动密集型产业（如轻工纺织业）可以向以东南亚部分工业化处于初期的国家进行转移；资源密集型行业（如能源、化工、金属制品等）可以向西亚、中亚部分油气资源和矿产资源富集的国家进行转移，同时还可扩大对这些国家的资本技术密集型产品出口；部分技术密集和高附加值产业（如装备制造）可以向中东欧部分处于工业化后期的国家进行转移，进而实现技术转移和产业升级。

也有专家认为，"一带一路"将构筑以我国为首的新雁阵模式，并指出未来五年我国劳动力密集型行业和资本密集型行业有望依次转移到"一带一路"沿线国家和地区，进而带动沿线国家和地区产业升级和工业化水平提升，逐步构筑以我国为"雁首"的新雁阵模式，充分挖掘"一带一路"区域国家经济的互补性，促进泛亚和亚欧经济一体化。此外，还有专家提出了"领头龙"的概念，以此来表述我国在世界经济增长和制造业转移过程中的领头作用，认为中国进行产业升级将为其他发展中国家进入劳动密集型产业留出空间。随着中国企业向高附加值产业升级，将会把现有生产转移到其他工资相对较低的国家，由此推动自身成为其他发展中国家经济和产业发展的"领头龙"。

4. "新雁阵"模式对我国适用性的探讨

确切地说，采用"领头龙"模式和"新雁阵"模式来描述和反映当前和今后一个时期我国在开展国际产能合作过程中的地位和作用似有欠妥或不当。就"领头龙"模式而言，由于"龙"在西方文化中带有邪恶色彩，用"领头龙"表述我国在发展中国家工业化过程中的主导地位和带动作用容易引起误解，甚至会引起较大的抵触情绪。而就"新雁阵"模式来说，这一表述也显得不够贴切和准确，尚不能完整地揭示和反映我国开展国际产能合作的深刻内涵和基本要义。主要考虑是，一方面，目前学术界对"新雁阵"模式的表述还比较笼统，缺乏清晰的内涵界定，同时对我国开展国际产能合作的"新雁阵"模式和日本主导的"雁阵"模式之间的特征差异也未能系统梳理和真正厘清，以至于给人的感觉更多是一种简单地沿袭或套用。另一方面，我国目前开展国际产能合作面临的国际环境、所处的发展阶段、拥有的资源要素禀赋优势以及对当今国际产业分工体系演进的推动和影响等方面，与20世纪80年代的日本已迥然不同。

从国际经济格局变化来看，20世纪60年代末日本成为全球第二大经济体，并且是完成了工业化、进入高收入国家行列的区域性大国，其面临的国际环境主要特征是全球和区域经济一体化程度非常低，亚洲各国尤其是"四小龙"等的经济发展水平都比较低，且均未纳入发达国家主导的国际产业分工体系之中。而现阶段，虽然我国已成为全球第二大经济体，也是全球最大的新兴经济体和发展中国家，但人均国民收入仍处于中等国家行列，即使在"一带一路"沿线国家和地区中，也有部分国家的人均收入和工业化水平高于我国。大国博弈和战略介入不断加大，导致全球区域经济一体化格局错综复杂，对我国开展国际产能合作将带来诸多不确定不稳定影响。

从产业链高度来看，20世纪60年代末日本完成其工业化，实现了产业结构从劳动密集型向资本密集型的过渡，并在石油危机爆发后迅速实现其产业结构轻型化和节能化的重要转变，产业发展整体水平仅次于当时的美国，技术贸易在1985年后成为净输出国。而现阶段，我国仍处于工业化中后期，虽然劳动密集型产业和资本密集型行业规模庞大，制造技术不断走向成熟，但对一些关键技术、核心零部件至今仍然依赖进口，制造业仍处于全球产业链和价值链的中低端。这也意味着，目前我国构建"新雁阵"模式还缺少庞大的优势产业和强大的高新技术予以足够的支撑。

从合作范围和对象来看，日本当时的对外产业转移只局限于地域邻近的东亚地区，而我国目前开展国际产能合作的范围是放眼全球，覆盖了东北亚、东南亚、中亚、南亚、西亚、北非、中东欧等世界各主要区域。而且，日本当时对外产业转移的对象（东道国）主要是东亚地区经济发展水平依次降低的新兴工业化国家和发展中国家，而我国目前开展国际产能合作的对象（东道国）不仅包括众多的新兴经济体和广大发展中国家，也包括美日欧等主要发达经济体。

这就决定了我国开展国际产能合作的模式和思路不能简单沿袭或套用日本当年带动"亚洲四小龙"和新兴市场经济依次起飞的"雁行"模式。从一定意义上讲，我国目前的产业体系整体水平还不高，在国际产能合作过程中更多还只是发挥着一种承上启下、协同带动、优势互补的重要作用，因此，在合作模式和思路上应有所突破和创新。

（二）国际产能合作模式的内涵与特征

国际产能合作[①]概念由我国首次提出。就国际产能合作而言，我国应当发挥"领头羊"的带动和引领作用，形成具有中国特色的"领头羊"模式。该合作模式与日本主导的"雁阵"模式存在着明显的区别。

该模式主要描述随着我国资源要素条件变化以及资本和技术优势聚集，逐步推动与"一带一路"沿线国家乃至全球各主要区域经济体进行产业转移和产能合作并起着"领头羊"的重要牵引作用，进而培育和形成市场新需求和发展新动力的一种全球趋势性经济现象。其主要内涵特征如下：

第一，国际产能合作中我国虽然还不能成为"雁行"模式的"领头雁"，但却可以成为新兴经济体和广大发展中国家的"领头羊"。

21世纪以来，世界经济格局最引人瞩目的变化是以金砖国家为代表的新兴经济体群体性崛起，我国发展成就尤为引人注目，与其他国家的经济关系也从原来的"一竞争一互补"转向"两竞争两互补"。所谓"一竞争一互补"，是指过去我国比较优势和产业结构与其他发展中国家存在较强竞

---

① 这里的国际产能合作是指我国优势产能对外输出，不包括国内区域间的产业转移和其他国家对我国的产业转移。

争性，但与发达经济体则呈现高度互补性。所谓"两竞争两互补"，是指一方面我国的劳动密集型产业与其他发展中国家仍存在较强的竞争，而在船舶、新能源、通信设备、运输设备等资本和技术密集产业方面与发达国家的竞争日趋明显。另一方面，我国与发达国家要素禀赋和产业结构总体仍呈互补大于竞争态势。同时，我国充裕的资本、完整的工业体系、强大的制造能力和素质不断提高的人力资本，又与大多数发展中国家形成明显互补。

在当前世界经济面临深度调整、发达国家经济增长放缓的背景下，我国作为世界制造业中心，积极开展以我国为主导的国际产能合作，不仅能够促进国内产业转型升级和迈向全球中高端水平，也能够促进相关国家经济增长和世界经济持续稳定复苏。而在此过程中，通过大力推动产能、装备、技术、服务、品牌走出去，我国可以充分发挥重要的带动和引领作用，而成为新兴经济体和广大发展中国家的"领头羊"。

第二，国际产能合作中我国注重将产能、装备、技术输出和资本输出相结合，积极推动国内富余优势产能对外转移。

我国开展国际产能合作，既不是推动国内传统技术含量低、附加值低的劳动密集型产业对外转移，也不是推动国内高耗能、高污染、高排放的资源密集型产业对外转移，这些低端产能主要是通过国内"去产能"和淘汰"僵尸"企业加以处置和消化解决。事实上，我国推动的是国内富余优势产能和先进装备与技术及充裕资本共同对外转移或输出，并主要集中于一些传统产业领域和部分新兴产业领域。如劳动密集型产业和钢铁、冶金、建材和石化等重化工领域，以及工程机械设备、轨道交通设备、汽车、航天航空、通信等领域。这种合作理念和实践与发达国家推行的国际产业转移有着明显的不同。

第三，国际产能合作中我国既注重与周边重点国家的合作，也注重与全球各重点国家和重点地区的合作。

未来一段时期，我国主要推动产能、装备、技术和资本向新兴经济体和广大发展中国家转移。以"领头羊"模式开展的国际产能合作，并非仅仅局限于某一特定区域、依据资源要素禀赋比较优势、由发展水平高的向发展水平低的区域进行的产业梯度转移，而是面向全球各主要区域、聚焦于重点国家、重点产业和重点企业。

第四，国际产能合作中我国既注重与相关国家发展战略对接和产业衔接，也注重将"输血"和"造血"予以紧密结合。

实际上，发达国家的跨国公司推进产业转移，通常从其全球战略部署出发，以实现全球范围内资源要素高效配置和追逐利润最大化为目标，很少考虑东道国自身产业发展及其调整布局的需要。而我国开展的国际产能合作，倡导共商、共建、共享原则，注重加强与东道国发展战略对接和产业互补衔接，尊重和照顾各方切身利益诉求，是通过签署双边国际产能合作协议共同加以推进的。特别是，在与相关国家开展双边重点产能合作过程中，不仅注重"输血"——转移产业，同时也注重帮助其培育形成"造血"功能——发展有竞争力的产业集群，从而为该国经济发展和产业结构升级提供重要助力。

第五，国际产能合作中我国既注重加强与新兴经济体和广大发展中国家的务实合作，也注重加强与发达经济体的全方位高水平合作。

一方面，积极推动与新兴经济体和广大发展中国家开展产能务实合作，有效发挥自身承上启下、协同带动、优势互补这一独特而重要的作用，不断推动双边产能合作上规模、上水平。另一方面，以绿地投资、并购等形式同美日欧等发达经济体进行全方位高水平的双边重点产能合作，着力培育和提升我国产业合作竞争新优势。同时，还可与发达经济体联合开展第三方合作，共同开发第三方市场。比如，可围绕能源化工、基础设施、汽车、工程机械、船舶和海洋工程装备等重点领域，加强与美日欧等发达国家在"一带一路"沿线国家以及非洲、拉美地区的广大发展中国家开展双边重点产能合作。

综上所述，这些重要的内涵特征是日本主导的雁行模式和西方发达国家推行的国际产业转移所不具有的。可以预言，我国"领头羊"模式的初具雏形和进一步确立，是当前经济全球化和区域经济一体化深入发展、大国和平崛起的客观规律和历史必然，也是当今世界经济发展的一大重要产物，具有鲜明的时代特征和浓厚的中国特色。

四、国际产能合作的重点国别和空间布局

（一）重点国别筛选和排序

为便于重点国别筛选，本章将国际产能合作方式分为五大类，其中各类所包含的各重点领域和具体模式以及运用的指标体系如表1和表2所示。

表1　　各类国际产能合作的重点领域和具体模式一览

大类	重点领域	具体模式
消费品类产能合作	轻工、纺织、家电、电子、通信、汽车	绿地投资建设消费品加工组装基地
		绿地投资建设消费品零部件生产基地
		并购或股权投资海外消费品或消费品零部件生产企业
		以出口、租赁等方式向境外提供消费品生产设备
		以BOT等形式参与境外消费品生产基地建设，但不获取所有权
资源型产品类产能合作	钢铁、有色、石油、化工、能源、建材、农业、食品	绿地投资建设海外矿山、油田等资源生产设施
		以EPC等形式参与海外相关资源型中间产品生产基地建设，但不获取所有权
		并购海外矿山、油田等资源生产设施
		绿地建设海外资源深加工基地
		在海外建设农产品供应基地和深加工基地
		并购或股权投资海外资源深加工企业
		以出口、租赁等方式向境外提供相关生产设备
基础设施类产能合作	铁路、公路、机场、港口、码头、通信、装备制造、船舶	以绿地、并购、股权投资等方式直接获取境外电力、码头、港口、铁路、公路等基础设施所有权
		以PPP、BOT、EPC等方式参与境外基础设施建设
		以租赁、出口等方式向境外提供工程机械、机车、船舶、海工等资本品
研发服务类产能合作	IT、生物、新能源、高端机械	在境外建设研发中心
		为产能合作在境外设置区域性总部、营销中心、数据中心等各种服务中心
资本品类国际产能合作	机械、船舶、运输设备	以绿地、并购、股权投资等方式直接获取境外机械制造、船舶制造等生产企业的所有权
		以PPP、BOT、EPC等方式参与境外资本品及零部件生产基地建设
		以出口、租赁等方式输出生产资本品及零部件用专用设备

资料来源：作者整理。

表2 各类国际产能合作重点国别筛选指标体系

大类	指标
消费品类产能合作	政治和地缘稳定性
	外交和地缘重要性
	劳动力成本
	劳动力充裕程度
	2016~2020年GDP平均值
	2016~2020年人口平均值
	对我国消费品进口需求
	是否和我国有FTA合作
	营商环境
资源型产品类产能合作	政治和地缘稳定性
	外交和地缘重要性
	对我国投资依赖程度
	资源充裕度
	我国对该国资源依赖度
	技术标准类准入门槛
基础设施类产能合作	政治和地缘稳定性
	外交和地缘重要性
	技术准入门槛
	和我国基建合作基础
	基础设施水平
	未来基础设施需求
研发服务类产能合作	营商环境
	政治和地缘稳定性
	外交和地缘重要性
	东道国技术水平
	市场规模
	金融发展水平
资本品类国际产能合作	政治和地缘稳定性
	外交和地缘重要性
	营商环境
	对我国资本品需求
	技术标准门槛
	储蓄率

据世界贸易组织（WTO）、世界银行、世界经济论坛等国际机构发布的最新数据，我们对各国参与这五大类国际产能合作进行了排序。具体研究结论如下：

1. 消费品类国际产能合作国别排序

这类国际产能合作的主要目标在于向全球市场提供消费品。排名前10的重点合作国家包括：印度、巴基斯坦、印度尼西亚、越南、缅甸、埃塞俄比亚、美国、俄罗斯、英国、德国。其中，印度、巴基斯坦、印度尼西亚、越南、埃塞俄比亚等劳动力成本低、数量较多的国家，成为我国该类国际产能合作的主要伙伴；美国、英国、德国等主要发达国家由于在消费品零部件上具有较强的制造能力和技术水平，我国和这些发达经济体在并购零部件生产基地、打造高端消费品制造基地等领域合作空间也较大。

2. 资源型产品类国际产能合作国别排序

这类国际产能合作的主要目标在于向全球市场提供资源型产品。排名前10的重点合作国家包括：印度尼西亚、伊朗、俄罗斯、巴西、伊拉克、印度、美国、南非、德国、沙特阿拉伯。其中，印度尼西亚、伊朗、俄罗斯、巴西、哈萨克斯坦等发展中经济体是我国开展资源型产品生产能力相关国际产能合作的主要伙伴。美国、德国、澳大利亚等发达国家由于资源丰富，与我国也有一定的资源型产品国际产能合作空间，但由于政治、技术等多方面因素，与我国开展产能合作空间要低于上述发展中大国。此外，安哥拉、阿联酋等经济体虽然经济规模较小，但具有独特资源优势，与我国开展双边产能合作空间也比较大。

3. 基础设施类国际产能合作国别排序

这类国际产能合作的目标在于改善合作方的基础设施状况。排名前10的重点合作国家包括：巴基斯坦、印度尼西亚、埃塞俄比亚、印度、尼日利亚、伊朗、安哥拉、阿尔及利亚、苏丹、俄罗斯。其中，巴基斯坦、印度尼西亚、埃塞俄比亚、印度等绝大多数发展中国家是我国基础设施合作的主要伙伴。这些国家具有的普遍特征是，基础设施状况相对落后，技术准入门槛相对较低，但国内人口规模较大，对基础设施建设需求强劲。而大多数发达国家因基础设施相对发达完善，其排名相对靠后。

4. 技术服务类国际产能合作国别排序

这类国际产能合作的目标在于为其他形式的国际产能合作提供技术和服务支持。排名前10的重点合作国家包括：美国、德国、英国、瑞典、法国、新加坡、加拿大、瑞士、奥地利、日本。科技和专业服务领域需要较佳的营商环境、较强的技术合作能力以及深厚的研发基础，因而美国、德国、英国等发达国家成为我国开展此类产能合作的主要合作伙伴，而大多数新兴市场国家排名相对靠后。

5. 资本品类国际产能合作国别排序

这类国际产能合作的目标在于向全球市场提供资本品。排名前10的重点合作国家包括：印度尼西亚、俄罗斯、印度、美国、德国、阿联酋、马来西亚、英国、泰国、新加坡。这些国家的储蓄率相对较高，正处于工业化加快发展阶段，对我国资本品需求较大，如印度尼西亚、俄罗斯、印度等经济体是我国在境外开展资本品产能合作的重要伙伴。同时，发达经济体在资本品及相关零部件领域具有一定优势，未来可能成为我国重要并购方向的美国、德国等在这一领域开展国际产能合作过程中也处于相当重要的地位。

6. 国际产能合作综合国别排序

排名前10的重点合作国家包括：印度尼西亚、印度、俄罗斯、美国、伊朗、德国、巴西、巴基斯坦、澳大利亚、尼日利亚。我国开展国际产能合作的重要伙伴主要有以下两类：一类是印度尼西亚、印度、俄罗斯、伊朗、巴基斯坦等发展中大型经济体，与我国的产能合作领域主要集中于消费品生产、基础设施建设、资源开发等领域的产能转移，合作方式包括效率导向型投资、市场导向型投资、资源导向型投资、EPC、BOT等；另一类是美国、德国等技术实力雄厚的发达经济体，合作方式包括海外并购、技术研发、建立高水平基础设施项目、设立境外总部等。

（二）空间布局和总体思路

当前，我国开展国际产能合作应当坚持"一核两轴三片区"的空间布局和总体思路，逐步形成"核心驱动、轴线联动、片区拉动"的动力模式。

"一核"覆盖周边重点国家，是我国与其开展国际产能合作的优先国家，主要包括俄罗斯、巴基斯坦、缅甸、越南、柬埔寨、老挝、泰国、哈萨克斯坦等周边经济体。这是我国推进国际产能合作的战略核心区域。

"两轴"覆盖中亚、中东欧、南亚、西亚、北非等参与"一带一路"沿线重点地区，是我与其开展国际产能合作的重点对象。主要包括"带轴"和"路轴"两大轴线，其中"带轴"上主要有蒙古、土库曼斯坦、乌兹别克斯坦、伊朗、土耳其、乌克兰、白俄罗斯、波兰、捷克、塞尔维亚等为主要支点的国家，"路轴"上主要有马来西亚、印度尼西亚、新加坡、印度、斯里兰卡、阿拉伯联合酋长国、埃及等为主要支点的国家。这些区域是我国开展国际产能合作的战略支撑区域。

"三片区"覆盖参与"一带一路"沿线以外的国家和地区，是我国开展国际产能合作的拓展延伸对象。主要包括：西欧和非洲部分片区、美洲和拉美片区、日韩和澳洲片区为主体的板块型经济片区。这是我国开展国际产能合作的战略拓展延伸区域。

"一核两轴三片区"的合作思路在空间布局上依次延展，在功能上逐次分布，在动力模式上梯次配置。其中，"一核"是构筑以我国为中心的国际生产网络和塑造"领头羊"模式的核心载体，"两轴"是对接深耕"一带一路"战略和辐射涓滴沿线各经济体的基础平台，"三片区"是拓展我国国际产能合作空间、强化"领头羊"模式功能的重要抓手。

需要指出的是，"一核两轴三片区"的空间布局和总体合作思路，弥补了我国现有的"一轴两翼"合作思路存在的缺陷或不足。一是紧扣"一带一路"战略，并以周边国家为核心区，以"带轴"和"路轴"为战略支撑区，较好地突出了优先合作和重点合作秩序，针对性和可行性较强。二是考虑到拉美国家不属于"一带一路"沿线国家，加之该地区通常以美国的"后院"著称，因而将其作为拓展延伸区域，不仅可避免引起美国的疑虑和战略误判，同时也可以避免与"一带一路"战略空间布局的错位。三是将主要发达经济体视为拓展延伸区域，突出了我国开展国际产能合作的全球性和完整性，也弥补了将发达经济体排除在外的明显欠缺。

当前和今后一个时期，在积极推进以我国主导的国际产能合作过程中，一方面，要充分发挥核心区域的模式构建和秩序创设功能，着力打造我国参与国际产能合作的"领头羊"模式主体构架，努力开创以我国为主导的国际产能合作新格局。另一方面，要有效发挥轴线国家产能合作的支撑功能，着力推动国际产能合作与"一带一路"建设无缝衔接，有效构筑国际产能合作和对外经贸投资合作的重点支撑平台。与此同时，要注重发挥三大片区的国际产能合作的拓展延伸和牵引拉动功能，积极与发达经济体开展第三方合作，不断彰显新时期我国在开展国际产能合作过程中的主导地位和"领头羊"角色。

五、国际产能合作的重点任务与对策建议

（一）重点任务

第一，以周边新兴大国为核心的"一核"应作为当前和今后一个时期我国开展国际产能合作的优先方向，由"丝绸之路经济带"和"21世纪海上丝绸之路"构成的"两轴"国家应作为我国开展国际产能合作的重点对象。

一是推动能源资源产业合作。加大对哈萨克斯坦、俄罗斯、伊朗等国资源的引进和合作开发力度，重点推动天然气、石油、页岩气、煤炭、有色金属等资源投资合作，鼓励企业以成套设备出口、投资、收购、承包工程等方式建设炼铁、炼钢、钢材等生产基地。在市场需求大且资源条件好的国家，开展能源资源上下游精深加工，延伸产业链。鼓励具有产业优势的光伏、风电、生物质能、智能电网等产业走出去，加强在周边新兴大国以及"一带一路"沿线国家和地区布局新能源研发和产业基地。

二是推动劳动密集型产业合作。发挥轻工纺织业国际竞争力较强的优势，在劳动力资源丰富、生产力成本低、规模效益高、建设周期短且靠近目标市场的周边新兴大国和"一带一路"沿线国家和地区，依托当地畜牧业和农产品等资源建立加工厂，重点投资化纤、棉纺织、毛纺织、丝绸、纺织品以及印染业等轻纺行业项目。在柬埔寨西哈努克港经济特区、巴基斯坦海尔—鲁巴经济区、越南龙江工业园、中俄现代农业产业合作区、泰国泰中罗勇工业园等生产经营条件较好的境外经贸合作区，形成上下游配套、集群式发展的轻纺产品加工基地。

三是推动资本密集型产业合作。加大对周边新兴大国和"一带一路"沿线国家和地区资源的开发利用和合作力度，推动石油、化工、冶金、机械制造等重点行业的企业"走出去"开展产能合作，建立产业园区或开办工厂。在市场需求大、资源条件好且配套能力强的重点国家建设钢铁生产基地。结合东道国资源分布，开展铜、铅、锌、铝等有色金属冶炼和深加工，有序建设石化、化肥、煤化工等生产线及开展上下游精加工，不断提升资本密集型产业国际市场占有率。

四是推动技术密集型产业合作。扩大与周边新兴大国和"一带一路"

沿线国家和地区在高铁、核电、航空航天等领域的务实合作。对于投资需求大、营商环境好、规模效益优的国家，加强技术密集型产业的全产业链合作，按照产品→标准→技术→资本→服务"走出去"的实施路径，构建"以我为主"的产业生态链。大力创新投融资方式，根据周边国家和"一带一路"沿线国家经济社会发展的实际情况，选取TKP、BT、BOT、BOOT等方式进行扩融资，对于能源自然资源丰富但资金实力相对薄弱的国家，可探索推行"高铁"（或核电、航空航天等）换"资源"的灵活方式加以推动。在基础设施相对落后的周边国家和"一带一路"沿线国家共建物流园区，积极发展物流产业，加快构建"三大通道"，即便捷高效的路上运输大通道、安全经济的海上运输大通道、快捷畅达的空中运输大通道。

第二，欧洲和非洲部分片区、美洲和拉美片区以及日韩澳洲片区可作为未来我国开展国际产能合作的拓展延伸方向。

一是推动第三方市场合作。我国的产能优势、资金优势同欧美等发达经济体的技术优势、品牌优势相结合，共同开拓第三方市场，可实现多方共赢。要切实遵循互利、合作、开放、包容的原则，按照国际法、国际惯例、商业原则的基本要求，结合各自产业互补优势，鼓励和支持企业组建联合生产、联合体投标、联合投资等新型合作模式开展第三方市场合作。将能源化工、基础设施、装备制造等行业作为第三方市场优先合作领域，加强上下游整合力度，开展全产业链深度合作，助推产业合作迈上中高端，实现"互利三赢"。发展联合融资、平行贷款、股权投资及风险参与等方式，积极利用亚投行、丝路基金等多边金融开发机构以及合作基金支持方式等多个渠道向第三方市场合作提供融资支持。

二是推动科技领域合作。顺应科技要素流动的新趋势，创新科技合作新机制，通过与发达国家进行合作研究、委托研发和联合开发等方式，加快实现重大关键技术突破。加强信息通信、装备制造、电子信息等重点领域合作，推进先进技术及科技成果的引进、输出和转化。坚持科技需求和市场需求导向，积极与发达国家共建和联建工程研究中心、产业技术研究院、企业技术中心、实验室等研发机构，注重推进"产学研"有机融合。加强与欧美等世界优质大学和科研机构的沟通联系，促进各方资源、人才、技术、信息的交流与合作。

（二）主要对策思路

当前和今后一个时期，我们要牢固树立和深入贯彻创新、协调、绿色、开放、共享的新发展理念,积极适应、把握和引领经济发展新常态,紧扣"一带一路"、京津冀协同发展和长江经济带等国家战略,在坚持互利共赢、义利并举、开放包容的同时,更加注重政府推动、企业主导、商业原则和风险可控,更加注重将国际产能合作与国内产业转型升级相结合,以基础设施联通合作为先导,以冶金、建材、铁路、电力、化工、汽车等行业领域合作为重点,以金融、科技和人才服务合作为支撑,积极探索创新对外合作机制和模式,将我国的产能、资本、技术、人才等优势和相关国家发展需求有效对接,着力推动国际产能合作实现以下"三个转变":

1. 转变之一:固本强基,着力推动国际产能合作由"虚"向"实"转变

(1) 目标制定宜低不宜高,重在务实合理。要充分考虑当前我国开展国际产能合作的制约条件、东道国的合作潜力以及未来合作可能存在的不可预知性等因素,将政策实施的阶段性目标宁可设定得低一点,也不宜好高骛远、急功近利,关键是要将目标定得科学合理、符合实际。

(2) 项目推进宜稳不宜急,重在落地生效。要明确"一核两轴三片区"中的重点国家、重点产业和重点项目,加强顶层设计,积极签署双边国际产能合作协议,抓紧编制相关国别产能合作规划,以相关规划和政策为导向,按照"建立合作机制、对接项目清单、明确融资安排、促成早期收获"的方式,准确把握重大项目推进的时机和条件,扎实推动重点项目落地,切忌操之过急或揠苗助长,着力打造可复制、可推广的双边产能合作样板。

(3) 境外产业园区建设宜细不宜粗,重在互利互惠。积极推动境外产业园区建设,充分借鉴国内外成功模式和先进经验,深入分析劳动密集型、资本密集型和技术密集型等不同行业在境外构建产业链过程中可能面临的供需矛盾、资源错配、标准困境、法律冲突以及制度"黑箱"等突出问题,以合作方产业衔接和互补需求为牵引,坚持互利互惠的原则,做到"事无巨细",不做"夹生饭"、不留"合作死角"。

(4) 风险预警宜早不宜迟,重在防范化解。在推进国际产能合作过程中,对可能产生的潜在风险一定要坚持预防为主,将预警预报机制变事后处理为事前防范化解,做到早排查、早发现、早预防、早化解,最大限度上避免矛盾风险转化升级。国家层面的管理部门要对一些敏感国家、敏感区域以及敏感项目进行集中摸底排查,及时发布风险提示等动态信息,减少信息不对称带来的利益损失。

2. 转变之二：立梁架柱，着力推动国际产能合作由非机制化向机制化转变

（1）注重发挥高层外交的统领作用。各国之间开展的高层外交是经济外交的重要抓手，对于加强政治互信、平息合作纷争以及深化双边合作关系具有极其重要的意义。推进国际产能合作，要利用好高层外交的统领作用，加快建立常态化的双多边国家领导人会晤机制，不断强化相关合作机制和政策沟通平台，增信释疑，求同存异，形成共识，寻求合作利益的最大公约数。

（2）注重发挥各类合作机制的协同联动作用。加快建立涵盖政府、企业、中介、行业组织、NGO等多层级、多维度的立体式合作机制，为开展经贸投资产业合作"保驾护航"。积极与相关国家商签双边投资协定，加快推进自由贸易区建设，在有效对接国际通行规则的基础上，充分发挥贸易监管制度、投资管理模式、金融创新制度以及政府事中事后监管制度等方面的示范和引领作用，使资本、技术、标准、服务、商品、人员等走出去加速形成"正溢出效应"，为深入推进国际产能合作提供重要的机制支撑。

（3）注重加强合作模式创新和机制功能建设。加快构建国际产能合作的分工协调机制，不断强化与相关国家产业融合与协作。依托龙头企业，加快构建高端人才培养和引进机制，创设"国际产能合作创新人才交流平台"。大力创新合作模式，统筹推进重点产业项目建设，全力打造具有国际水准的境外"中国企业集群"和"中国产业基地"。加快建立国际产能合作的长效机制，坚持从实际出发，借鉴国际惯例和法律规范，逐步推动将各类双多边的谈话、声明、备忘录、合作协议等上升到具有法律效力的层面，力争把我国主导的国际产能合作打造成为既有全球影响力又符合国际规范的区域合作机制大平台。

3. 转变之三：厚植优势，着力推动国际产能合作由低标准向高标准转变

（1）注重方案顶层设计的高标准。推进国际产能合作要坚持高标准、高效率和高要求，通过编制规划以摸清合作需求潜力、明确具体合作目标，统筹考虑双边合作的基础、平台、优势产业、投资项目以及政策保障等重点问题，使顶层设计的方案在具体实施过程中能够有效发挥引领、导向和约束作用。

（2）注重经济治理的高标准。首先，积极构建符合国际规范的高标准融资体系，逐步建立和完善包括政策性金融、商业资本和政府补贴等在内的综合性产业"走出去"金融支持体系。其次，促进贸易投资便利化，积极与合作对象国商签既符合各自需要、又发挥促进带动作用的高水平双边投资协定和自由贸易协定，为不断深化双边产能合作提供稳定且可预期的政策环境。最后，加强国际产能合作和国内产业转型升级的协同推进，着力推动我国产业向全球中高端迈进，培育和提升我国在全球范围配置资源要素的经济治理能力。

（3）注重政策保障的高标准。在推进国际产能合作过程中，合作的具体模式不仅要符合各自发展的实际需要，也要符合国际惯例和规范，确保合作利益的共享性和合理性。在坚持产能合作模式高标准的同时，要积极推动相关合作规则、合作平台以及合作体系换挡升级，不断增强宏观政策和微观政策的叠加效应，力争使相关配套政策体系对国际产能合作的支持保障作用最大化。

（三）相关政策建议

第一，全面强化国际产能合作和国内产业转型升级的协同推进，不断激发双多边产能合作的内生动力。推进国际产能合作和国内产业转型升级是相互促进且互为条件的，应通过相应的政策设计，助力形成两者相辅相成、互为支撑的良性局面。一方面，通过国际产能合作助力推进国内产业转型升级、推动国内产业迈向全球中高端水平。密切跟踪全球新兴产业发展的新动态新特点，坚持采用高标准、宽范围和跨领域的产能合作模式，整合聚集国内国际两种优势资源，促进国内产业转型升级更具方向性和前沿性。另一方面，以国内产业转型升级为重要基础支撑，以产业链支撑创新链，以创新链牵引产业链，深入开展更大范围、更宽领域、更深层次的国际产能合作。

第二，统筹利用自由贸易区、双边投资协定及官方对外发展援助等各类政策平台，切实做好国际产能合作这篇大文章。自贸区、双边投资协定以及官方对外发展援助对于深入推进国际产能合作将起着不可或缺的重要作用，因此必须加以统筹推进。一是充分发挥自由贸易区的基础引领作用。一方面，落实好已生效的自贸协定，帮助我国企业走出去更好享用相关自贸协定优惠政策，有效促进对外贸易和对外投资合作。另一方面，积极加快自贸区建设步伐，逐步建立与国际经贸投资高标准相适应的体制机制，为开展国际产能合作创造有利的外部环境。二是充分发挥双边投资协定的助推作用。积极与相关国家商签双边投资协定，促进投资便利化水平，着力降低企业开展境外投资的风险和成本。三是充分发挥官方发展援助的关键作用。当前，应进一步优化对外援助方式，逐步完善对外援助政策体系和法律法规，促进"政治"与"经济"有机融合，积极探索官方对外经济援助与东道国产能合作一体化发展的新模式。

第三，着力创新国际产能合作联动机制，助力我国富余优势产能全面对接国际大市场。一是要加快构建双多边合作机制，加强发展战略对接、宏观政策对话与重大项目协调沟通，抓紧与有合作潜力和合作意愿的国家商签共同推进国际产能合作的框架协议，并将地方推进国际产能合作遇到的重大问题纳入双多边合作机制中加以统筹考虑，鼓励和支持地方企业更多参与双多边合作机制及相关对接合作活动。二是进一步完善"中央—地方"联动机制，在明确差异化"重点国别、重点领域、重点项目"的同时，在金融机构融资支持、设立合作股权投资基金等方面对符合条件的省份给予一定的支持。加强国企和民企在开展国际产能合作的统筹协调，引导市场主体正确参与国际产能合作，避免出现恶性竞争的现象。三是建立健全部门、省市、使馆、协会、金融机构、企业"六位一体"工作联动机制，形成"统一谋划、整体联动、部门协作、快速反应、责任落实"的工作新机制，不断推动国际产能合作工作的科学化和规范化。四是加快设立独立的国际产能合作管理机构，可考虑设立国际产能合作委员会，主要负责国际产能合作战略制定、管理协调和政策沟通等方面工作。

第四，全力打造高水平的金融服务支持体系，为提升我国全产业链条的国际竞争力提供重要支撑。一是积极调整政策改革思路，加快资本项目对外开放，以彻底根治"走出去"企业"融资难"的痼疾。对于我国目前来说，加快推进资本项目可兑换、利率市场化以及外汇监管方式改革是实现"走出去"企业在国际市场上自由融资并有效解决"融资难"的治本之策。近期应尽快启动合格境内个人投资者境外投资试点工作。二是在"内保外贷"等现有融资方式的基础上积极探索"项目融资"、"股权融资"和"债券融资"等新方式，着力发挥政策性金融机构在提供中长期贷款等方面的比较优势。可积极探索"项目融资"方式开展国际产能合作，适时引进财务投资者和战略投资者组成项目公司，切实提升企业整体融资能力，同时鼓励企业采用"股权融资"和"债券融资"等方式进行融资。同时，可借鉴中韩货币互换资金的成功经验，逐步简化项目资金使用程序，为企业提供长期、稳定、可持续的资金支持。三是完善境外融资的政策性保险机制，待条件成熟时可在开展产能合作的东道国设立投资损失准备金，由外汇储备和国家开发银行共同出资。加快双多边产能合作抵押担保协定谈判，对重大项目应尽可能做到应保尽保。四是加快构建我国海外金融服务体系，进一步增强我国境外金融服务功能。这方面，可借鉴日本、韩国、美国等经济体的成功经验和做法，即企业走到哪，金融服务就延伸到哪，特别是在金融机构分支机构设置和业务类别安排上多听取"走出去"企业和行业的意见和建议。当前，最为紧要的任务是推动中资银行赴境外设立分行，并在产品创新和业务开展方面为我国企业走出去提供高质量的金融服务支持。

第五，逐步构建政府"适度介入"的风险防范体系，将国际产能合作风险降至最低水平。一是抓紧完善相关法律体系，尽快制定中华人民共和国对外投资法，主要内容包括宏观监管、财税金融、监测预警和公共服务等，对企业开展境外贸易和投资给予必要的政策保障。二是健全境外企业管理体制，在资金、融资、股权以及其他权益转让、再投资、担保、税收方面加强监督和管理，从根本上防范境外经营风险。对于国有企业，国资委应强化对境外合作项目境外母公司的监管；而对于民营企业，国家发改委应联合投资母体所在的工商和税务等机构对其实行全过程监控。同时，加强对产能合作企业对外投资备案信息的真实性核查，利用"信用中国"等第三方平台对失信行为进行惩戒和警示。三是加强对高风险国家和地区贸易和投资的指导和管控，不断完善应对贸易摩擦和境外投资重大事项的协调机制和预警机制，及时对有关国家政治经济和社会重大风险进行预警提示，并提供有针对性的应对预案和风险防范措施。四是强化境外人员和财产安全保障，加强领事保护，完善企业"走出去"突出事件应对处理工作机制，加快实施"我国境外产业合作工作人员意外伤害保险"项目。特别是对于走出去企业，要重点考虑以下五个方面的问题：一是要对东道国贸易投资环境进行尽职调查和深度调研，具体包括产业结构、政府运行、社会环境以及法律法规等内容，做到"心中有数"、"未雨绸缪"。二是涉及大型贸易投资项目时，必须提前预估社会风险，特别是在土地征用、民众搬迁、技术安全以及生态环境保护等方面可能遇到的矛盾或冲突应及早谋划，并做好相应应对预案。三是为了防范本币贬值及大宗商品价格下行等风险，企业应当积极推动贸易投资按人民币计价，以降低资产损失风险。四是为了增加产业合作安全系数，要充分发挥东道国华人商会和华侨社团的桥梁和纽带作用。华人商会和华侨社团可以充当"先行官"，通过华人媒体、社团活动以及学术交流等形式，积极向东道国广泛宣传我倡导的互利共赢、共同发展的合作理念，最大限度地消除中资企业可能面临的"负面影响"。五是积极推动与东道国签署"一带一路"谅解备忘录和国际产能合作相关谅解备忘录,并创造条件适时联合设立"中国—××产能合作委员会",统筹解决企业在推进双边产能合作过程中可能遇到的问题。

第六,高度重视行业协会等中介机构的桥梁作用,着手建立包含信息、标准、要素、人才、风险管控在内的综合类公共服务平台。一是加强培育和引导,大力创新服务模式,鼓励钢铁、有色、建材、石化、电力、船舶等重点行业协会或联合会赴境外设立分支机构和服务机构联盟等,加快构建起"政府—中介—企业"有机统一的服务支持体系,为企业走出去开展产能合作保驾护航。二是鼓励中介机构主动作为,加强与东道国中介服务机构沟通合作,深入开展形势分析、调查研究与数据挖掘,并应用微信、微博等信息平台和沟通渠道,及时向企业推送研究报告。同时,立足行业实际,广泛组织企业参与国际项目对接,合力推进东道国示范项目"落地生根",全方位为企业走出去服务。三是优化"走出去"公共服务平台,在商务部"对外投资合作国别(地区)指南"的基础上,进一步细化国别贸易投资信息,并在各国报告中单列国际产能合作专章。加快设立"国际产能合作综合服务平台"网站,由财政部划拨专项资金委托专业部门进行管理,可分设统计数据、国别政策法规、贸易投资业务指南、企业目录、在线事项、风险警示以及专家智库等栏目,为企业"走出去"开展合作提供综合服务。

第七,加快培育和引进国际产能合作高端人才,全面提升我国在全球范围配置资源要素的能力和水平。针对当前国际化人才严重匮乏的现实,应当通过专业培训、联合办学及实岗锻炼等多种方式,加快培养既懂国际市场又懂国际法律的跨国经营管理人才和专业技术人才。同时,加大高层次人才引进力度,逐步放宽人才准入限制,积极实施人才柔性引进办法,不断加强人才载体建设,以优势企业、优势管理、优势技术和优势产品吸引国际高端人才加盟。尽快建立"国际产能合作跨国专家库",为企业走出去开展并购、重组以及战略合作提供一揽子智力支持。在深入推进国际产能合作的过程中,要进一步强化"走出去"企业履行社会责任的自觉性和主动性。一是做好各类宣传工作,严格遵守东道国的法律法规,妥善处理不同社会主体的利益关系,积极关注东道国的社会公益、税收、环保等事业,不断增强自身履行当地社会责任的意识和能力。二是充分尊重当地宗教文化的多样性,注重强化与当地NGO、社区、工会等组织的沟通联系,力争获得各方最大认同。三是适度推进"本土化"政策,在条件允许范围内,积极承担东道国就业、纳税及维持社会稳定等社会责任。四是引导境外企业建立和完善社会责任报告制度,定期公布境外履行社会责任的进展和措施,充分了解利益相关方的意见和建议,并对其重大关切和核心利益问题作出及时有效的回应。

(执笔人:吴润生　曲凤杰　李大伟　杜　琼
　　　　季剑军　金瑞庭　原　倩)

第二篇 专题报告

专题报告一

通过国际产能合作建立中国主导的区域产业分工体系

一、雁形模式：东亚经济依次起飞、产业转移和分工格局

第二次世界大战后，东亚经济成为全球经济成长最快速的地区，首先日本于20世纪70年代经济快速腾飞，并于80年代中期成为世界第二大经济体，紧接着"亚洲四小龙"（南韩、香港、新加坡、中国台湾）和"四小虎"（印度尼西亚、泰国、菲律宾、马来西亚）也分别在80年代及90年代实现了经济起飞，90年代末期中国经济紧随其后，形成了以日本为领头雁、东亚各国和地区经济像雁群般依次起飞的雁行发展模式。

在雁行发展模式相伴随的是区域内的产业转移。在东亚地区，第一次的区域内产业转移是出现在20世纪60年代中期，此时日本以纺织工业为代表的劳动密集型产业方面的比较优势正逐渐丧失。因此，在积极发展本国钢铁、化学、造船等资本密集型产业的同时，日本也开始利用对外直接投资将劳动密集型产业转移到亚洲四小龙，进而带动了"四小龙"劳动密集型产业的蓬勃发展。之后在70年代中期以后，日本的比较优势又开始转向技术密集型产业，于是日本又将耗资多的资本密集型产业通过FDI和技术转让再次转移到亚洲四小龙，再次推动"四小龙"由劳动密集型产业向资本密集型产业的升级，并初步形成了日本与"亚洲四小龙"之间的垂直型区域分工结构。

20世纪80年代末期，由于日元的急剧升值，日本开始将国内发展重点转向高技术、高附加值及知识密集型产业的生产，同时加快了对东亚地区直接投资的步伐和资本与技术密集型产业的输出，从而促进了"四小龙"产业向资本和技术密集型的转化，以及东盟各国劳动密集型和部分资本密集型

产业的发展。虽然，这一时期，中国也承接了日本的产业转移，但相对东盟主要国家如印度尼西亚、菲律宾等，与日本贸易联系相对还较弱，1991年，日本与中国的贸易结合度远低于印度尼西亚和菲律宾等主要东盟国家（见表1）。

表1　　　　1991年日本对中国和东盟主要国家贸易结合度对比

	中国	印度尼西亚	菲律宾	泰国
日本	2.37	6.14	3.33	2.97

贸易结合度：（A国对B国出口/A国出口）/（B国进口/世界进口额）
资料来源：UNCTAD，http：//unctad.org/en/Pages/Statistics.aspx，并经笔者核算。

概括起来，雁行发展模式有以下特点：

一是国际直接投资推动产业转移。东亚的国际分工形态在很大程度上是由较高经济发展水平的国家向低层次国家的直接投资形成的，并带来了产业结构不断升级，从而形成了该地区雁行提升的经济发展模式；

二是产业转移呈现梯级转移特征。一般由较高经济发展水平向具备一定比较优势的发展水平较低的发展中国家转移，再向经济发展水平更低的国家转移。由日本产业调整与升级，递次带动较低层次的"四小龙"、东南亚各国以及中国；

三是转移的产业顺序也是由低到高。先是劳动密集型产业转移至有劳动力成本优势的国家，然后部分资本密集型产业开始向外转移，最后是技术密集型产业向有条件的国家转移；

四是向更低梯度国家的产业转移，往往能够带动水平相近国家的合作深化。换句话说，与更低梯度国家的垂直分工可以促进产业发展水平相近国家的水平型分工的发展。日本专注于高技术高附加产业发展而把产业向外转移，不仅深化了日本与东盟各国之间的垂直型国际分工，而且大大推进日本与"四小龙"之间日益向水平型分工方向发展。

二、从雁形模式到群马模式

在雁行模式中发挥领头作用的日本经历了长达20年的经济成长，在1990年自由化、市场化之后却开始出现经济停滞。"四小龙"代替日本成为东亚外国直接投资新的投资主体和雁行提升模式的领头雁。同日本一样，"四小龙"也经历了汇率的急剧升值和国内劳动力成本的迅速上涨。这使它们的劳动力密集型产业完全失去比较优势，不得不转移至更低层次的东盟各国,从而带动了东南亚经济的迅速扩张。中国经济也进入蓬勃向上时期,其在东亚地区经济中的地位与作用也迅速提升。2001年5月日本内阁会议通了经济产业省的《通商白皮书》,首次明确指出:以日本为"领头雁"的东亚经济雁行发展时代业已结束,取而代之的是东亚地区的竞争时代。

2013年开始中国成为世界第一大货物贸易大国,2014年中国在全球贸易额的比重为12.7%,是日本的和韩国的3.4倍和4倍多。随着日本经济的持续低迷和中国经济的高速发展,东亚经济也不再由一只"领头雁"牵引,而是进入了群马奔腾的新竞争时代:日本依然是这一地区最有实力的经济体,但其牵引东亚经济的作用已大为减退;东盟与日本、中国和韩国都签订了自由贸易区协定,与三个大国经济联系均很紧密,且建立了垂直分工关系,在东亚区域合作中发挥重要引领作用;韩国、中国香港、新加坡、中国台湾等"亚洲四小龙"在金融等服务业方面具有的绝对优势,高端制造业竞争力也较强;中国则正以产业技术上的跨越式赶超和经济上的巨国效应,日益发挥更大的牵引作用。尽管如此,中国竞争力仍然落后于日本,处在产业价值链的低端,在高技术和高附加值产品上中国与日本差距较大。而且,在东亚区域内,日本的引领作用仍然强于中国。

三、从群马模式中突围:建立中国主导的区域国际分工体系,构筑新雁群模式

东亚区域分工格局仍处在调整中,东亚地区各国对美国和欧洲的出口依赖程度很高,产业内贸易和内部分工格局的形成也主要服务于区域外市场并受区外牵引。而且,目前来看,东亚区域内部缺少一个能够在技术、资本、需求、创新等方面发挥全面引领作用的"领头羊"。在这种情势下,中国推进"一带一路"和国际产能合作,一个重要的立意是:另辟蹊径,从群马模式中突围,建立中国主导的区域分工体系,构筑新雁群模式。

新雁群模式大概具有以下特点:

一是新雁群模式以中国为雁首,以覆盖中亚、南亚、东南亚、北非、中东欧区域的发展水平较高的发展中国家为雁身,以发展水平相对较低的发展中国家为雁尾的跨区域的产业合作和分工模式,属于南南合作范畴;

二是作为雁首的中国虽然与欧美和东亚发达国家相比不具备技术领先优势,但与处于雁身和雁尾的包括"一带一路"沿线的广大发展中国家相比,具有明显的产业梯度差,而且产能和技术具有先进性和适用性。中国还拥有

不可比拟的潜在市场优势，可以为产能合作国工业化提供从低端到高端的巨大的返销出口市场；

三是新雁群模式以中国对外投资和经济技术合作为牵引，将低附加值、环境影响大、产能过剩的产业对外转移，释放出土地、资金和劳动力要素，投入到有效的供给中，从而实现国内产业结构升级和迈向中高端。

四、中国与相关国家具备贸易、产业和资本的互补性，构筑新雁群模式具备一定的可行性

通过推进国际产能合作，构筑新雁群模式具备可行性：

（一）与日本和韩国相比，中国对包括"一带一路"在内的广大发展中国家的经济贸易联系更加紧密

从表2的对比情况看，中国与俄罗斯、印度、巴基斯坦、哈萨克斯坦以及南非等代表性国家的贸易结合度都高于日本和韩国。但日本、韩国与印度尼西亚的贸易结合度仍然高于中国。

表2　　　　中国、日本、韩国与"一带一路"沿线
代表发展中国家贸易结合度比较

国别	中国	日本	韩国
俄罗斯	1.41	0.82	1.09
印度	0.95	0.48	0.92
印度尼西亚	1.78	2.27	2.13
巴基斯坦	2.27	0.93	0.54
哈萨克斯坦	2.50	0.44	0.73
南非	1.40	0.96	0.54
土耳其	0.65	0.24	0.91

贸易结合度：（A国对B国出口/A国出口）/（B国进口/世界进口额）
资料来源：UNCTAD，http：//unctad.org/en/Pages/Statistics.aspx，并经作者核算。

（二）"一带一路"沿线绝大多发展中国家工业化程度相对较低，中国拥有这些国家适用的装备、技术和产能，互补性强

"一带一路"沿线国家包括东亚、东南亚、西亚、中亚、南亚、独联体、中东和非洲的发展中国家，这些国家普遍存在基础设施、制造业严重落

后和产能严重不足的问题。多数国家缺少基础工业体系，受制于基础设施建设水平和政治局势等因素，对外资的吸引力不足。而我国基础设施的建设成效举世瞩目，具有上最有竞争力的基建能力。而且作为制造业大国，虽然制造业整体仍处于全球产业链的低端，但已经具有比较完善的工业体系和装备制造能力，2014年，中国装备制造业出口达到2.1万亿，占全部产品出口收入的17%。从够用、好用和适用的标准看，我国与"一带一路"有关国家的互补性远远高于日本等发达国家。此外，从需求的角度看，"一带一路"沿线国家逐步加快融入全球化，亟需利用外部资源。根据世界银行数据，2010~2014年，"一带一路"沿线国家对外贸易和外资流入年均增速均比全球平均水平高出约4个百分点。

（三）我国持续的高储蓄，积累了对外投资的资本能量

我国是高储蓄率国家，拥有大量外汇储备，需要开展也有条件开展对外直接投资。理论上来讲，越贫穷和缺少资金的国家，越容易获得较高的资本回报率（这也是过去30年来中国对外资有较强吸引力的原因）。按照条件收敛假说，初始条件越落后国家经济增长会越快，我国通过对外投资尤其是股权类投资可以享受落后国家的发展红利。2014年我国对外直接投资达到1400亿美元，首次超过外商直接投资，超过日本成为亚洲最大的对外投资国，而且对外直接投资增速达到15%。由于基础设施建设及其资金瓶颈是制约"一带一路"国家发展和参与国际贸易和产业分工的瓶颈，解决基础设施资金来源和融资模式成为关键性问题。为此，中国牵头组建了亚洲基础设施银行、金砖国家开发银行、上合组织开发银行以及丝路基金等支持性金融机构，这些支持性金融机构不仅本身致力于基础设施和可持续发展项目的资金融通，而且还带动商业银行和其他金融机构以及民间资本为合作提供资金支持。

五、构筑新雁群模式面临"四个"不确定性

（一）基础设施领域合作面临盈利模式困境，收益具有不确定性

雁形模式的形成是以日本技术领先优势和持续的创新能力为基础，通过开展制造业的对外投资，获取了规模经济效益和产业利润，产业利润进一步支撑其进行技术创新，形成一种良性循环。我国主导的"一带一路"和国

际产能合作把基础设施领域合作放到突出重要位置,其带动国内产业升级在逻辑是:基础设施互联互通→降低物流成本→促进与我国的贸易和投资→带动我国装备产品出口→促进我国在全球产业价值链中的地位提升和分工格局的变化。但是,这个逻辑可能有断点,有时也未必成立。基础设施项目很多又是战略性项目,由于很多国家限制外资和私人资本进入,缺乏好的盈利模式,融资难是普遍存在的问题。而且,基础设施本身是公共品,并不具备排他性,改善的基础设施条件可能会促进中国与合作国的贸易和投资,但同样也会促进其与其他国家的经贸合作("搭便车"现象不可避免)。反而可能因为其他国家产业更有竞争优势而使其他国家受益多。举例来说,由于东盟与日本签订的自由贸易协定,对日本汽车进入东盟市场实行远低于中国的关税,东盟基础设施的改善可能更会促进日本的产品出口。再以印度为例,印度基础设施是制约印度经济发展的瓶颈,如果通过与我国的产能合作,大大促进其基础设施条件的改善,可能也为我国构筑以中国为雁首的新雁群模式培养了竞争对手。

(二)我国对外投资能否带动国产装备出口也具有不确定性

我国制造业发展所需要的装备很多是依靠进口,国产装备设备的水平与日本等国相比有一定差距,国际产能合作对象国发展制造业如果以内需为主可能会受到国内收入水平低的制约,发展制造业恐怕还要依靠开拓国际市场,我国的国产设备不一定能满足要求,这种情况下,在某些不具备竞争优势的领域,我国企业的对外投资不一定会带动国产装备出口,反而可能会带动日本和德国等国家装备技术的出口。

(三)国际产能合作的全球价值链提升作用具有不确定性

产业升级往往需要通过企业加大技术创新力度,提高创新能力实现,而这种能力的培养需要通过市场空间扩大效应获得更多产业利润。但是,经验证明,对外投资也未必能刺激国内企业的创新。举例来说,如果依靠培育东道国吸引资本的能力,扩大当地就业和提高当地收入,就能扩大市场空间,提高投资国的产业层级,那么我国地区发展不平衡,东部地区为什么不能通过向西部地区的产业转移而实现自身的产业提升。

(四)中国推进"一带一路"和国际产能合作是否能够推动建立有利的区域合作和治理机制,推动人民币国际化具有不确定性

日本引领的雁形模式的成功之处在于促进了日本产业的升级,但其并没

有改变日本经济持续衰退的命运,其重要原因是虽然雁行模式在当时促进了日元的国际使用,但最终并没有使日元成为一个区域性和国际化程度很高的货币。从宏观战略层面,中国推进"一带一路"和国际产能合作的最高利益是在规则层面上,即能够建立有利的区域合作和治理机制以及推动人民币国际化。一方面,通过扩大贸易和对外投资推动人民币成为区域计价、结算和投融资货币;另一方面,通过产业转移和资本输出,转变我国与这些发展中国家贸易顺差国的地位,利用强大内需优势,成为区域市场最大的买家,以贸易逆差提供人民币区域流动性。但是,贸易流向和结构的变化依托于产业分工格局的调整,而产业分工格局的调整取决于产业能否实现梯度转移。而且,人民币国际化是个系统工程,除了建立清算支付渠道等外,资本账户开放和汇率的市场化形成机制等都要同步进行,其中任何环节出现问题都将影响人民币国际化目标的实现。

六、构筑新雁群模式面临三大挑战

(一)新雁群模式受到俄罗斯、印度和印度尼西亚等几个重要国家的影响和牵制

俄罗斯、印度和印度尼西亚是"一带一路"沿线最重要的国家,也是经济体量最大的三个国家。目前,这三个国家对中国"一带一路"战略都心存疑虑。虽然,对与中国开展国际产能合作并不持反对态度,但在各自传统的势力范围内,对中国的存在感到不安,势必采取应对措施牵制中国的区域存在。中亚是俄罗斯的传统势力范围,俄罗斯在大力推进欧亚联盟,力促独联体国家的经济一体化。俄罗斯既不想做一个中国向欧洲运输货物的过境国家,也不愿意接受中国向其转移有污染的产业,它最关心的是能否有助于俄罗斯参与到全球价值链中。俄罗斯是最后一个加入亚洲基础设施银行的,表明俄罗斯对中国主导的合作存有戒心;印度在南亚处于领导地位,尽管巴基斯坦等国家希望中国加入南盟,但印度担心中国加入南盟会削弱其在南亚的影响力。印度对中国倡议的"一带一路"并不积极,并希望以香料之路计划和季风计划进行对冲;尽管中国 21 世纪海上丝绸之路战略构想与印度尼西亚海上高速公路计划契合,印度尼西亚也愿意与中国携手打造海洋发展伙伴,不排斥与中国展开具体的产能合作,但印度尼西亚对中国倡议的"一带一路"仍持谨慎态度。2015 年底,日本与印度尼西亚举行了首次外长

加防长磋商,两国政治关系密切。由于印度尼西亚是日本雁行模式的重要组成,与日本的产业链联系密切,尤其金融危机后,日本加大在印度尼西亚的对外直接投资,加之印度尼西亚与日本自由贸易区安排在很多方面优于中国,综合考量技术、政策等条件,印度尼西亚更容易接受日本而非中国的产业转移。

(二) 企业创新能力、品牌建设和国际化经营能力不足

新雁群模式的构建需要培养相关国家对我国的"依附"性,这种依附可以是资金、市场或技术,其中技术创新是维持雁群结构的基础力量,只有具有明显的技术领先优势才能支撑装备技术产品和服务的出口竞争力。品牌则是培养需求"粘性"的重要手段,消费者一般更关心品牌而非该品牌的生产地。但过去我们搞对外开放,主要任务是招商引资,由于长期奉行出口导向战略和发展加工贸易,中国的加工组装能力世界第一,但创新能力和动力严重不足,很多加工企业做的是代工,贸易的组织包括营销渠道、品牌等也不是中国企业主导,企业没有自主品牌,国际化经营能力严重不足,一些垄断性大国有企业则大而不强。2015年《财富》全球500强排行榜,因为是按照年营业收入排名,中国有106家企业上榜,仅低于美国128家。但是,福布斯公布的2016年全球最有价值的100个品牌,由于以品牌价值为排名依据,中国企业无一上榜,美国公司占了半壁江上,德国和日本分别有11家和8家。再看创新排名,根据汤森路透评选的《2015全球创新企业百强》根据专利相关的标准,不仅专利数量,还包括成功和全球化影响指标,中国无一上榜,日本则以40家高居榜首,美国以35家位列第二。

(三) 我国国际产能合作协调组织水平亟待提高

国际产能合作需要综合发挥政府、非政府组织、企业对外组织协调的能力。目前看,由于缺少政府、非政府组织、咨询设计、金融机构等的协调和配合,加之各级地方政府的本位思想,造成企业在国外各自为战,互相恶性竞争,严重影响了中国企业在国外的整体声誉。限于有关部门和各级地方政府对国际规则和投资环境缺乏认识,部门分割造成各部门制定的支持政策严重碎片化,往往把国内政府推动产业和项目发展的思路套用到国外,不仅不能形成政策合力,有些甚至起到负面效果。与日本相比,我国对外合作的组织能力严重落后。日本在亚洲发展中国家开展对外投资和合作往往能够把亚洲开发银行、国际协力银行等开发性机构的金融和智力支持、政府签署的各

类协议、对外援助和经济技术合作、咨询公司前期规划设计、项目公司的项目介入进行无缝衔接。一般是通过开发性机构支持下进行的规划设计，把日本标准和参数嵌入，这样即便是后期采用招标的形式，但也可以把其他国家尤其是中国公司排除在标准或门槛之外。举例来说，近年亚洲开发银行给斯里兰卡做了绿色能源规划，目标是使斯里兰卡电损大幅降低，实际上中资企业完全有能力做。但在项目的国际招标的条件中有一条是企业必须有15年的海外经验，这样，中资企业基本上都被排除在外了。中国在东南亚和南亚投资的海外企业往往感到的是中国的单个企业在跟日本一个对外合作的组织体系和链条在竞争，感觉力不从心。

七、对策建议

国际产能合作不仅要有利于推进我国产业结构升级和迈向中高端，更承载着重塑区域产业分工体系，构筑中国引领的新雁群模式的重大使命。基于构筑新雁群模式面临的诸多挑战，需要我们逐一破解。总的来看，自身能力是决定能否成为"领头雁"的关键。建议如下：

（一）需要通过整合第三方资源克服我国产业梯度和技术创新能力不足等方面制约

尽管新雁群模式属于南南合作范畴，主要以发展水平较低的发展中国家为组成成员，但要加强与发达国家和技术领先国家的合作，利用我国市场的吸引力，扩大技术进口、消化、吸收和应用，加快产业升级，跟上发达国家技术和产业发展的步伐。

（二）加强"一带一路"建设和国际产能合作的协调

"一带一路"沿线国家也是我国构筑新雁群模式的重点国家，国际产能合作本身也是"一带一路"的重要组成部分，目前看，不同部门负责和分头组织容易造成政策资源浪费和协调不力。由于中央政府有关部门分头管理导致地方也分头组织实施，造成很多重大项目存在重叠和交叉。建议："一带一路"互联互通建设项目的选择，不仅要考虑项目自身的战略性和经济性，更要把对产能合作和构筑新产业分工格局的影响作为重要考虑因素。比如，目前在"一带一路"基础设施项目筛选时，除了重视对象国的发展诉求，帮助其与周边国家互联互通，更要考虑其对我国产业布局和产业升级带来正面和负面影响。要防止基础设施的"搭便车"损害我国的产业竞争力。

（三）不能把国际产能合作当成为个别企业或个别项目服务的平台，避免"一事一议"的专门扶持，而要在长效机制上下功夫

要深入研究阻碍合作的制度性因素，着力与合作对象国签订双边或多边有约束力的而不只是原则性、框架性的合作协议。举例而言，如果能通过谈判把东盟对中国汽车相关产品关税由 50% 降到跟日本同样的 10% 水平，对中国汽车行业产能合作的推动作用远远大于把某个国产汽车企业的对外投资项目纳入重点国际产能合作项目库所能给予的支持力度要更有力和长效。

（四）遵循国际规则和当地法律，进入策略应体现本土化原则

无论是推进"一带一路"还是国际产能合作，可以讲中国故事，但目前即便是与"一带一路"沿线发展中国家合作，也不能试图把国内政府部门惯用的行政化手段延伸到国外。加强与合作国研究机构、高等学校以及非政府组织的合作，避免产生不必要的地缘文化矛盾，减少水土不服。政府的主要任务是与合作国尤其是关键性国家维护良好的政治外交关系、保护投资者利益、协调对象国减少进入壁垒和改善投资环境，并且为对外投资企业提供更有针对性的信息服务和指导。

参考文献：

1. 郑京淑、李佳：《"后雁形模式"与东亚贸易结构的变化》，载《区域经济》2007 年第 3 期。

2. 程恩富、夏晖：《东亚经济的调整与合作》，载《财经研究》2003 年第 7 期。

3. 童振源、蔡增家：《从雁行发展到经济分工：从台日经济合作看东亚经济分工模式的转变》，载《国际关系学报》2007 年第 24 期。

4. 彭丽红：《中国企业国际竞争力水平及分析》，载《管理世界》1999 年第 1 期。

5. 李扬、殷剑峰：《劳动力转移过程中的高储蓄、高投资和中国经济增长》，载《经济研究》2005 年第 2 期。

（执笔人：曲凤杰）

专题报告二

国际产能合作重点区域和国别筛选机制研究

一、国际产能合作的内涵和范围

国际产能合作是由我国政府和学术界率先提出的一个新概念，和西方学术界中的跨国投资、跨国并购、国际经济合作等概念均有所交叉，但又不完全一致。根据《国务院关于推进国际产能和装备制造合作的指导意见》（下文简称《意见》）的论述，国际产能和装备制造合作涉及钢铁、有色、建材、铁路、电力、化工、轻纺、汽车、通信、工程机械、船舶和海工装备十二大重点领域，且在各个领域的合作重心也有所差异。如在钢铁、有色行业，《意见》的重心在于建设冶炼深加工基地，并带动相关装备出口；在铁路领域，则强调实施重点区域铁路网络建设和高速铁路项目；在轻工纺织领域，更为强调建立轻纺产品加工基地；在工程机械等领域，关键在于通过融资租赁等方式扩大出口以及在发达国家设立研发中心，等等。因此，国际产能合作的范围涵盖贸易、投资、工程承包等传统国际经济合作议题下的多个领域，单独用任何一个传统的范式分析国际产能合作均是不全面的。

因此，国际产能合作的内涵必须由学术界根据文件的概括予以制定。本文认为，国际产能合作的内涵在于三个关键词："国际"、"产能"和"合作"。"国际"，意味着这种合作是跨境的，必须有两个或两个以上的经济体参与；"产能"，指生产能力，意味着这种合作必然要和生产能力相关；"合作"意味着需要双方共同的参与。因此，立足于《意见》中的各个领域，可以将国际产能合作定义为我国和其他经济体在境外直接或间接有助于形成新的生产能力的合作模式的总称。这种合作可以以跨境直接投资的形式出现，如建立各种生产基地；可以以BOT、EPC等形式出现，因为这些合作模式也能够在海外形成新的固定资产投资和生产能力，但我国企业可能并不一定拥有所有权；甚至可以是建立研发中心、销售网络和资本品出口的形式，因为资本品出口的目的在于形成产能，研发中心、销售网络也是广义概念下生产能力的一部分。

从涉及的行业领域看，《意见》涉及的行业领域较宽。如轻纺涵盖纺织、服装、食品、五金、造纸等几乎全部轻工业，建材和化工行业则涵盖了石油加工、炼焦及核燃料加工业、化学原料及化学制品制造业、医药制造业、化学纤维制造业、橡胶制品业、塑料制品业、非金属矿物制品业。铁路、工程机械、海工等领域则涵盖了建筑业、金属制品业以及钢铁冶炼与压延加工业、通用设备制造业、专用设备制造业等一系列资本品制造业。而正在制定中的《"十三五"国际产能合作规划纲要》进一步拓宽了涉及的行业范围。因此，可以认定从行业维度上看，国际产能合作基本覆盖了我国所有的工业行业。

从国别范围看，"一轴两翼"的总体布局共涉及45个重点国家，"一轴"是以我国周边国家为"主轴"，主要包括哈萨克斯坦等15国；"西翼"是指非洲、中东和欧洲中东部等国家，主要包括埃塞俄比亚等24国；"东翼"是指拉美国家，主要包括巴西等6国。然而，随着国际产能合作具体进程的不断推进，这一布局已经不再符合我国国际产能合作的最新发展趋势。我国不但和"一轴两翼"之外的发展中国家，如尼日利亚、阿尔及利亚等开展了诸多富有成效的国际产能合作项目，还和英国、澳大利亚、加拿大、美国等发达经济体开展了诸多国际产能合作项目。正在制定中的《"十三五"国际产能合作规划纲要》中已经初步考虑将国际产能合作定为全球性战略，而不仅仅局限于"一轴两翼"。

二、国际产能合作的具体模式分析

（一）从供给侧看，我国和合作方要素禀赋比较优势变化决定了我国国际产能合作方式的多样性

当前，全球产业结构加速调整，基础设施建设方兴未艾，各国积极提振国内经济，发达国家重振制造业，发展中国家推进工业化、城镇化进程，为我国在对外开放新格局下，加强与世界各国特别是周边国家开展产业合作提供了十分有利的发展环境。同时，基于要素禀赋的分析表明，随

着经济实力和产业层次不断提高，我国和不同国家的要素互补性发生了巨大的变化。表1至表3给出了我国和俄罗斯、印度尼西亚、日本三个具有代表性的周边经济体的要素禀赋变化情况。可以看出，一方面，和大多数发展中国家相比，我国在资本和技术等领域的相对比较优势日益明显；另一方面，和大多数发达国家相比，我国仍然在资本和技术领域处于相对比较劣势，但在中高素质劳动力、部分领域的应用技术等领域已经初步显现出一定的比较优势，在普通劳动力、土地等领域的比较优势也将在未来相当长一段时间内存在。

1. 俄罗斯

我国和俄罗斯要素相对禀赋变化如表1所示。可以看出，目前科技和劳动仍然是我国相对俄罗斯优势最为明显的两大要素，而我国与俄罗斯相比，资本要素虽然总量处于明显优势，但劳动要素和科技要素处于相对劣势，但劣势已明显缩小。而俄罗斯对我国而言，矿产资源是其主要优势，资本虽然绝对总量明显低于我国，但相对于劳动和科技处于一定优势。

表1　　　　　　　　我国和俄罗斯相对要素禀赋变化走势

要素禀赋 \ 年份	2005	2006	2007	2008	2009	2010	2011	2012	2013
资本相对科技	0.78	0.49	0.36	0.36	0.04	0.26	0.24	0.24	0.24
资本相对劳动	0.29	0.27	0.27	0.27	0.04	0.38	0.38	0.40	0.43
资本相对资源	4.40	4.08	4.01	4.06	0.61	5.78	5.71	6.05	6.53
科技相对劳动	0.38	0.56	0.74	0.76	1.06	1.49	1.60	1.63	1.75
科技相对资源	5.67	8.42	11.07	11.38	15.99	22.45	24.14	24.80	26.78
劳动相对资源	15.05	15.11	15.01	15.00	15.08	15.07	15.11	15.20	15.28

资料来源：作者根据世界银行网站"http：//data.worldbank.org.cn"、世界经济论坛数据库"http：//www.weforum.org"测算得出。

2. 印度尼西亚

我国与印度尼西亚之间，科技相对于资本、劳动和矿产资源的优势以及资本相对于劳动和矿产资源的优势均较明显，且均在上升之中。但劳动力相对于矿产资源同样处于优势地位，且也在不断上升之中。表2为我国和印度尼西亚相对要素禀赋变化走势。

表2　　　　　　　　我国和印度尼西亚相对要素禀赋变化走势

年份 要素禀赋	2005	2006	2007	2008	2009	2010	2011	2012	2013
资本相对科技	0.81	0.59	0.48	0.59	0.53	0.39	0.32	0.04	0.37
资本相对劳动	1.11	1.05	1.15	1.28	1.35	1.24	1.29	1.41	1.61
资本相对资源	0.36	0.51	0.75	1.02	1.29	1.35	1.60	1.94	2.45
科技相对劳动	1.37	1.79	2.40	2.15	2.56	3.18	4.07	36.82	4.32
科技相对资源	0.45	0.88	1.56	1.73	2.44	3.48	5.04	50.76	6.56
劳动相对资源	0.33	0.49	0.65	0.80	0.95	1.09	1.24	1.38	1.52

资料来源：作者根据世界银行网站"http://data.worldbank.org.cn"、世界经济论坛数据库"http://www.weforum.org"测算得出。

3. 日本

长期以来，中日合作中，日本主要输出资本和技术，我国则主要提供劳动力和资源。从近年来中日要素禀赋走势看，目前日本相对我国的资本、科技要素禀赋优势仍然十分明显，而我国相对日本的劳动、资源要素禀赋优势仍然十分明显。因此，虽然我国目前总资本规模已经超过日本，在科技方面的实力和日本差距也已明显缩小，但在未来5～10年内，整体上中日两国的相对要素禀赋优势并不会发生根本变化。表3为我国和日本相对要素禀赋变化走势。

表3　　　　　　　　我国和日本相对要素禀赋变化走势

年份 要素禀赋	2005	2006	2007	2008	2009	2010	2011	2012	2013
资本相对科技	4.90	4.28	4.08	4.38	3.74	2.82	2.94	3.23	3.82
资本相对劳动	0.04	0.05	0.07	0.08	0.09	0.09	0.10	0.11	0.16
资本相对资源	0.14	0.17	0.22	0.26	0.28	0.30	0.35	0.38	0.52
科技相对劳动	0.01	0.01	0.02	0.02	0.02	0.03	0.04	0.04	0.04
科技相对资源	0.03	0.04	0.05	0.06	0.07	0.11	0.12	0.12	0.14
劳动相对资源	3.17	3.19	3.20	3.21	3.24	3.23	3.32	3.36	3.37

资料来源：作者根据世界银行网站"http://data.worldbank.org.cn"、世界经济论坛数据库"http://www.weforum.org"测算得出。

（二）从需求侧看，我国和东道国多样化的合作诉求决定了我国开展国际产能合作方式的多样性

要素禀赋仅仅是从供给侧层面探讨双方各种生产要素组合的效率状况。

然而，在具体开展国际产能合作时，除考虑供给侧外，更要对我国和东道国合作的需求侧进行分析。

对于我国而言，开展国际产能合作的诉求是多样化的。从企业层面来看，可能是单纯地获取短期利润，也可能是为了开拓市场，也可能是为了获取技术或者资源，也可能是服务于国家战略（援助项目），还可能是为了实现其国际化发展战略，等等。从政府层面来看，诉求可能包括转移优势富余产能、提升企业在全球价值链中的地位、为地缘战略服务、构建平行生产网络等多种内涵。对于东道国而言，和我国开展国际产能合作的诉求也是多样化的，涵盖了经济增长、产业发展、就业、改善基础设施、改善政治环境、发展文化事业等多个方面。因此，从需求层面看，我国和东道国的合作也可能存在多种模式。

因此，即便东道国和我国的要素禀赋不变，仅仅是由于双方合作诉求不同，所采取的合作模式也是多样化的。例如，若我国企业的利益诉求在于获取资源，而东道国的利益诉求倾向于短期内扩大出口换取外汇，则单纯的资源开采和初步加工基地可能成为我国和东道国合作的重要形式；若东道国的利益诉求在于更多地拉动就业和提升当地制造业水平，则资源深加工基地则可能成为我国和东道国合作的重要形式，等等。

（三）我国国际产能合作的分类方法

上文的分析表明，无论是供给侧的要素禀赋，还是东道国和我国的各种需求，可以得出的国际产能合作方式数不胜数，每种方式对要素禀赋、东道国经济指标、我国经济指标的要求均不相同，这样将会极大地增加指标体系的工作量，甚至导致大量数据无法获取。然而，无论国际产能合作的最终目的如何，在现实经济中所形成的"产能"是有章可循的。对《意见》中涉及的诸多产能合作形式进行分析，可以发现，国际产能合作主要讨论的是"输出"产能的问题，即在境外形成各种形式的资产。因此，可以从形成何种境外资产的视角出发，将对纷繁复杂的国际产能合作方式进行归总成如下几类：

1. 消费品类国际产能合作

消费是拉动各国乃至全球经济增长的基础性动力之一。作为东道国，无论是出于发挥自身比较优势，拉动经济增长，还是满足其国内居民消费需要，均有必要不断提升消费品生产能力。从我国视角看，消费品制造企业出于提高要素配置效率、规避贸易壁垒、提升国际化水平等多种目标，均有在海外形成新的消费品生产能力的动机。因此，在境外形成消费品生产能力是国际产能合作的主要目标之一。

具体与各个国家的合作而言，基于相互间的要素禀赋比较优势和合作诉求，这种消费品生产能力可以分为很多类别。如果从生产消费品的要素禀赋进行细分，可以分为劳动密集型消费品生产基地、资本密集型消费品生产基地、技术密集型消费品生产基地、消费品关键零部件生产基地等；如果从需求方分析，可以分为面向国际市场的消费品生产基地、面向东道国市场的消费品生产基地、面向我国市场的消费品生产基地，等等。从目前看，最为常见的一类是劳动密集型消费品生产加工基地。印度尼西亚、印度、越南等周边经济体劳动力成本已明显低于我国，目前正效仿我国的当初经验，积极承接韩国、日本、美国等国的劳动密集型产业转移，所形成的生产基地便属于劳动密集型制造业生产基地。此外，由于深加工农产品主要属于消费品，我国依托农田水利技术、机械化耕作技术、农产品加工技术、农作物病虫害防治技术等领域的相对优势，和俄罗斯、蒙古、印度尼西亚等国家共同建设良种培育基地、优质农作物种植园和农产品深加工基地等领域也属于这一类的国际产能合作范畴。

2. 资源型产品类国际产能合作

在国际投资理论中，资源寻求型投资一直是跨境直接投资的重要类型之一。这类国际产能合作中，东道国主要发挥在资源要素禀赋上的相对优势，这种资源可以是矿产资源、土地资源和农林资源；我国则主要发挥在资本和技术要素上的比较优势。从需求角度看，东道国主要需要通过开发资源获取财政收入和直接经济收益，也希望形成资源开发的一整套产业体系，成为经济长期可持续增长和拉动就业的有力支撑。从产出角度看，这种合作最终产出的往往属于资源型的中间产品，主要是钢铁、有色、化工等领域的工业原材料。

从具体合作模式上看，通过并购、绿地投资等模式，建立资源开发、初步加工和深加工基地是最常见的合作模式，我国和俄罗斯、哈萨克斯坦、印度尼西亚等周边国家的国际产能合作中均已采取了这类模式，在此不加赘述。此外，我国通过EPC、BOT等形式参与海外油田、矿山等资源开发和冶金等资源深加工的相关项目也属于这类国际产能合作的范畴。

3. 基础设施建设类国际产能合作

铁路、公路、码头、港口等基础设施虽然不能独立生产各类产品，但却是任何形式的生产活动所不可缺少的。这类基础设施与海工装备、船舶、机车等相关的资本品有机结合之后，既是经济能够稳定运行，其他领域的生产能力能够顺利生产产品的基本保证，也能够直接产出运输服务等生产生活所必需的产品和服务。因此，这类合作在国际产能合作中也具有重要位置。从供给端来看，这类合作对东道国生产要素的需求相较前两种合作不明显，而对我国的生产要素比较优势则集中于资本、技术和相关的项目运营经验等方面。从需求端来看，由于基础设施建设是各国家特别是发展中国家经济发展的主要短板，东道国对这类合作的诉求是比较多的。这类合作的方式多数以BOT、EPC 和 PPP 等工程建设的模式为主，也有部分以绿地投资或股权投资的方式完成。

4. 研发服务类国际产能合作

近年来，我国企业在海外建设研发中心、营销中心，或和东道国共同开展一些大型的产业化技术研发项目等合作模式发展十分迅速。表面上看，这种合作模式并不直接形成商品的生产能力，而更多地是产出技术、品牌、专业服务等"无形产品"。然而，这些无形资产实际上和产出消费品、中间品等有形产品的生产能力是密切相关的，在实际业务中，企业在某国的研发中心、销售中心建设往往伴随着在该国甚至其他国家的重要投资项目。《意见》中的文件表明，我国在海外建设研发中心、销售中心以及数据中心等合作模式均被归入国际产能合作的范畴。

5. 资本品类国际产能合作

当前这种产能合作的实践案例并不是很多，但从长期来看，这类合作也是未来我国国际产能合作的重要方向之一。由于工程机械、船舶等资本品的海外生产基地建设需要较强的技术能力和大量的融资需求，目前我国除三一重工等少数企业外，绝大多数企业开展这类合作的能力尚显不足。但我国在相关装备制造领域的比较优势正在逐渐形成之中，从长期看这一领域可以成为我国开展国际产能合作的新热点。同时，工程机械、高铁设备等用于基础设施建设的资本品的出口也可以归入这一领域。

上述五大类国际产能合作模式所包含的各种具体模式如表 4 所示。

表 4　　各类国际产能合作的重点领域和具体模式一览

大类	当前重点领域	具体模式
消费品类国际产能合作	轻工、纺织、家电、电子、通信、汽车、农业等	绿地投资建设消费品加工组装基地
		绿地投资建设消费品零部件生产基地
		并购或股权投资海外消费品或消费品零部件生产企业
		以出口、租赁等方式向境外提供消费品生产设备
		在海外建设农产品供应基地和深加工基地
		以 BOT 等形式参与境外消费品生产基地建设，但不获取所有权
资源型产品类国际产能合作	钢铁、有色、石油、化工、建材等	绿地投资建设海外矿山、油田等资源生产设施
		以 EPC 等形式参与海外相关资源型中间产品生产基地建设，但不获取所有权
		并购海外矿山、油田等资源生产设施
		绿地建设海外资源深加工基地
		并购或股权投资海外资源深加工企业
		以出口、租赁等方式向境外提供相关生产设备
基础设施建设类国际产能合作	能源、铁路、公路、机场、港口、码头等	以绿地、并购、股权投资等方式直接获取境外电力、码头、港口、铁路、公路等基础设施的所有权
		以 PPP、BOT、EPC 等方式参与境外基础设施建设
		以租赁、出口等方式向境外提供工程机械、机车、船舶、海工等资本品
技术服务类国际产能合作	研发、咨询、专业服务、商务服务等	在境外建设研发中心
		为产能合作在境外设置区域性总部、营销中心、数据中心等各种服务中心
资本品类国际产能合作	机械、船舶、运输设备等	以绿地、并购、股权投资等方式直接获取境外机械制造、船舶制造等生产企业的所有权
		以 PPP、BOT、EPC 等方式参与境外资本品及零部件生产基地建设
		以出口、租赁等方式输出资本品、生产资本品及零部件用专用设备

资料来源：作者整理。

三、国际产能合作重点合作国家的评价指标体系构建

目前国际学术界在进行国别筛选研究时，选择设计一套能够充分反映研究目的的指标体系，并对各指标赋予合理权重进行排序的方法。目前 WTO、世界知识产权组织、OECD 等国际组织基于不同的工作要求，设计了多类用于国别筛选的指标体系。如 WTO（商务便利化指数）等；世界知识产权委员会则基于政治环境、法律环境、基础设施等指标对 100 多个国家和地区的创新能

力进行了排名；OECD 则对全球 100 多个国家和地区设计了涵盖信息可获取性、上诉可行性、文档规范化国际化程度等指标的贸易便利化指数体系。由于国际产能合作这一重大任务出台时间较短，其涉及的领域、国别尚无明确规范，因此国内外对国际产能合作的国别排序建立的评级指标体系相对较少。

设计指标体系对国际产能合作重点合作国家进行重要性排序，主要需要解决三个困难问题：一是基于《意见》和相关文件，确定国际产能合作的领域范围和区域范围，这一工作在前文已经完成；二是所选择的指标要具备数据可得性，且能够充分反映不同类型的国际产能合作模式；三是指标设计只能基于历史数据，需要运用技术方法对历史数据进行处理，使之能在一定程度上反映我国和东道国的国际产能合作未来前景。

为此，本报告在方法上采用如下创新：

一是在指标选取时采取定量指标和定性指标相结合的原则。在贸易、投资、能源等能够选择量化指标的领域，运用适当的量化指标进行排序并赋予相应的分值；而在政治、地缘、营商环境等缺乏准确指标进行量化的领域，则运用了一些替代性指标和相关专家评分的结合方法进行量化。

二是基于不同的大类合作模式设置不同的指标体系。前文从"产能"的角度对国际产能合作进行了较大的分类。显然，在产能方面目标存在差异的各大类合作模式所需要的要素禀赋、营商环境都有所差异。即便在同一类"产能"中，不同具体的合作模式的需求也存在差异。这些因素均应在指标体系中予以充分考虑。

三是设计若干反映未来合作前景的指标。如基于能源资源的国际产能合作是我国和"一带一路"沿线国家和地区的重心。部分沿线国家可能和我国当前的产能合作规模并不大，但能源资源禀赋十分丰富，可以作为未来开展产能合作的重点，因此用各国的能源资源禀赋指标在一定程度上可以作为反映未来我国和该国合作潜力的指标。同时，运用 IMF 对各国未来经济走势的预测，对未来，特别是"十三五"期间各国的经济指标进行了测算，并将其放入指标体系。

下文将分别针对上文所归纳总结的五大类方式设计指标体系进行排序。

在排序之前，首先要明确所排序的国家范围。本报告以《商务部对外直接投资合作指南》中所涉及的 168 个国家和地区作为国际产能合作的最大范围，基本上涵盖了所有的发达国家和发展中国家，只有少数国家因经济总量和人口非常低（如圣马力诺）、或有特殊情况（如梵蒂冈、朝鲜）没有涉及。相关国家和地区见表 5。

表5　国际产能合作排序所涉及的166个国家和地区情况一览表

序号	国家和地区	序号	国家和地区	序号	国家和地区	序号	国家和地区	序号	国家和地区
1	俄罗斯	23	乌兹别克斯坦	45	老挝	67	尼日尔	89	摩洛哥	111	几内亚比绍
2	蒙古	24	吉尔吉斯斯坦	46	越南	68	赞比亚	90	塞舌尔	112	南苏丹
3	爱沙尼亚	25	土库曼斯坦	47	印度尼西亚	69	贝宁	91	马拉维	113	布基纳法索
4	拉脱维亚	26	塔吉克斯坦	48	菲律宾	70	多哥	92	突尼斯	114	圭亚那
5	立陶宛	27	伊朗	49	文莱	71	刚果（金）	93	乌干达	115	加拿大
6	哈萨克斯坦	28	伊拉克	50	东帝汶	72	加纳	94	博茨瓦纳	116	墨西哥
7	白俄罗斯	29	土耳其	51	斯里兰卡	73	加蓬	95	坦桑尼亚	117	新西兰
8	波兰	30	叙利亚	52	马尔代夫	74	马里	96	津巴布韦	118	智利
9	捷克	31	格鲁吉亚	53	阿联酋	75	南非	97	科特迪瓦	119	美国
10	斯洛伐克	32	亚美尼亚	54	阿曼	76	苏丹	98	利比里亚	120	巴西
11	乌克兰	33	阿塞拜疆	55	卡塔尔	77	中非	99	毛里求斯	121	秘鲁
12	摩尔多瓦	34	阿富汗	56	科威特	78	乍得	100	莫桑比克	122	斐济
13	匈牙利	35	巴基斯坦	57	沙特阿拉伯	79	安哥拉	101	尼日利亚	123	古巴
14	塞尔维亚	36	印度	58	巴林	80	布隆迪	102	纳米比亚	124	汤加
15	波黑	37	孟加拉国	59	也门	81	佛得角	103	塞拉利昂	125	阿根廷
16	黑山	38	缅甸	60	埃及	82	几内亚	104	塞内加尔	126	巴哈马
17	克罗地亚	39	尼泊尔	61	以色列	83	吉布提	105	毛里塔尼亚	127	牙买加
18	马其顿	40	不丹	62	巴勒斯坦	84	科摩罗	106	阿尔及利亚	128	苏里南
19	阿尔巴尼亚	41	泰国	63	约旦	85	肯尼亚	107	埃塞俄比亚	129	萨摩亚
20	斯洛文尼亚	42	马来西亚	64	黎巴嫩	86	卢旺达	108	赤道几内亚	130	乌拉圭
21	罗马尼亚	43	新加坡	65	喀麦隆	87	利比亚	109	厄立特里亚	131	澳大利亚
22	保加利亚	44	柬埔寨	66	马达加斯加	88	莱索托	110	刚果（布）	132	巴巴多斯

续表

序号	国家和地区	序号	国家和地区	序号	国家和地区	序号	国家和地区	序号	国家和地区	序号	国家和地区
133	玻利维亚	139	哥伦比亚	145	洪都拉斯	151	法国	157	瑞士	163	马耳他
134	多米尼克	140	哥斯达黎加	146	巴拉圭	152	荷兰	158	西班牙	164	葡萄牙
135	厄瓜多尔	141	密克罗尼西亚	147	德国	153	希腊	159	爱尔兰	165	塞浦路斯
136	格林纳达	142	巴布亚新几内亚	148	冰岛	154	英国	160	奥地利	166	意大利
137	瓦努阿图	143	特立尼达和多巴哥	149	芬兰	155	挪威	161	比利时	167	日本
138	委内瑞拉	144	安提瓜和巴布达	150	丹麦	156	瑞典	162	卢森堡	168	韩国

资料来源：作者整理。

在充分考虑各类指标体系数据可得性，以及部分国家的经济总量和市场规模很小，且缺乏独特资源优势，或由于局势过度动荡和政治问题导致大部分数据不可获取的情况下，将叙利亚、不丹等13个国家予以排除，最后参与国别排序的国家为155个。

（一）消费品类国际产能合作

根据表4中这类国际产能合作的各种具体形式看，该类合作中，东道国主要发挥两种优势：一是劳动力等生产要素成本优势；二是国内市场优势。而我国则主要发挥资本和技术优势。基于此，本文选择以下指标用于对这类合作的国家进行优先排序：

政治和地缘稳定性（权重为0.1）：该指标反映一国国内局势是否稳定以及是否深度介入地缘政治剧烈冲突。显然，政治和地缘稳定性较差的国家将严重影响国际产能合作战略的实施。本文综合世界银行所公布的政治稳定性指数以及和外交部、中联部相关工作人员的调研结果，将各国家分为以下三类：一是正处于地缘政治冲突的焦点或国内局势严重动荡的国家；二是与周边存在一定地缘冲突或国内局势存在诸多不稳定因素而局势尚未失控的国家；三是参与地缘冲突程度较轻且国内局势较为稳定的国家。三者打分分别为0分、50分、100分。

外交和地缘重要性（权重为0.1）：国际产能合作虽然主要是经贸合作战略，但也必须充分考虑外交和政治意图。例如，吉尔吉斯斯坦显然不具备和我国大规模开展经贸合作的条件，但可能在我国的外交战略中处于重要位置。基于过去5年内我国和这些国家的高层互访次数和外交关系状况，结合与外交部、中联部相关工作人员的调研结果，将64个国家和地区分为高、中、低三类，三者分别打分为100分、50分和0分。

劳动力成本（权重为0.25）：考虑到部分国家劳动力成本数据的缺乏，本文运用人均GDP作为衡量劳动力成本的替代指标，并在此基础上对此进行去量纲化。考虑到当劳动力水平与我国差距较大后，不同国家劳动力水平之间的差距不大，因此将2500美元作为该指标的阈值，即若一国人均GDP低于2500美元，该指标为100，若人均GDP高于2500美元，该指标为100×2500/人均GDP。

劳动力充裕程度（权重为0.1）：以世界银行所公布的劳动力数据为基准。和劳动力成本共同构成重要的指标体系。与劳动力成本类似，考虑到一国劳动力数量高于一定水平时，各国劳动力数量差距对国际产能合作的影响意义不大，因此将3000万人作为该指标的阈值。即若一国劳动力数量超过3000万人，该指标为100，若低于3000万人，该指标为100×劳动力数量/3000。

2016~2020年GDP平均值（权重为0.1）：用于反映该国的未来市场规模的指标之一。考虑到随着GDP总量的增长，GDP对国际产能合作诉求的边际影响会减少，采用如下方法进行去量纲化。假设155个国家中GDP总量最小值为a，最高值为b，某国GDP为c，则去量纲化之后的某国GDP为$\log(c/a, b/a)$。

2016~2020年人口平均值（权重为0.1）：用于反映该国的未来市场规模指标之二，相关指标进行了去量纲化。去量纲化的方法和GDP平均值一致。

对我国消费品进口诉求（权重为0.1）：从理论上看，在重点考虑东道国国内市场的前提下，当前对我国消费品进口量较多的国家可能和我国开展消费品领域国际产能合作的诉求更强。该指标来源于按照BEC分类的UN COMTRADE数据库。若2014年从我国进口消费品超过100亿美元，则设定为100，若低于100亿美元，则为100×从我国进口消费品金额/100亿美元。

是否和我国有FTA合作（权重为0.05）：和我国签署FTA有利于生产要素的自由流动。基于中国自由贸易区服务网提供的数据，和我国已经签署FTA（如韩国）的，为100，正在和我国谈判FTA的（如日本和海合会），为50，其余为0。

营商环境（权重为0.1）：由于主要发挥其国内要素成本优势，市场基本不在东道国境内，因此营商环境的重要性相对较弱。基于世界银行营商环境指数排序后，基于排名进行等差赋值。排名第一的为新加坡，为100；排名最低的为厄立特里亚，为0。

对各指标权重选择的理由如下：

"十三五"期间，我国在海外在消费品或零部件生产领域开展国际产能合作的主要动机仍然是发挥东道国在劳动力的成本优势。虽然东道国市场空间也是我国建立消费品或零部件生产基地的重要考虑因素之一，但在大多数新兴市场国家，其国内市场尚不完善，对我国开展该领域国际产能合作的重要意义要稍低于劳动力成本，因此赋予了较低的权重。然而，单纯依靠劳动力成本，但由于人口经济规模过小，劳动力无法形成规模，也不足以支撑建设劳动力生产基地。因此，基于这一考虑，该体系对劳动力成本和规模赋予了最高的权重,其次是东道国的经济总量、对我国消费品的诉求。

(二) 资源型产品类国际产能合作

与第一种模式不同的是,这种资源型产品生产能力对东道国自身资源要素禀赋的要求非常高,因此反映东道国资源禀赋的指标在这一体系将处于重要位置。此外,资源型产品的国际产能合作往往伴随着油田、矿山等海外资源的投资,这往往涉及政治、地缘等因素,我国能否有效进入该国市场并不主要取决于该国的营商环境,而取决于该国是否"欢迎"我国资本,因此需要设置相关指标予以反映。为此,设定相关指标体系如下:

政治和地缘稳定性(权重为0.1):内容同前文。

外交和地缘重要性(权重为0.1):内容同前文。

对我国投资依赖程度(权重为0.15):一般可以认为,我国对某国投资存量占该国利用外资总存量中的比重能够反映该国是否"欢迎"我国投资。在对该指标进行测算之后,运用(100×我国对某国投资存量/该国利用外资总存量)/155个比值中的最高值进行去量纲化。

资源充裕度(权重为0.2):反映各国资源要素的绝对禀赋。本文按照BP统计年鉴和美国国家矿业局公布的原始数据,对各国原油、天然气、煤炭、铁矿石、铜、铝土矿这六种资源的探明储量按照算术平均进行加权后,进行如下去量纲化:如果某国总资源量超过1000亿吨,则赋值为100,否则赋值为100×某国总资源量/1000亿吨。

我国对该国资源依赖度(权重为0.2):反映我国对该国资源的依赖情况。考虑到我国的资源合作国并不完全和全球资源分布相符合,加之美国国家矿业局和BP统计年鉴并未准确公布所有国家重点资源的数据,因此将该指标和资源充裕度赋予同样的最大权重,作为该领域的重要指标。测算方法如下:若我国从该国进口资源型产品(包括资源及资源深加工产品,联合国BEC代码为21、22、31、322)量超过200亿美元,则赋值为100,否则为100×进口量/200亿美元。

技术标准类准入门槛(0.15):与消费品制造业相比,在环保、技术、劳工保护等领域的准入门槛对我国进入矿产资源领域国际产能合作的影响也较明显。鉴于直接的技术标准数据难以量化,本文以人均GDP为参考变量,并做如下处理:若一国人均GDP低于8000美元(较我国为低),则认为我国达到了该国的技术准入门槛,赋值为100,若高于8000美元,则赋值为

100×8000/该国人均 GDP 水平。

需要说明的是，该指标体系中删除了营商环境指标。其原因在于，重大资源型国际产能合作往往依赖于各国政府间的对接，所合作方也多为东道国的政府机构或大型企业，且在当地市场拓展销售网络的情况较小，也往往不采取新增投资的形式。因此，基础设施建设合作对营商环境的要求相对偏低，故删除了这一指标。

（三）基础设施类国际产能合作

与其他形式不同，基础设施项目往往不是以固定资产投资模式进行，而是以 EPC、BOT 等工程建设模式进行。因此，各国和我国工程承包合作情况可以作为一个重点的参考指标。同时，各国的基础设施状况也将是一个重要的参考变量。

政治和地缘稳定性（权重为 0.15）：内容同前。但考虑到基础设施项目施工周期较长，回报率较低，适当提高了其权重。

外交和地缘重要性（权重为 0.1）：内容同前文。

技术准入门槛（权重为 0.15）：内容同前文。

和我国基建合作基础（权重为 0.25）：本报告对过去 5 年内我国在该国工程承包建设完成额的平均值作为基础数据，用于反映该国和我国基础建设领域的合作基础。去量纲方法如下：若我国在该国过去 5 年内工程承包建设完成额平均值高于 20 亿美元，则赋值为 100，否则赋值为 100×平均值/20亿美元。

基础设施水平（权重为 0.25）：基于世界经济论坛公布的各国基础设施综合指数进行测算。若某国基础设施综合指数低于 4 分（满分为 7 分），则认定该国基础设施状况较差，合作空间较大，赋值为 100，否则赋值为 100×4/某国基础设施综合指数。

未来基础设施需求（权重为 0.1）：考虑到相较经济总量，人口和基础设施需求之间的相关性更强，因此将未来 5 年人口总量平均预测值作为基础设施需求的相关指标。测算方法和前文基本一致。

需要说明的是，和资源型国际产能合作类似，该指标体系中删除了营商环境指标。其原因在于，基础设施建设的合作往往依赖于各国政府间的对接，所合作方也多为东道国的政府机构或大型企业，且在当地市场拓展销售网络的情况较小，也往往不采取新增投资的形式。因此，基础设施建设合作对营商环境的要求相对偏低，故删除了这一指标。

（四）技术服务类国际产能合作

这类国际产能合作和前几类具有很大不同。开展研发合作需要对方具有良好的商业环境和较强的科技研发能力；建立总部基地等服务型合作对东道国当地金融体系也有较高的要求。基于上述考虑，建立如下指标体系：

营商环境（权重为0.2）：同前。考虑到这类合作的特殊性，提高了其权重。

政治和地缘稳定性（权重为0.05）：内容同前文，考虑到合作特点，适当降低了权重。

外交和地缘重要性（权重为0.05）：内容同前文，考虑到合作特点，适当降低了权重。

东道国技术水平（权重为0.2）：首先测算每百万人所生产的PCT专利数，并进行去量纲化：若该指标大于100，则为100，否则则为该指标数值。

东道国技术规模（权重为0.2）：考虑到很多国家虽然人均PCT专利数较高，但规模较小，而俄罗斯等国虽然人均水平不高，但由于研发基础良好，投资巨大，技术产出仍维持一定水准。因此引入技术总规模变量（PCT专利数），作为技术水平的补充指标。去量纲方法为：若该指标大于1000，则为100，否则则为该指标数值除10。

市场规模（权重为0.15）：反映技术产业化前景。以GDP未来5年平均预测值为相关指标，去量纲方法同前。

金融发展水平（权重为0.15）：以世界经济论坛公布的金融发展综合指数为原始指标进行去量纲化，方法为100×（某国金融发展水平和所有国家金融发展水平最大值的比值）。

（五）资本品类国际产能合作

受我国相关企业能力制约等因素，该类合作在当前国际产能合作中并不处于主要位置。从中长期看，决定该类合作前景的重心在于两方面：一是该国对我国资本品的需求情况，二是该国是否更倾向于投资，因为资本品产能主要用于投资。相关指标体系如下：

政治和地缘稳定性（权重为0.1）：内容同前文。

外交和地缘重要性（权重为0.1）：内容同前文。

营商环境（权重为0.1）：内容同前文。

对我国资本品需求（权重为0.2）：若该国从我国进口资本品规模超过

100 亿美元，则赋值为 100，否则则为从 100×我国进口资本品规模/100 亿美元。

技术标准门槛（权重为 0.15）：内容同前文。

市场规模（权重为 0.2）：反映对未来资本品的需求。以 GDP 未来 5 年平均预测值为相关指标，去量纲方法同前文。

储蓄率（权重为 0.15）：反映该国未来投资需求情况。测算方法为 100×某国储蓄率/155 个国家中的储蓄率最高值。

四、国际产能合作重点合作国家排序及地图绘制

基于上述的指标体系和相关数据，本文分别对五类国际产能合作模式进行国别排序。

（一）消费品类国际产能合作

根据上文的分析结果，排序结果如表 6 所示。可以看出，印度、巴基斯坦、印度尼西亚、越南、埃塞俄比亚等劳动力成本低、数量较多的国家，成为我国该类国际产能合作的主要伙伴；美国、英国、德国等主要发达国家由于在消费品零部件上具有较强的制造能力和技术水平，我国和这些发达经济体在并购零部件生产基地、打造高端消费品制造基地等发展空间也较大。

按照 60 分以上为重点合作国家，30~60 分为比较重要合作国家，30 分以下为非重要合作国家的模式，可以绘制出该类国际产能合作的世界地图。

（二）资源型产品类国际产能合作

从表 7 中可以看出，印度尼西亚、伊朗、俄罗斯、巴西、土库曼斯坦等发展中经济体是我国开展资源型产品生产能力相关国际产能合作的主要伙伴。美国、澳大利亚等发达国家由于资源丰富，和我国也有一定的资源型产品国际产能合作空间，但由于政治、技术等多方面因素，和我国的国际产能合作空间要低于上述发展中大国。此外，安哥拉、阿联酋等经济体虽然经济规模较小，但具备独特的资源优势，因此和我国的国际产能合作空间也较大。

表6 第一类国际产能合作国别排序

权重	0.1	0.1	0.1	0.1	0.05	0.1	0.25	0.1	
国别\指标名称	营商环境	政治稳定性	地缘重要性	GDP预测值	人口预测值	是否和我国有FTA	对我国消费品需求	劳动力成本	劳动力规模	合计
印度	31.17	50.00	100.00	81.42	100.00	50.00	45.54	100.00	100.00	78.31
巴基斯坦	27.27	100.00	100.00	60.04	79.68	100.00	8.06	100.00	100.00	77.51
印度尼西亚	41.56	100.00	100.00	73.27	82.83	100.00	29.54	68.87	100.00	74.94
越南	49.35	0.00	100.00	58.31	71.92	100.00	31.07	100.00	100.00	71.07
缅甸	12.34	50.00	100.00	49.36	65.81	100.00	28.16	100.00	100.00	70.57
埃塞俄比亚	22.73	100.00	100.00	47.68	71.82	0.00	7.17	100.00	100.00	69.94
美国	96.75	100.00	100.00	100.00	85.18	0.00	100.00	4.53	100.00	69.32
俄罗斯	68.83	100.00	100.00	78.78	76.65	0.00	100.00	18.91	100.00	67.15
英国	97.40	100.00	100.00	82.81	68.22	0.00	100.00	5.76	100.00	66.28
德国	92.21	100.00	100.00	85.57	70.58	0.00	100.00	5.25	100.00	66.15
尼日利亚	11.04	50.00	100.00	69.20	79.37	0.00	24.56	84.18	100.00	64.46
孟加拉国	8.44	50.00	100.00	58.96	77.81	0.00	35.42	100.00	84.28	63.06
坦桑尼亚	26.62	100.00	100.00	45.14	65.21	0.00	3.49	77.88	98.66	62.47
埃及	30.52	50.00	100.00	60.74	71.75	0.00	15.70	100.00	45.35	62.21
乌兹别克斯坦	51.30	50.00	100.00	46.04	60.47	100.00	8.05	43.25	100.00	61.12
泰国	70.13	50.00	50.00	64.61	68.69	100.00	46.12	100.00	28.75	60.77
柬埔寨	32.47	100.00	50.00	35.96	53.23	100.00	4.93	100.00	100.00	60.53
法国	84.42	50.00	100.00	82.46	68.04	0.00	100.00	5.82	100.00	59.95
尼泊尔	46.75	100.00	50.00	37.36	59.55	0.00	1.98	100.00	51.95	59.76
澳大利亚	93.51	100.00	50.00	76.14	57.88	100.00	100.00	3.87	41.40	57.86

续表

权重	0.1	0.1	0.1	0.1	0.1	0.05	0.1	0.25	0.1	
国别/指标名称	营商环境	政治稳定性	地缘重要性	GDP预测值	人口预测值	是否和我国有FTA	对我国消费品需求	劳动力成本	劳动力规模	合计
肯尼亚	42.21	50.00	50.00	47.67	64.59	0.00	14.82	100.00	58.33	57.76
墨西哥	76.62	50.00	50.00	75.08	75.41	0.00	84.88	25.33	100.00	57.53
伊朗	37.66	50.00	100.00	64.97	70.43	0.00	73.16	35.11	90.44	57.44
老挝	28.57	100.00	50.00	32.24	44.92	100.00	5.54	100.00	11.26	57.25
刚果（金）	3.25	50.00	50.00	42.66	71.14	0.00	4.09	100.00	96.74	56.79
巴西	38.96	50.00	100.00	79.73	80.35	0.00	59.72	21.20	100.00	56.18
加拿大	92.86	100.00	50.00	77.71	61.95	0.00	100.00	4.84	65.76	56.04
日本	81.82	50.00	50.00	86.36	75.03	0.00	100.00	6.84	100.00	56.03
土耳其	66.23	100.00	50.00	71.07	70.16	0.00	50.60	23.08	92.59	55.84
马来西亚	90.26	100.00	50.00	64.09	60.63	100.00	39.25	22.48	44.33	55.48
吉尔吉斯斯坦	59.74	50.00	100.00	26.43	43.09	0.00	15.76	100.00	9.09	55.41
阿联酋	81.17	100.00	100.00	64.33	48.42	50.00	98.62	5.61	21.01	55.26
韩国	98.05	50.00	50.00	75.45	65.54	100.00	100.00	8.90	88.00	54.93
加纳	39.61	50.00	50.00	43.30	59.27	0.00	12.43	100.00	37.91	54.25
乌克兰	52.60	50.00	50.00	53.85	64.16	0.00	16.74	70.22	76.96	53.99
波兰	85.71	100.00	50.00	67.20	62.37	0.00	65.84	18.27	60.93	53.78
斯里兰卡	42.86	50.00	100.00	49.62	56.30	50.00	3.17	72.67	28.59	53.72
阿曼	58.44	100.00	50.00	48.09	38.77	50.00	1.78	100.00	7.39	52.95
苏丹	16.88	50.00	50.00	49.74	63.14	0.00	5.80	100.00	41.58	52.71
摩洛哥	55.84	50.00	50.00	52.75	61.24	0.00	11.31	81.43	41.66	52.64

续表

权重	0.1	0.1	0.1	0.1	0.1	0.05	0.1	0.25	0.1	合计
国别/指标名称	营商环境	政治稳定性	地缘重要性	GDP预测值	人口预测值	是否和我国有FTA	对我国消费品需求	劳动力成本	劳动力规模	
菲律宾	44.16	0.00	0.00	62.96	73.28	100.00	16.21	71.43	100.00	52.52
意大利	72.73	50.00	50.00	79.75	67.48	0.00	100.00	7.23	85.95	52.40
塔吉克斯坦	29.87	50.00	100.00	25.85	46.95	0.00	7.42	100.00	12.25	52.23
西班牙	79.87	50.00	50.00	75.96	64.46	0.00	100.00	8.51	77.81	51.94
智利	70.78	100.00	50.00	59.87	54.69	100.00	61.72	16.77	29.15	51.81
莫桑比克	29.22	50.00	50.00	33.26	59.73	0.00	1.33	100.00	41.57	51.51
秘鲁	69.48	50.00	50.00	57.46	60.86	100.00	22.33	39.31	56.58	51.50
赞比亚	47.40	50.00	50.00	37.88	54.04	0.00	0.78	100.00	22.40	51.25
也门	10.39	0.00	100.00	44.84	59.87	0.00	5.39	100.00	25.43	49.59
马达加斯加	13.64	50.00	50.00	30.16	58.23	0.00	0.94	100.00	40.26	49.32
乌干达	35.71	50.00	0.00	39.87	63.55	0.00	2.02	100.00	50.37	49.15
喀麦隆	9.09	50.00	50.00	41.35	57.66	0.00	2.25	100.00	30.59	49.09
沙特阿拉伯	53.25	100.00	50.00	69.92	60.79	50.00	63.17	9.94	40.45	48.74
蒙古	65.58	100.00	100.00	31.72	35.71	0.00	1.98	58.41	4.43	48.54
南非	57.14	50.00	50.00	61.40	66.61	0.00	39.98	36.76	66.60	48.36
马里	24.68	50.00	50.00	33.95	54.12	0.00	0.89	100.00	19.75	48.34
摩尔多瓦	68.18	100.00	0.00	26.98	37.28	0.00	1.48	97.66	4.12	48.22
阿富汗	7.14	0.00	100.00	35.21	61.03	0.00	0.41	100.00	27.78	48.16
哥伦比亚	66.88	50.00	50.00	63.62	65.14	0.00	24.59	31.37	80.97	47.96
瑞士	85.06	100.00	50.00	68.87	46.32	100.00	50.91	2.95	15.84	47.44

续表

权重	0.1	0.1	0.1	0.1	0.1	0.05	0.1	0.25	0.1	
国别/指标名称	营商环境	政治稳定性	地缘重要性	GDP预测值	人口预测值	是否和我国有FTA	对我国消费品需求	劳动力成本	劳动力规模	合计
新加坡	100.00	100.00	50.00	61.54	42.12	100.00	48.24	4.53	10.37	47.36
尼日尔	16.23	50.00	50.00	28.82	54.94	0.00	0.75	100.00	20.44	47.12
巴布亚新几内亚	23.38	50.00	50.00	34.57	46.05	0.00	2.51	100.00	11.22	46.77
科特迪瓦	25.32	0.00	50.00	42.89	57.95	0.00	3.05	100.00	28.47	45.77
吉布提	9.74	50.00	100.00	14.48	24.10	0.00	3.39	100.00	1.02	45.27
荷兰	83.77	50.00	50.00	71.69	53.86	0.00	100.00	4.82	30.06	45.14
玻利维亚	18.18	50.00	50.00	42.03	50.14	0.00	4.26	87.11	17.15	44.95
新西兰	99.35	100.00	50.00	57.48	40.17	100.00	28.74	6.09	8.11	44.91
塞拉利昂	22.08	50.00	50.00	22.30	43.83	0.00	0.62	100.00	8.14	44.70
布基纳法索	24.03	50.00	0.00	32.85	55.02	0.00	0.90	100.00	26.47	43.93
哈萨克斯坦	75.32	50.00	100.00	56.63	54.60	0.00	17.56	21.10	30.95	43.78
洪都拉斯	40.91	50.00	0.00	35.61	46.88	0.00	2.97	100.00	11.24	43.76
安哥拉	4.55	50.00	100.00	51.74	58.65	0.00	17.96	48.08	29.48	43.26
津巴布韦	19.48	0.00	50.00	33.29	51.58	0.00	0.48	100.00	25.74	43.06
塞内加尔	20.13	50.00	0.00	34.84	53.16	0.00	1.30	100.00	21.06	43.05
马拉维	25.97	50.00	0.00	23.44	55.16	0.00	0.48	100.00	25.24	43.03
毛里塔尼亚	11.69	50.00	50.00	22.70	38.23	0.00	0.75	100.00	4.27	42.76
利比里亚	5.84	50.00	50.00	15.63	39.80	0.00	5.14	100.00	5.18	42.16
瑞典	96.10	100.00	50.00	67.58	48.40	0.00	32.03	4.06	17.16	42.14
捷克	78.57	100.00	50.00	57.63	48.84	0.00	31.81	13.62	17.81	41.87

续表

权重	0.1	0.1	0.1	0.1	0.1	0.05	0.1	0.25	0.1	
国别/指标名称	营商环境	政治稳定性	地缘重要性	GDP预测值	人口预测值	是否和我国有FTA	对我国消费品需求	劳动力成本	劳动力规模	合计
中非	2.60	50.00	50.00	15.54	40.88	0.00	0.11	100.00	7.64	41.68
刚果（布）	7.79	50.00	50.00	32.23	39.92	0.00	0.83	91.91	6.09	41.66
奥地利	88.31	100.00	50.00	65.04	46.66	0.00	38.65	5.04	14.90	41.62
突尼斯	56.49	50.00	50.00	43.75	49.58	0.00	3.71	59.10	13.41	41.47
贝宁	17.53	50.00	0.00	30.22	49.62	0.00	1.22	100.00	14.82	41.34
卢旺达	62.34	0.00	0.00	28.29	50.08	0.00	0.53	100.00	18.98	41.02
几内亚	12.99	50.00	0.00	26.04	51.02	0.00	1.03	100.00	16.87	40.79
古巴	33.77	50.00	100.00	47.16	49.48	0.00	3.19	42.52	17.95	40.78
阿尔及利亚	14.29	50.00	50.00	57.79	63.25	0.00	17.07	45.54	41.18	40.74
乍得	3.90	50.00	0.00	32.69	50.35	0.00	0.95	100.00	16.87	40.48
布隆迪	20.78	50.00	0.00	18.15	48.14	0.00	0.21	100.00	16.51	40.38
多哥	21.43	50.00	0.00	23.27	45.53	0.00	0.89	100.00	11.06	40.22
挪威	95.45	100.00	0.00	65.67	41.62	100.00	33.76	2.41	9.09	40.16
罗马尼亚	77.92	100.00	0.00	58.15	55.48	0.00	5.89	26.26	31.76	39.49
比利时	74.03	50.00	50.00	66.78	49.72	0.00	74.32	5.29	16.58	39.47
匈牙利	74.68	100.00	50.00	53.80	48.04	0.00	4.67	18.74	14.61	39.27
阿根廷	36.36	50.00	50.00	64.19	63.95	0.00	16.06	18.55	65.13	39.21
南苏丹	1.30	0.00	50.00	33.84	51.29	0.00	1.05	100.00	2.00	38.95
斯洛伐克	83.12	100.00	50.00	51.55	41.75	0.00	16.02	14.08	9.13	38.68
伊拉克	15.58	0.00	100.00	58.25	62.12	0.00	23.27	38.28	28.96	38.39

续表

权重	0.1	0.1	0.1	0.1	0.1	0.05	0.1	0.25	0.1	
国别/指标名称	营商环境	政治稳定性	地缘重要性	GDP预测值	人口预测值	是否和我国有FTA	对我国消费品需求	劳动力成本	劳动力规模	合计
马其顿	94.16	100.00	0.00	31.28	31.61	0.00	1.04	48.54	3.18	38.26
格鲁吉亚	86.36	50.00	0.00	34.98	37.73	50.00	2.63	55.68	6.73	38.26
厄瓜多尔	38.31	50.00	50.00	49.83	53.71	0.00	9.91	41.05	25.73	38.01
爱尔兰	90.91	100.00	50.00	60.53	40.31	0.00	15.36	5.37	7.28	37.78
哥斯达黎加	64.94	50.00	50.00	45.88	40.83	100.00	3.33	24.70	7.72	37.45
塞尔维亚	64.29	50.00	50.00	43.76	44.66	0.00	3.84	42.96	10.44	37.44
白俄罗斯	73.38	100.00	0.00	47.52	47.50	0.00	2.09	34.06	14.94	37.06
保加利亚	77.27	100.00	0.00	45.80	44.59	0.00	2.54	32.81	11.06	36.33
丹麦	98.70	100.00	0.00	62.92	42.29	0.00	35.36	4.08	9.73	35.92
土库曼斯坦	34.42	50.00	100.00	43.93	41.99	0.00	2.87	31.17	7.83	35.90
亚美尼亚	79.22	50.00	0.00	31.08	35.44	0.00	1.21	62.19	5.20	35.76
几内亚比绍	6.49	50.00	0.00	9.97	30.45	0.00	0.05	100.00	2.60	34.96
葡萄牙	87.01	50.00	50.00	58.98	48.68	0.00	7.40	11.70	17.93	34.93
巴拉圭	46.10	50.00	0.00	39.76	44.79	0.00	11.47	56.82	10.68	34.48
马尔代夫	31.82	100.00	50.00	19.40	13.05	50.00	0.28	39.00	0.65	33.77
芬兰	94.81	100.00	0.00	60.53	41.98	0.00	17.27	5.16	9.05	33.65
委内瑞拉	1.95	0.00	100.00	53.65	60.54	0.00	17.00	20.00	47.68	33.08
以色列	67.53	50.00	50.00	61.87	46.70	0.00	22.52	7.08	12.46	32.88
厄立特里亚	0.00	0.00	50.00	24.22	44.76	0.00	0.26	100.00	8.27	32.75
纳米比亚	44.81	50.00	50.00	31.44	32.49	0.00	0.44	44.40	3.01	32.32

续表

权重	0.1	0.1	0.1	0.1	0.1	0.05	0.1	0.25	0.1	
国别/指标名称	营商环境	政治稳定性	地缘重要性	GDP预测值	人口预测值	是否和我国有FTA	对我国消费品需求	劳动力成本	劳动力规模	合计
克罗地亚	75.97	100.00	0.00	45.95	39.02	0.00	2.57	19.26	6.15	31.78
立陶宛	88.96	100.00	0.00	44.85	34.94	0.00	2.55	16.22	5.13	31.70
波黑	54.55	50.00	0.00	35.71	38.12	0.00	2.72	51.65	4.99	31.52
阿尔巴尼亚	48.05	50.00	0.00	32.99	35.06	0.00	0.80	56.18	4.31	31.17
约旦	40.26	50.00	0.00	42.54	44.68	0.00	5.29	48.45	5.91	30.98
牙买加	61.04	50.00	0.00	32.71	34.93	0.00	1.14	48.54	4.35	30.55
拉脱维亚	87.66	100.00	0.00	40.80	31.06	0.00	1.16	16.39	3.46	30.51
阿塞拜疆	61.69	50.00	0.00	45.33	47.78	0.00	0.62	32.89	16.50	30.42
汤加	55.19	50.00	50.00	0.00	0.00	0.00	0.05	58.69	0.14	30.21
科威特	45.45	100.00	0.00	56.01	39.44	0.00	14.19	5.07	6.64	29.94
爱沙尼亚	91.56	100.00	0.00	39.30	26.70	0.00	4.85	13.15	2.29	29.76
佛得角	33.12	50.00	0.00	14.09	17.29	0.00	0.09	72.46	0.81	29.66
卡塔尔	59.09	100.00	0.00	57.96	33.67	50.00	8.06	2.71	5.31	29.59
斯洛文尼亚	82.47	100.00	0.00	44.58	31.55	0.00	5.62	10.60	3.38	29.41
利比亚	0.65	50.00	50.00	45.58	43.60	0.00	6.48	31.97	7.75	28.40
圭亚那	27.92	50.00	0.00	19.07	21.11	0.00	0.37	63.45	1.10	27.82
斐济	50.65	50.00	0.00	22.61	22.73	0.00	2.13	51.33	1.16	27.76
希腊	63.64	50.00	0.00	59.13	49.11	0.00	11.57	10.96	16.42	27.73
毛里求斯	80.52	50.00	0.00	32.14	26.31	0.00	2.14	25.96	1.97	25.80
冰岛	89.61	100.00	0.00	36.05	12.31	0.00	1.35	5.39	0.64	25.35

专题报告二 国际产能合作重点区域和国别筛选机制研究

续表

权重	0.1	0.1	0.1	0.1	0.1	0.05	0.1	0.25	0.1	合计
国别/指标名称	营商环境	政治稳定性	地缘重要性	GDP预测值	人口预测值	是否和我国有FTA	对我国消费品需求	劳动力成本	劳动力规模	
特立尼达和多巴哥	50.00	50.00	50.00	38.95	27.20	0.00	1.29	12.46	2.29	25.09
黑山	72.08	50.00	0.00	22.43	18.87	0.00	0.79	34.15	0.84	25.04
巴林	60.39	50.00	0.00	40.99	27.02	50.00	4.16	11.87	2.50	23.97
乌拉圭	48.70	50.00	0.00	45.82	36.94	0.00	6.98	15.29	5.88	23.25
文莱	51.95	50.00	0.00	33.88	14.91	100.00	0.85	6.70	0.68	21.90
博茨瓦纳	57.79	0.00	0.00	34.07	32.12	0.00	0.15	34.53	3.85	21.43
塞浦路斯	71.43	50.00	0.00	37.38	22.40	0.00	1.17	9.48	2.05	20.81
加蓬	14.94	50.00	0.00	35.63	30.70	0.00	1.29	25.72	2.15	19.90
黎巴嫩	35.06	0.00	0.00	44.81	40.12	0.00	7.25	24.93	5.50	19.51
卢森堡	62.99	50.00	0.00	47.63	18.32	0.00	1.86	3.29	0.89	18.99
马耳他	53.90	50.00	0.00	30.86	14.90	0.00	0.62	11.90	0.63	18.07
苏里南	18.83	50.00	0.00	22.69	17.98	0.00	0.29	25.13	0.71	17.33
赤道几内亚	5.19	0.00	0.00	32.27	22.07	0.00	1.06	24.49	1.44	17.32
巴哈马	43.51	50.00	0.00	28.03	13.41	0.00	0.08	11.92	0.75	16.56
巴巴多斯	37.01	50.00	0.00	21.84	10.41	0.00	0.40	16.33	0.54	16.10

资料来源：作者测算。原始数据来源于世界银行网站"http://data.worldbank.org.cn"，世界经济论坛数据库"http://www.weforum.org"，美国地质调查局"http://www.usgs.gov"，联合国贸易数据库"http://comtrade.un.org"。

表7　第二类国际产能合作排序结果

权重	0.1	0.1	0.15	0.25	0.25	0.15	
国别/指标名称	地缘安全性	政治重要性	对我国投资依赖程度	我国对其资源依赖程度	资源密集度	技术准入门槛	合计
印度尼西亚	100	100	2.17	86.73	100	100	82.01
伊朗	50	100	6.54	100	100	100	80.98
俄罗斯	100	100	1.86	100	100	60.51	79.36
巴西	50	100	0.3	100	100	67.85	75.22
伊拉克	0	100	1.31	100	100	100	75.2
印度	50	100	1.09	70.86	100	100	72.88
美国	100	100	0.57	100	100	14.48	72.26
南非	50	50	3.31	86.37	100	100	72.09
土库曼斯坦	100	100	1.38	47.58	100	99.75	72.06
沙特阿拉伯	100	50	0.74	100	100	31.82	69.88
哈萨克斯坦	100	100	4.72	46.99	100	67.51	67.58
澳大利亚	100	50	3.42	100	100	12.38	67.37
阿联酋	100	100	1.63	75.5	100	17.94	66.81
安哥拉	50	100	12.12	100	17	100	61.07
加拿大	100	50	1	64.39	100	15.49	58.57
委内瑞拉	0	100	6.69	43.51	100	64	56.48
尼日利亚	50	100	2.17	13.24	90.8	100	56.33
乌克兰	50	50	0.08	14.47	100	100	53.63
阿曼	100	0	0.78	100	12.6	100	53.27
哥伦比亚	50	50	0.31	37.85	73.06	100	52.77
缅甸	50	100	17.98	74.46	2.4	100	51.91
土耳其	100	50	0.42	14.66	87.02	73.87	51.56
泰国	50	50	1.25	87.81	14.99	100	50.89
科威特	100	0	1.82	48.97	100	16.23	49.95
智利	100	50	0.08	98.55	2.1	53.66	48.22
老挝	100	50	100	8.65	0	100	47.16
卡塔尔	100	0	0.92	40.83	100	8.68	46.65
巴基斯坦	100	100	9.78	11.81	25.5	100	45.79
马来西亚	100	50	1.08	63.82	14.2	71.94	45.46
利比亚	50	50	0.48	3.63	75	100	44.73
蒙古	100	100	18.22	25.39	0	100	44.08

续表

权重	0.1	0.1	0.15	0.25	0.25	0.15	
国别/指标名称	地缘安全性	政治重要性	对我国投资依赖程度	我国对其资源依赖程度	资源密集度	技术准入门槛	合计
越南	0	100	2.55	34.55	33.3	100	42.34
几内亚	50	0	13.11	0.21	74	100	40.52
阿尔及利亚	50	50	7.4	5.81	51	100	40.31
波兰	100	50	0.11	6.98	55.45	58.48	39.4
日本	50	50	0.88	100	0	21.88	38.41
乌兹别克斯坦	50	100	3.52	0.2	28.8	100	37.78
埃塞俄比亚	100	100	10.18	0.42	0	100	36.63
埃及	50	100	0.6	5.58	19.4	100	36.34
秘鲁	50	50	0.92	38.56	6.02	100	36.28
德国	100	50	0.63	24.23	50	16.81	36.1735
吉尔吉斯斯坦	50	100	22.6	7.92	0	100	35.37
墨西哥	50	50	0.13	20.67	29.97	81.05	34.84
塔吉克斯坦	50	100	31.22	0.23	0	100	34.74
韩国	50	0	0.61	100	0	28.47	34.36
柬埔寨	100	50	19.98	1.02	0	100	33.25
尼泊尔	100	50	20.67	0.12	0	100	33.13
刚果(布)	50	50	3.63	27.4	2	100	32.89
也门	0	100	14.49	14.52	6.4	100	32.4
刚果(金)	50	50	22.78	14.08	0.2	100	31.99
保加利亚	100	0	0.26	4.06	23.66	100	31.97
新加坡	100	50	1.83	57.57	0	14.51	31.84
英国	100	100	0.62	27.88	7.88	18.44	31.8
坦桑尼亚	50	100	4.21	1.32	0	100	30.96
古巴	50	100	4.04	0.59	0	100	30.75
赞比亚	50	50	12.24	15.36	0.2	100	30.72
斯里兰卡	50	100	2.8	0.54	0	100	30.55
吉布提	50	100	2.15	0	0	100	30.32
马尔代夫	100	50	0	0	0	100	30
厄瓜多尔	50	50	5.23	3.58	12	100	29.68
阿富汗	0	100	24.77	0.09	0	100	28.74
匈牙利	100	50	0.46	1.56	16.6	59.97	28.6
纳米比亚	50	50	21.32	1.57	0	100	28.59

续表

权重	0.1	0.1	0.15	0.25	0.25	0.15	
国别/指标名称	地缘安全性	政治重要性	对我国投资依赖程度	我国对其资源依赖程度	资源密集度	技术准入门槛	合计
巴布亚新几内亚	50	50	9.59	6.9	1.6	100	28.56
塞拉利昂	50	50	8.75	8.41	0	100	28.42
苏丹	50	50	6.22	7.1	2	100	28.21
津巴布韦	0	50	38.65	4.16	5.02	100	28.09
南苏丹	0	50	6.14	21.65	5	100	27.58
肯尼亚	50	50	15.79	0.33	0	100	27.45
莫桑比克	50	50	2.07	7.76	0	100	27.25
加纳	50	50	3.68	5.53	0	100	26.94
几内亚比绍	50	0	43.91	0.25	0	100	26.65
毛里塔尼亚	50	50	1.37	5.72	0	100	26.64
马里	50	50	8.91	0.2	0	100	26.39
玻利维亚	50	50	0.95	2.47	2.4	100	26.36
喀麦隆	50	50	2.21	3.44	0	100	26.19
孟加拉国	50	50	1.38	1.43	2.4	100	26.16
中非	50	50	7.41	0.15	0	100	26.15
白俄罗斯	100	0	1.17	3.53	0	100	26.06
马达加斯加	50	50	4.54	0.45	0	100	25.79
利比里亚	50	50	2.83	1.44	0	100	25.78
尼日尔	50	50	3.12	0.2	0	100	25.52
瑞典	100	50	0.76	11.29	22	12.99	25.38
突尼斯	50	50	0.04	0.41	1	100	25.36
阿塞拜疆	50	0	0.25	1.48	19.6	100	25.31
摩洛哥	50	50	0.18	0.91	0	100	25.26
牙买加	50	0	1.14	0.18	20	100	25.22
汤加	50	50	1.45	0	0	100	25.22
马其顿	100	0	0.03	0.39	0	100	25.1
塞尔维亚	50	50	0.08	0.21	0	100	25.06
摩尔多瓦	100	0	0.09	0.01	0	100	25.02
捷克	100	50	0.16	2.9	10.52	43.6	24.92
法国	50	100	0.94	27.67	0	18.63	24.85
罗马尼亚	100	0	0.21	2.47	4.71	84.03	24.43
圭亚那	50	0	10.21	0.2	8.5	100	23.71

续表

权重	0.1	0.1	0.15	0.25	0.25	0.15	
国别/指标名称	地缘安全性	政治重要性	对我国投资依赖程度	我国对其资源依赖程度	资源密集度	技术准入门槛	合计
新西兰	100	50	1.01	16.1	5.71	19.48	23.53
布隆迪	50	0	22.3	0.02	0	100	23.35
马拉维	50	0	16.81	0.17	0	100	22.56
菲律宾	0	0	1.08	27.99	0	100	22.16
哥斯达黎加	50	50	0.01	0.53	0	79.05	21.99
斯洛伐克	100	50	0.19	0.45	0	45.07	21.9
阿根廷	50	50	1.27	4.38	5.4	59.35	21.54
乍得	50	0	5.93	0.54	2	100	21.52
赤道几内亚	50	0	0.98	16.09	1	78.35	21.17
多哥	50	0	6.51	0.27	0	100	21.04
贝宁	50	0	3.54	1.32	0	100	20.86
乌干达	50	0	3.78	0.18	0	100	20.61
塞内加尔	50	0	3.89	0.04	0	100	20.59
格鲁吉亚	50	0	3.6	0.21	0	100	20.59
斐济	50	0	2.61	0.25	0	100	20.45
加蓬	50	0	2.3	8.04	3	82.3	20.45
约旦	50	0	0.09	1.3	0	100	20.34
比利时	50	50	0.08	31.14	0	16.93	20.34
科特迪瓦	0	50	0.67	0.87	0	100	20.32
阿尔巴尼亚	50	0	0.13	0.91	0	100	20.25
亚美尼亚	50	0	0.1	0.8	0	100	20.22
洪都拉斯	50	0	0.01	0.75	0	100	20.19
巴拉圭	50	0	0.72	0.26	0	100	20.17
布基纳法索	50	0	0	0.62	0	100	20.15
佛得角	50	0	0.83	0	0	100	20.12
黑山	50	0	0.01	0.26	0	100	20.07
波黑	50	0	0.07	0.08	0	100	20.03
荷兰	50	50	0.51	23.85	6.4	15.43	19.95
挪威	100	0	2.27	10.19	23.2	7.72	19.85
苏里南	50	0	7.5	0.26	5.8	80.4	19.7
爱尔兰	100	50	0.05	8.38	0	17.2	19.68
意大利	50	50	0.16	23.61	1	23.13	19.65

续表

权重	0.1	0.1	0.15	0.25	0.25	0.15	
国别/指标名称	地缘安全性	政治重要性	对我国投资依赖程度	我国对其资源依赖程度	资源密集度	技术准入门槛	合计
奥地利	100	50	0.09	8.29	0	16.13	19.51
瑞士	100	50	0.05	11.99	0	9.44	19.42
克罗地亚	100	0	0.03	0.21	0	61.63	19.3
西班牙	50	50	0.05	15.28	5.3	27.22	19.23
毛里求斯	50	0	10.22	0.02	0	83.07	19
希腊	50	0	0.48	1.37	32.7	35.07	18.85
拉脱维亚	100	0	0	0.6	0	52.46	18.02
立陶宛	100	0	0.07	0.46	0	51.91	17.91
特立尼达和多巴哥	50	50	3.17	0.5	3.4	39.86	17.43
厄立特里亚	0	0	10.3	1.61	0	100	16.95
爱沙尼亚	100	0	0.01	0.47	0	42.08	16.43
卢旺达	0	0	8.1	0.46	0	100	16.33
葡萄牙	50	50	0.05	2.55	0	37.45	16.26
博茨瓦纳	0	0	4.85	1.07	0	100	16
以色列	50	50	0.07	7.24	1.6	22.65	15.62
芬兰	100	0	0.04	11.19	0	16.52	15.28
斯洛文尼亚	100	0	0.03	0.62	0	33.93	15.25
丹麦	100	0	0.2	7.44	1	13.04	14.1
乌拉圭	50	0	0.76	3.46	0	48.93	13.32
巴巴多斯	50	0	0.05	0.01	0	52.25	12.85
冰岛	100	0	0	0.06	0	17.26	12.6
黎巴嫩	0	0	0.01	0.12	0	79.76	12
巴林	50	0	0.02	0.52	1.6	37.99	11.23
马耳他	50	0	0	0.17	0	38.1	10.76
巴哈马	50	0	0	0	0	38.13	10.72
塞浦路斯	50	0	0.15	0.03	0	30.34	9.58
文莱	50	0	0.9	0.95	3.4	21.44	9.44
卢森堡	50	0	7.85	0.98	0	10.53	8

资料来源：作者测算。原始数据来源于世界银行网站"http://data.worldbank.org.cn"、世界经济论坛数据库"http://www.weforum.org"、美国地质调查局"http://www.usgs.gov"，联合国贸易数据库"http://comtrade.un.org"。

同样，按照60分以上为重点合作国家，30～60分为比较重要合作国家，30分以下为非重要合作国家的模式，可以绘制出该类国际产能合作的世界地图。

（三）基础设施建设类国际产能合作

巴基斯坦、印度尼西亚、埃塞俄比亚、印度等绝大多数发展中国家是我国基础设施合作的主要伙伴。这些国家的普遍特征在于，基础设施状况相对落后，技术准入门槛相对较低，但国内人口规模较大，对基础设施的需求量非常高。而大多数发达国家由于基础设施状况相对完善，排名相对靠后。表8为第三类国际产能合作国别排序结果。

表8　　　　　　　第三类国际产能合作国别排序结果

权重	0.15	0.1	0.15	0.25	0.25	0.1	
国别/指标名称	地缘安全性	政治重要性	技术准入门槛	和我国基础设施合作基础	基础设施状况	未来人口	合计
巴基斯坦	100.00	100.00	100.00	100.00	100.00	79.68	97.97
印度尼西亚	100.00	100.00	100.00	100.00	96.00	82.83	97.28
埃塞俄比亚	100.00	100.00	100.00	100.00	100.00	71.82	97.18
印度	50.00	100.00	100.00	100.00	100.00	100.00	92.50
尼日利亚	50.00	100.00	100.00	100.00	100.00	79.37	90.44
伊朗	50.00	100.00	100.00	99.24	100.00	70.43	89.35
安哥拉	50.00	100.00	100.00	100.00	100.00	58.65	88.37
阿尔及利亚	50.00	50.00	100.00	100.00	100.00	63.25	83.83
苏丹	50.00	50.00	100.00	100.00	100.00	63.14	83.81
俄罗斯	100.00	100.00	60.51	70.02	96.87	76.65	83.46
越南	0.00	100.00	100.00	100.00	100.00	71.92	82.19
老挝	100.00	50.00	100.00	77.64	92.01	44.92	81.91
缅甸	50.00	100.00	100.00	70.58	100.00	65.81	81.73
伊拉克	0.00	100.00	100.00	100.00	100.00	62.12	81.21
坦桑尼亚	50.00	100.00	100.00	67.18	100.00	65.21	80.82
马来西亚	100.00	50.00	71.94	100.00	71.10	60.63	79.63
哈萨克斯坦	50.00	100.00	67.51	95.49	90.50	54.60	79.59
巴西	50.00	100.00	67.85	74.91	100.00	80.35	79.44
蒙古	100.00	100.00	100.00	39.59	100.00	35.71	78.47

续表

权重	0.15	0.1	0.15	0.25	0.25	0.1	
国别/指标名称	地缘安全性	政治重要性	技术准入门槛	和我国基础设施合作基础	基础设施状况	未来人口	合计
柬埔寨	100.00	50.00	100.00	50.41	100.00	53.23	77.93
斯里兰卡	50.00	100.00	100.00	78.39	79.25	56.30	77.54
土库曼斯坦	50.00	100.00	99.75	63.44	100.00	41.99	77.52
埃及	50.00	100.00	100.00	51.14	100.00	71.75	77.46
孟加拉国	50.00	50.00	100.00	65.45	100.00	77.81	76.64
委内瑞拉	0.00	100.00	64.27	100.00	100.00	60.54	75.65
赞比亚	50.00	50.00	100.00	69.07	100.00	54.04	75.17
刚果（布）	50.00	50.00	100.00	74.56	100.00	39.92	75.13
沙特阿拉伯	100.00	50.00	31.82	100.00	76.35	60.79	74.94
厄瓜多尔	50.00	50.00	100.00	67.92	100.00	53.71	74.85
加纳	50.00	50.00	100.00	64.64	100.00	59.27	74.59
土耳其	100.00	50.00	73.87	64.71	78.43	70.16	73.88
肯尼亚	50.00	50.00	100.00	67.25	91.97	64.59	73.76
泰国	50.00	50.00	100.00	53.64	98.35	68.69	72.37
刚果（金）	50.00	50.00	100.00	47.70	100.00	71.14	71.54
赤道几内亚	50.00	0.00	78.35	100.00	100.00	22.07	71.46
阿联酋	100.00	100.00	17.94	89.43	62.22	48.42	70.45
乌兹别克斯坦	50.00	100.00	100.00	26.00	100.00	60.47	70.05
白俄罗斯	100.00	0.00	100.00	42.82	96.85	47.50	69.67
利比亚	50.00	50.00	100.00	50.26	100.00	43.60	69.42
尼泊尔	100.00	50.00	100.00	11.97	100.00	59.55	68.95
美国	100.00	100.00	14.48	58.08	69.47	85.18	67.58
新加坡	100.00	50.00	14.51	100.00	63.63	42.12	67.30
喀麦隆	50.00	50.00	100.00	34.84	100.00	57.66	66.98
吉尔吉斯斯坦	50.00	100.00	100.00	20.15	100.00	43.09	66.85
塔吉克斯坦	50.00	100.00	100.00	15.99	100.00	46.95	66.19
乍得	50.00	0.00	100.00	54.59	100.00	50.35	66.18
尼日尔	50.00	50.00	100.00	32.72	100.00	54.94	66.18
莫桑比克	50.00	50.00	100.00	25.12	100.00	59.73	64.75
菲律宾	0.00	0.00	100.00	68.15	100.00	73.28	64.36

续表

权重	0.15	0.1	0.15	0.25	0.25	0.1	
国别/指标名称	地缘安全性	政治重要性	技术准入门槛	和我国基础设施合作基础	基础设施状况	未来人口	合计
巴布亚新几内亚	50.00	50.00	100.00	27.48	100.00	46.05	63.97
古巴	50.00	100.00	100.00	4.77	100.00	49.48	63.64
马里	50.00	50.00	100.00	19.87	100.00	54.12	62.88
秘鲁	50.00	50.00	100.00	14.51	100.00	60.86	62.21
南非	50.00	50.00	100.00	23.03	89.01	66.61	62.17
哥伦比亚	50.00	50.00	100.00	11.27	100.00	65.14	61.83
墨西哥	50.00	50.00	81.05	22.55	94.75	75.41	61.52
摩洛哥	50.00	50.00	100.00	23.64	87.05	61.24	61.30
吉布提	50.00	100.00	100.00	5.30	100.00	24.10	61.24
保加利亚	100.00	0.00	100.00	6.31	100.00	44.59	61.04
澳大利亚	100.00	50.00	12.38	53.36	79.02	57.88	60.74
波兰	100.00	50.00	58.48	2.63	100.00	62.37	60.67
马尔代夫	100.00	50.00	100.00	2.07	95.24	13.05	60.63
乌克兰	50.00	50.00	100.00	9.29	97.34	64.16	60.57
罗马尼亚	100.00	0.00	84.03	6.87	100.00	55.48	59.87
马达加斯加	50.00	50.00	100.00	6.19	100.00	58.23	59.87
乌干达	50.00	0.00	100.00	22.96	100.00	63.55	59.59
玻利维亚	50.00	50.00	100.00	7.87	100.00	50.14	59.48
毛里塔尼亚	50.00	50.00	100.00	12.44	100.00	38.23	59.43
突尼斯	50.00	50.00	100.00	6.04	100.00	49.58	58.97
摩尔多瓦	100.00	0.00	100.00	0.10	100.00	37.28	58.75
英国	100.00	100.00	18.44	21.47	74.79	68.22	58.65
马其顿	100.00	0.00	100.00	1.69	100.00	31.61	58.58
也门	0.00	100.00	100.00	9.51	100.00	59.87	58.36
塞拉利昂	50.00	50.00	100.00	5.51	100.00	43.83	58.26
塞尔维亚	50.00	50.00	100.00	5.07	100.00	44.66	58.23
利比里亚	50.00	50.00	100.00	9.37	97.56	39.80	58.21
阿富汗	0.00	100.00	100.00	7.00	100.00	61.03	57.85
法国	50.00	100.00	18.63	54.48	66.07	68.04	57.24
中非	50.00	50.00	100.00	2.35	100.00	40.88	57.17

续表

权重	0.15	0.1	0.15	0.25	0.25	0.1	
国别/指标名称	地缘安全性	政治重要性	技术准入门槛	和我国基础设施合作基础	基础设施状况	未来人口	合计
德国	100.00	100.00	16.81	23.74	66.36	70.58	57.10
阿曼	100.00	0.00	100.00	18.88	73.48	38.77	56.97
几内亚	50.00	0.00	100.00	16.09	100.00	51.02	56.63
阿根廷	50.00	50.00	59.35	15.30	100.00	63.95	56.62
塞内加尔	50.00	0.00	100.00	13.58	100.00	53.16	56.21
智利	100.00	50.00	53.66	6.02	84.43	54.69	56.13
津巴布韦	0.00	50.00	100.00	22.11	100.00	51.58	55.69
卡塔尔	100.00	0.00	8.68	69.14	73.79	33.67	55.40
科威特	100.00	0.00	16.23	42.39	92.70	39.44	55.15
斯洛伐克	100.00	50.00	45.07	0.00	96.03	41.75	54.94
加蓬	50.00	0.00	82.30	27.49	100.00	30.70	54.79
博茨瓦纳	0.00	0.00	100.00	45.92	100.00	32.12	54.69
马拉维	50.00	0.00	100.00	6.19	100.00	55.16	54.56
匈牙利	100.00	50.00	59.97	2.19	80.18	48.04	54.39
贝宁	50.00	0.00	100.00	6.46	100.00	49.62	54.08
哥斯达黎加	50.00	50.00	79.05	1.76	100.00	40.83	53.88
多哥	50.00	0.00	100.00	7.15	100.00	45.53	53.84
牙买加	50.00	0.00	100.00	14.56	95.12	34.93	53.41
布隆迪	50.00	0.00	100.00	4.34	100.00	48.14	53.40
汤加	50.00	50.00	100.00	3.17	100.00	0.00	53.29
纳米比亚	50.00	50.00	100.00	9.82	80.34	32.49	53.29
布基纳法索	50.00	0.00	100.00	0.33	100.00	55.02	53.08
科特迪瓦	0.00	50.00	100.00	8.46	99.30	57.95	52.73
洪都拉斯	50.00	0.00	100.00	0.91	100.00	46.88	52.42
巴拉圭	50.00	0.00	100.00	0.11	100.00	44.79	52.01
捷克	100.00	50.00	43.60	2.45	79.47	48.84	51.90
斐济	50.00	0.00	100.00	7.26	100.00	22.73	51.59
波黑	50.00	0.00	100.00	0.00	100.00	38.12	51.31
阿塞拜疆	50.00	0.00	100.00	12.78	83.24	47.78	51.28
南苏丹	0.00	50.00	100.00	4.08	100.00	51.29	51.15

续表

权重	0.15	0.1	0.15	0.25	0.25	0.1	
国别/ 指标名称	地缘 安全性	政治 重要性	技术准 入门槛	和我国基础 设施合作 基础	基础设 施状况	未来 人口	合计
阿尔巴尼亚	50.00	0.00	100.00	0.50	100.00	35.06	51.13
几内亚比绍	50.00	0.00	100.00	1.39	100.00	30.45	50.89
格鲁吉亚	50.00	0.00	100.00	9.93	86.47	37.73	50.38
圭亚那	50.00	0.00	100.00	2.07	100.00	21.11	50.13
佛得角	50.00	0.00	100.00	1.10	100.00	17.29	49.50
黑山	50.00	0.00	100.00	0.00	100.00	18.87	49.39
约旦	50.00	0.00	100.00	4.40	83.45	44.68	48.93
亚美尼亚	50.00	0.00	100.00	0.75	90.46	35.44	48.85
克罗地亚	100.00	0.00	61.63	0.45	81.42	39.02	48.62
加拿大	100.00	50.00	15.49	7.66	70.84	61.95	48.14
新西兰	100.00	50.00	19.48	3.64	78.14	40.17	47.38
苏里南	50.00	0.00	80.40	2.81	100.00	17.98	47.06
立陶宛	100.00	0.00	51.91	0.00	81.27	34.94	46.60
爱尔兰	100.00	50.00	17.20	0.19	79.20	40.31	46.46
毛里求斯	50.00	0.00	83.07	11.14	84.28	26.31	46.45
拉脱维亚	100.00	0.00	52.46	0.17	79.96	31.06	46.01
意大利	50.00	50.00	23.13	4.28	87.24	67.48	45.60
厄立特里亚	0.00	0.00	100.00	3.92	100.00	44.76	45.45
卢旺达	0.00	0.00	100.00	7.75	93.90	50.08	45.42
瑞典	100.00	50.00	12.99	2.54	70.25	48.40	44.99
特立尼达和多巴哥	50.00	0.00	39.86	6.15	86.03	27.20	44.24
乌拉圭	50.00	0.00	48.93	2.02	100.00	36.94	44.04
日本	50.00	50.00	21.88	17.65	64.52	75.03	43.83
奥地利	100.00	50.00	16.13	2.28	64.45	46.66	43.77
以色列	50.00	50.00	22.65	1.81	90.80	46.70	43.72
巴哈马	50.00	0.00	38.13	16.01	100.00	13.41	43.56
爱沙尼亚	100.00	0.00	42.08	0.00	77.49	26.70	43.36
斯洛文尼亚	100.00	0.00	33.93	0.01	78.91	31.55	42.97
西班牙	50.00	50.00	27.22	7.46	67.45	64.46	41.76
黎巴嫩	0.00	0.00	79.76	2.01	100.00	40.12	41.48

续表

权重	0.15	0.1	0.15	0.25	0.25	0.1	
国别/指标名称	地缘安全性	政治重要性	技术准入门槛	和我国基础设施合作基础	基础设施状况	未来人口	合计
瑞士	100.00	50.00	9.44	0.51	60.55	46.32	41.31
希腊	50.00	0.00	35.07	3.87	87.42	49.11	40.49
葡萄牙	50.00	50.00	37.45	2.05	66.52	48.68	40.13
韩国	50.00	0.00	28.47	12.25	72.73	65.54	39.57
挪威	100.00	0.00	7.72	0.58	75.38	41.62	39.31
荷兰	50.00	50.00	15.43	11.65	63.86	53.86	39.08
比利时	50.00	50.00	16.93	6.30	69.50	49.72	38.96
丹麦	100.00	0.00	13.04	0.61	69.14	42.29	38.62
文莱	50.00	0.00	21.44	2.71	100.00	14.91	37.88
芬兰	100.00	0.00	16.52	0.05	62.58	41.98	37.33
马耳他	50.00	0.00	38.10	0.08	81.79	14.90	35.17
冰岛	100.00	0.00	17.26	0.00	64.54	12.31	34.95
巴巴多斯	50.00	0.00	52.25	0.26	71.99	10.41	34.44
巴林	50.00	0.00	37.99	1.14	71.87	27.02	34.15
塞浦路斯	50.00	0.00	30.34	1.93	76.51	22.40	33.90
卢森堡	50.00	0.00	10.53	0.00	68.10	18.32	27.94

资料来源：作者测算。原始数据来源于世界银行网站"http：//data.worldbank.org.cn"、世界经济论坛数据库"http：//www.weforum.org"、美国地质调查局"http：//www.usgs.gov"、联合国贸易数据库"http：//comtrade.un.org"。

由于基础设施评价指标体系和其他指标体系的微小差异，按照70分以上为重点合作国家，40~70分为比较重要合作国家，40分以下为非重要合作国家的模式，可以绘制出该类国际产能合作的世界地图。

（四）技术服务类国际产能合作

科技和专业服务领域需要较好的营商环境、较强的技术合作能力以及大量的研发基础。因此，美国、德国、英国等发达国家成为国际产能合作的主要合作伙伴。而大多数新兴市场国家排名相对靠后。表9为第四类国际产能合作国别排序情况。

表 9　　　　　　　　第四类国际产能合作国别排序

权重	0.20	0.05	0.05	0.20	0.15	0.15	0.20	
国别/指标名称	营商环境	地缘安全性	政治重要性	技术能力	市场规模	金融发展水平	技术规模	合计
美国	96.75	100.00	100.00	100.00	100.00	35.65	100.00	89.70
德国	92.21	100.00	100.00	100.00	85.57	31.72	100.00	86.04
英国	97.40	100.00	100.00	81.57	82.81	33.83	100.00	83.29
瑞典	96.10	100.00	50.00	100.00	67.58	34.99	100.00	82.11
法国	84.42	50.00	100.00	100.00	82.46	31.91	100.00	81.54
新加坡	100.00	100.00	50.00	100.00	61.54	38.91	94.00	81.37
加拿大	92.86	100.00	50.00	86.46	77.71	35.68	100.00	80.37
瑞士	85.06	100.00	50.00	100.00	68.87	35.28	100.00	80.14
奥地利	88.31	100.00	50.00	100.00	65.04	29.68	100.00	79.37
日本	81.82	50.00	50.00	100.00	86.36	33.33	100.00	79.32
丹麦	98.70	100.00	0.00	100.00	62.92	31.47	100.00	78.90
芬兰	94.81	100.00	0.00	100.00	60.53	36.99	100.00	78.59
澳大利亚	93.51	100.00	50.00	72.92	76.14	36.10	100.00	77.62
韩国	98.05	50.00	0.00	100.00	75.45	25.33	100.00	77.23
荷兰	83.77	50.00	50.00	100.00	71.69	30.33	100.00	77.06
比利时	74.03	50.00	50.00	100.00	66.78	30.21	100.00	74.35
挪威	95.45	100.00	0.00	100.00	65.67	35.63	68.70	73.03
以色列	67.53	50.00	50.00	100.00	61.87	32.44	100.00	72.65
爱尔兰	90.91	100.00	50.00	95.01	60.53	27.67	43.80	66.67
意大利	72.73	50.00	50.00	50.31	79.75	22.30	100.00	64.92
俄罗斯	68.83	100.00	100.00	6.48	78.78	59.90	94.80	64.82
新西兰	99.35	100.00	50.00	76.40	57.48	38.19	34.80	63.96
西班牙	79.87	50.00	50.00	36.72	75.96	25.04	100.00	63.47
卢森堡	62.99	50.00	0.00	100.00	47.63	34.02	39.00	55.15
土耳其	66.23	100.00	50.00	11.09	71.07	28.05	85.30	54.89
冰岛	89.61	100.00	0.00	100.00	36.05	26.89	4.30	53.22
印度	31.17	50.00	100.00	1.12	81.42	28.91	100.00	50.51
斯洛文尼亚	82.47	100.00	0.00	75.69	44.58	19.02	15.60	49.29
马来西亚	90.26	100.00	50.00	10.23	64.09	37.32	31.30	49.07
波兰	85.71	100.00	50.00	9.15	67.20	30.67	34.80	48.12
阿联酋	81.17	100.00	100.00	10.54	64.33	32.92	9.80	44.89
巴西	38.96	50.00	100.00	2.86	79.73	28.66	58.00	43.72

续表

权重	0.20	0.05	0.05	0.20	0.15	0.15	0.20	
国别/指标名称	营商环境	地缘安全性	政治重要性	技术能力	市场规模	金融发展水平	技术规模	合计
捷克	78.57	100.00	50.00	17.98	57.63	29.68	18.90	43.69
马耳他	53.90	50.00	0.00	100.00	30.86	30.38	5.80	43.62
沙特阿拉伯	53.25	100.00	50.00	12.38	69.92	31.04	38.10	43.39
墨西哥	76.62	50.00	50.00	2.27	75.08	27.62	28.40	41.86
葡萄牙	87.01	50.00	50.00	15.29	58.98	24.30	15.90	41.13
匈牙利	74.68	100.00	50.00	16.00	53.80	26.19	15.80	40.79
斯洛伐克	83.12	100.00	50.00	12.00	51.55	30.01	6.50	40.06
智利	70.78	100.00	50.00	7.91	59.87	32.53	14.10	39.92
爱沙尼亚	91.56	100.00	0.00	25.08	39.30	31.10	3.30	39.55
南非	57.14	50.00	50.00	5.80	61.40	35.77	31.30	38.42
立陶宛	88.96	100.00	0.00	18.42	44.85	27.26	5.40	38.37
拉脱维亚	87.66	100.00	0.00	14.49	40.80	30.84	2.90	36.76
蒙古	65.58	100.00	100.00	0.34	31.72	55.26	0.10	36.25
哈萨克斯坦	75.32	50.00	100.00	1.21	56.63	24.68	2.10	35.42
泰国	70.13	50.00	50.00	0.99	64.61	30.75	6.80	34.89
克罗地亚	75.97	100.00	0.00	12.74	45.95	26.06	5.40	34.63
哥伦比亚	66.88	50.00	50.00	2.12	63.62	26.76	10.10	34.38
罗马尼亚	77.92	100.00	0.00	1.40	58.15	27.46	2.80	34.27
塞浦路斯	71.43	50.00	0.00	36.60	37.38	25.39	3.10	34.14
印度尼西亚	41.56	100.00	100.00	0.07	73.27	29.68	1.70	34.11
保加利亚	77.27	100.00	0.00	7.22	45.80	27.78	5.20	33.98
马其顿	94.16	100.00	0.00	1.93	31.28	29.91	0.40	33.48
卡塔尔	59.09	100.00	0.00	8.05	57.96	34.52	1.80	32.66
秘鲁	69.48	50.00	50.00	0.54	57.46	29.91	1.70	32.45
希腊	63.64	50.00	0.00	12.17	59.13	19.82	13.30	32.16
白俄罗斯	73.38	100.00	0.00	1.37	47.52	26.00	1.30	31.24
巴哈马	43.51	50.00	0.00	55.56	28.03	28.67	2.00	31.22
乌克兰	52.60	50.00	50.00	3.25	53.85	23.60	14.70	30.73
摩洛哥	55.84	50.00	50.00	1.81	52.75	26.78	6.00	29.66
哥斯达黎加	64.94	50.00	50.00	2.51	45.88	24.96	1.20	29.36
巴巴多斯	37.01	50.00	0.00	40.00	21.84	30.86	17.30	29.27
格鲁吉亚	86.36	50.00	0.00	0.27	34.98	25.97	0.10	28.99

续表

权重	0.20	0.05	0.05	0.20	0.15	0.15	0.20	合计
国别/指标名称	营商环境	地缘安全性	政治重要性	技术能力	市场规模	金融发展水平	技术规模	
阿曼	58.44	100.00	0.00	0.81	48.09	31.25	0.30	28.81
乌兹别克斯坦	51.30	50.00	100.00	0.20	46.04	25.33	0.60	28.62
伊朗	37.66	50.00	100.00	0.45	64.97	20.32	3.50	28.61
塞尔维亚	64.29	50.00	50.00	1.96	43.76	23.35	1.40	28.60
斯里兰卡	42.86	50.00	100.00	1.00	49.62	29.43	2.10	28.55
毛里求斯	80.52	50.00	0.00	1.59	32.14	31.57	0.20	28.52
巴基斯坦	27.27	100.00	100.00	0.01	60.04	26.63	0.10	28.48
越南	49.35	0.00	100.00	0.08	58.31	25.10	0.70	27.54
吉尔吉斯斯坦	59.74	50.00	100.00	0.17	26.43	24.88	0.10	27.20
亚美尼亚	79.22	50.00	0.00	1.34	31.08	24.74	0.40	27.06
埃及	30.52	50.00	100.00	0.54	60.74	21.25	4.70	26.95
摩尔多瓦	68.18	100.00	0.00	0.84	26.98	24.66	0.30	26.61
突尼斯	56.49	50.00	50.00	0.73	43.75	22.34	0.80	26.52
科威特	45.45	100.00	0.00	0.25	56.01	25.86	0.80	26.44
尼泊尔	46.75	100.00	50.00	0.00	37.36	26.03	0.00	26.36
阿根廷	36.36	50.00	50.00	0.77	64.19	20.29	3.30	25.76
巴林	60.39	50.00	0.00	1.58	40.99	31.02	0.00	25.73
肯尼亚	42.21	50.00	50.00	0.21	47.67	31.80	0.90	25.58
古巴	33.77	50.00	100.00	0.00	47.16	27.33	0.40	25.51
阿塞拜疆	61.69	50.00	0.00	0.11	45.33	25.11	0.00	25.44
特立尼达和多巴哥	50.00	50.00	50.00	0.74	38.95	28.84	0.10	25.34
埃塞俄比亚	22.73	100.00	100.00	0.01	47.68	22.23	0.10	25.05
黑山	72.08	50.00	0.00	1.61	22.43	28.38	0.10	24.88
赞比亚	47.40	50.00	50.00	0.06	37.88	29.13	0.10	24.56
土库曼斯坦	34.42	50.00	50.00	0.19	43.93	23.33	0.10	24.53
尼日利亚	11.04	50.00	100.00	0.02	69.20	27.04	0.40	24.23
牙买加	61.04	50.00	0.00	0.71	32.71	29.36	0.20	24.20
厄瓜多尔	38.31	50.00	50.00	0.44	49.83	23.33	0.70	23.86
加纳	39.61	50.00	50.00	0.08	43.30	27.64	0.10	23.62
乌拉圭	48.70	50.00	0.00	2.64	45.82	25.19	0.90	23.60
文莱	51.95	50.00	0.00	7.28	33.88	27.33	0.30	23.59
纳米比亚	44.81	50.00	50.00	1.36	31.44	29.54	0.30	23.44

续表

权重	0.20	0.05	0.05	0.20	0.15	0.15	0.20	
国别/指标名称	营商环境	地缘安全性	政治重要性	技术能力	市场规模	金融发展水平	技术规模	合计
菲律宾	44.16	0.00	0.00	0.35	62.96	29.13	3.50	23.41
坦桑尼亚	26.62	50.00	100.00	0.02	45.14	24.83	0.10	23.34
柬埔寨	32.47	100.00	50.00	0.00	35.96	25.35	0.00	23.19
波黑	54.55	50.00	0.00	1.29	35.71	26.67	0.50	23.12
汤加	55.19	50.00	50.00	9.62	0.00	26.67	0.10	21.98
老挝	28.57	100.00	50.00	0.29	32.24	24.60	0.20	21.84
巴拉圭	46.10	50.00	0.00	0.15	39.76	24.95	0.10	21.48
约旦	40.26	50.00	0.00	0.45	42.54	27.05	0.30	21.14
卢旺达	62.34	0.00	0.00	0.09	28.29	28.42	0.10	21.01
博茨瓦纳	57.79	0.00	0.00	0.48	34.07	28.13	0.10	21.00
伊拉克	15.58	0.00	100.00	0.03	58.25	26.67	0.10	20.88
马尔代夫	31.82	100.00	50.00	0.00	19.40	26.67	0.00	20.77
塔吉克斯坦	29.87	50.00	100.00	0.00	25.85	22.64	0.00	20.75
斐济	50.65	50.00	0.00	1.13	22.61	28.67	0.10	20.57
阿尔巴尼亚	48.05	50.00	0.00	0.35	32.99	22.61	0.10	20.54
苏丹	16.88	50.00	50.00	0.11	49.74	29.33	0.40	20.34
洪都拉斯	40.91	50.00	0.00	0.12	35.61	27.78	0.10	20.23
缅甸	12.34	50.00	100.00	0.02	49.36	17.21	0.10	19.98
乌干达	35.71	50.00	0.00	0.10	39.87	25.43	0.40	19.54
阿尔及利亚	14.29	50.00	50.00	0.18	57.79	18.15	0.70	19.42
孟加拉国	8.44	50.00	50.00	0.01	58.96	25.15	0.20	19.35
莫桑比克	29.22	50.00	50.00	0.00	33.26	20.92	0.00	18.97
安哥拉	4.55	50.00	100.00	0.08	51.74	16.66	0.20	18.73
马里	24.68	50.00	50.00	0.06	33.95	22.12	0.10	18.38
玻利维亚	18.18	50.00	50.00	0.09	42.03	22.19	0.10	18.31
科特迪瓦	25.32	0.00	50.00	0.09	42.89	25.73	0.20	17.92
巴布亚新几内亚	23.38	50.00	50.00	0.13	34.57	20.00	0.10	17.91
黎巴嫩	35.06	0.00	0.00	0.89	44.81	24.36	0.40	17.65
喀麦隆	9.09	50.00	50.00	0.04	41.35	23.43	0.10	16.56
委内瑞拉	1.95	0.00	100.00	0.03	53.65	19.40	0.10	16.37
塞拉利昂	22.08	50.00	50.00	0.16	22.30	22.37	0.10	16.17
也门	10.39	0.00	100.00	0.04	44.84	14.46	0.10	16.00

续表

权重	0.20	0.05	0.05	0.20	0.15	0.15	0.20	
国别/指标名称	营商环境	地缘安全性	政治重要性	技术能力	市场规模	金融发展水平	技术规模	合计
尼日尔	16.23	50.00	50.00	0.06	28.82	20.67	0.10	15.70
塞内加尔	20.13	50.00	0.00	0.21	34.84	25.31	0.30	15.65
布基纳法索	24.03	50.00	0.00	0.06	32.85	20.92	0.10	15.40
刚果（金）	3.25	50.00	50.00	0.01	42.66	21.33	0.10	15.27
马达加斯加	13.64	50.00	50.00	0.08	30.16	19.03	0.20	15.16
马拉维	25.97	50.00	0.00	0.00	23.44	25.49	0.00	15.03
津巴布韦	19.48	0.00	50.00	0.23	33.29	22.91	0.30	14.93
阿富汗	7.14	0.00	100.00	0.00	35.21	21.33	0.10	14.91
圭亚那	27.92	50.00	0.00	0.00	19.07	25.42	0.00	14.76
吉布提	9.74	50.00	100.00	0.00	14.48	20.00	0.10	14.62
佛得角	33.12	50.00	0.00	0.00	14.09	22.39	0.00	14.60
刚果（布）	7.79	50.00	50.00	0.23	32.23	20.89	0.10	14.59
加蓬	14.94	50.00	0.00	0.55	35.63	23.81	0.10	14.53
利比亚	0.65	50.00	0.00	0.16	45.58	13.00	0.10	13.97
贝宁	17.53	50.00	0.00	0.09	30.22	20.67	0.10	13.68
多哥	21.43	50.00	0.00	0.28	23.27	21.00	0.20	13.52
毛里塔尼亚	11.69	50.00	50.00	0.00	22.70	16.64	0.10	13.24
苏里南	18.83	50.00	0.00	0.00	22.69	22.33	0.00	13.02
几内亚	12.99	50.00	0.00	0.08	26.04	18.97	0.10	11.89
布隆迪	20.78	50.00	0.00	0.11	18.15	15.81	0.10	11.79
赤道几内亚	5.19	50.00	0.00	1.29	32.27	20.67	0.10	11.76
利比里亚	5.84	50.00	50.00	0.24	15.63	18.67	0.10	11.38
中非	2.60	50.00	0.00	0.00	15.54	22.00	0.10	11.15
乍得	3.90	50.00	0.00	0.09	32.69	18.25	0.10	10.96
南苏丹	1.30	0.00	50.00	0.00	33.84	20.67	0.10	10.69
几内亚比绍	6.49	50.00	0.00	0.00	9.97	19.27	0.00	8.18
厄立特里亚	0.00	0.00	0.00	0.15	24.22	20.53	0.10	6.76

资料来源：作者测算。原始数据来源于世界银行网站"http：//data.worldbank.org.cn"、世界经济论坛数据库"http：//www.weforum.org"、美国地质调查局"http：//www.usgs.gov"、联合国贸易数据库"http：//comtrade.un.org"。

同样，按照60分以上为重点合作国家，30~60分为比较重要合作国家，30分以下为非重要合作国家的模式，可以绘制出该类国际产能合作的世界地图。

(五) 资本品类国际产能合作

储蓄率相对较高，对我国资本品需求较大，正处于工业化迅速发展阶段的印度尼西亚、俄罗斯、印度等经济体是我国在境外资本品相关产能的重要伙伴。同时，在资本品及相关零部件领域具有一定优势，未来可能成为我国重要并购方向的美国、德国等发达经济体在这一领域的国际产能合作中也处于重要位置。表10为第五类国际产能合作国别排序情况。

表10　　　　　第五类国际产能合作国别排序

权重	0.10	0.10	0.10	0.20	0.15	0.20	0.15	合计
国别/指标名称	营商环境	地缘安全性	政治重要性	对我国资本品需求	技术门槛	经济总量	储蓄率	合计
印度尼西亚	41.56	100.00	100.00	98.39	100.00	73.27	54.02	81.59
俄罗斯	68.83	100.00	100.00	100.00	60.51	78.78	41.13	77.89
印度	31.17	50.00	100.00	100.00	100.00	81.42	56.07	77.81
美国	96.75	100.00	100.00	100.00	14.48	100.00	32.31	76.69
德国	92.21	100.00	100.00	100.00	16.81	85.57	45.67	75.71
阿联酋	81.17	100.00	100.00	100.00	17.94	64.33	65.80	73.54
马来西亚	90.26	100.00	50.00	85.86	71.94	64.09	50.26	72.35
英国	97.40	100.00	100.00	100.00	18.44	82.81	21.18	72.24
泰国	70.13	50.00	50.00	100.00	100.00	64.61	47.85	72.11
新加坡	100.00	100.00	50.00	100.00	14.51	61.54	79.42	71.40
墨西哥	76.62	50.00	50.00	100.00	81.05	75.08	33.69	69.89
法国	84.42	50.00	100.00	100.00	18.63	82.46	36.43	68.19
土耳其	66.23	100.00	50.00	86.30	73.87	71.07	25.30	67.97
加拿大	92.86	100.00	50.00	100.00	15.49	77.71	37.71	67.81
澳大利亚	93.51	100.00	50.00	100.00	12.38	76.14	40.63	67.53
越南	49.35	0.00	100.00	82.54	100.00	58.31	54.65	66.30
沙特阿拉伯	53.25	100.00	50.00	84.27	31.82	69.92	65.71	65.79
巴西	38.96	50.00	100.00	80.68	67.85	79.73	28.72	65.46
波兰	85.71	100.00	50.00	72.02	58.48	67.20	31.27	64.88
日本	81.82	50.00	50.00	100.00	21.88	86.36	38.26	64.48
韩国	98.05	50.00	50.00	100.00	28.47	75.45	60.23	63.20
捷克	78.57	100.00	50.00	76.80	43.60	57.63	43.63	62.83

续表

权重	0.10	0.10	0.10	0.20	0.15	0.20	0.15	
国别/指标名称	营商环境	地缘安全性	政治重要性	对我国资本品需求	技术门槛	经济总量	储蓄率	合计
荷兰	83.77	50.00	50.00	100.00	15.43	71.69	49.32	62.43
哥伦比亚	66.88	50.00	50.00	48.63	100.00	63.62	35.65	59.48
巴基斯坦	27.27	100.00	100.00	26.23	100.00	60.04	23.50	58.51
南非	57.14	50.00	50.00	52.08	100.00	61.40	25.59	57.25
埃塞俄比亚	22.73	100.00	100.00	17.86	100.00	47.68	45.74	57.24
哈萨克斯坦	75.32	50.00	100.00	27.86	67.51	56.63	46.26	56.49
瑞士	85.06	100.00	50.00	44.43	9.44	68.87	55.33	55.88
伊朗	37.66	50.00	100.00	0.00	100.00	64.97	59.12	55.63
意大利	72.73	50.00	50.00	70.08	23.13	79.75	31.27	55.40
阿尔及利亚	14.29	50.00	50.00	31.09	100.00	57.79	74.48	55.38
智利	70.78	100.00	50.00	39.38	53.66	59.87	35.81	55.35
秘鲁	69.48	50.00	50.00	30.69	100.00	57.46	38.29	55.32
尼日利亚	11.04	50.00	100.00	29.40	100.00	69.20	27.49	54.95
蒙古	65.58	100.00	100.00	3.90	100.00	31.72	40.18	54.71
西班牙	79.87	50.00	50.00	59.38	27.22	75.96	35.52	54.46
乌兹别克斯坦	51.30	50.00	100.00	0.00	100.00	46.04	54.17	52.46
斯里兰卡	42.86	50.00	100.00	8.37	100.00	49.62	42.39	52.24
埃及	30.52	50.00	100.00	16.32	100.00	60.74	22.38	51.82
匈牙利	74.68	100.00	50.00	16.26	59.97	53.80	42.00	51.78
奥地利	88.31	100.00	50.00	30.55	16.13	65.04	40.26	51.41
尼泊尔	46.75	100.00	50.00	3.23	100.00	37.36	57.12	51.36
瑞典	96.10	100.00	50.00	17.03	12.99	67.58	49.99	50.98
斯洛伐克	83.12	100.00	50.00	25.16	45.07	51.55	36.16	50.84
挪威	95.45	100.00	0.00	30.32	7.72	65.67	69.05	50.26
罗马尼亚	77.92	100.00	50.00	8.85	84.03	58.15	42.53	50.18
摩洛哥	55.84	50.00	50.00	8.23	100.00	52.75	48.10	50.00
阿曼	58.44	100.00	0.00	2.89	100.00	48.09	59.10	49.91
白俄罗斯	73.38	100.00	0.00	1.92	100.00	47.52	49.11	49.59
厄瓜多尔	38.31	50.00	50.00	14.66	100.00	49.83	48.18	48.96
马其顿	94.16	100.00	0.00	1.51	100.00	31.28	50.88	48.60
坦桑尼亚	26.62	50.00	100.00	6.28	100.00	45.74	37.16	48.52
新西兰	99.35	100.00	50.00	20.30	19.48	57.48	33.29	48.41

续表

权重	0.10	0.10	0.10	0.20	0.15	0.20	0.15	
国别/指标名称	营商环境	地缘安全性	政治重要性	对我国资本品需求	技术门槛	经济总量	储蓄率	合计
保加利亚	77.27	100.00	0.00	2.22	100.00	45.80	38.78	48.15
赞比亚	47.40	50.00	50.00	3.35	100.00	37.88	63.57	47.52
爱尔兰	90.91	100.00	50.00	11.71	17.20	60.53	41.07	47.28
卡塔尔	59.09	100.00	0.00	12.11	8.68	57.96	100.00	46.22
阿根廷	36.36	50.00	50.00	30.76	59.35	64.19	31.23	46.21
古巴	33.77	50.00	100.00	0.00	100.00	47.16	22.31	46.15
乌克兰	52.60	50.00	50.00	12.79	100.00	53.85	16.07	46.00
缅甸	12.34	50.00	100.00	0.00	100.00	49.36	30.78	45.72
阿塞拜疆	61.69	50.00	0.00	2.92	100.00	45.33	63.68	45.37
孟加拉国	8.44	50.00	50.00	0.00	100.00	58.96	50.05	45.14
柬埔寨	32.47	100.00	50.00	8.79	100.00	35.96	19.03	45.05
伊拉克	15.58	0.00	100.00	0.00	100.00	58.25	43.85	44.79
土库曼斯坦	34.42	50.00	100.00	0.00	99.75	43.93	17.16	44.76
比利时	74.03	50.00	50.00	27.67	16.93	66.78	39.12	44.70
丹麦	98.70	100.00	0.00	13.82	13.04	62.92	47.39	44.28
塞尔维亚	64.29	50.00	50.00	4.23	100.00	43.76	19.80	44.00
安哥拉	4.55	50.00	100.00	0.00	100.00	51.74	21.28	43.99
吉尔吉斯斯坦	59.74	50.00	100.00	0.00	100.00	26.43	17.16	43.83
科威特	45.45	100.00	0.00	15.62	16.23	56.01	80.45	43.37
突尼斯	56.49	50.00	50.00	0.00	100.00	43.75	24.11	43.01
摩尔多瓦	68.18	100.00	0.00	1.26	100.00	26.98	35.45	42.78
老挝	28.57	100.00	50.00	0.00	100.00	32.24	22.31	42.65
纳米比亚	44.81	50.00	50.00	1.36	100.00	31.44	43.38	42.55
芬兰	94.81	100.00	0.00	16.28	16.52	60.53	34.00	42.42
玻利维亚	18.18	50.00	50.00	6.54	100.00	42.03	35.15	41.80
立陶宛	88.96	100.00	0.00	1.56	51.91	44.85	37.59	41.60
肯尼亚	42.21	50.00	50.00	0.00	100.00	47.67	18.82	41.58
加纳	39.61	50.00	50.00	0.00	100.00	43.30	26.10	41.53
菲律宾	44.16	0.00	0.00	15.77	100.00	62.96	42.37	41.52
哥斯达黎加	64.94	50.00	50.00	0.00	79.05	45.88	25.50	41.35
马尔代夫	31.82	100.00	50.00	0.28	100.00	19.40	27.32	41.22
克罗地亚	75.97	100.00	0.00	1.33	61.63	45.95	32.36	41.15

续表

权重	0.10	0.10	0.10	0.20	0.15	0.20	0.15	
国别/指标名称	营商环境	地缘安全性	政治重要性	对我国资本品需求	技术门槛	经济总量	储蓄率	合计
巴布亚新几内亚	23.38	50.00	50.00	0.00	100.00	34.57	45.25	41.04
爱沙尼亚	91.56	100.00	0.00	3.02	42.08	39.30	47.23	41.02
葡萄牙	87.01	50.00	50.00	4.54	37.45	58.98	26.20	40.95
格鲁吉亚	86.36	50.00	0.00	1.77	100.00	34.98	33.02	40.94
刚果（布）	7.79	50.00	50.00	1.02	100.00	32.23	56.16	40.85
拉脱维亚	87.66	100.00	0.00	1.98	52.46	40.80	36.90	40.73
以色列	67.53	50.00	50.00	8.64	22.65	61.87	40.68	40.36
阿富汗	7.14	0.00	100.00	0.00	100.00	35.21	50.05	40.26
马里	24.68	50.00	50.00	0.00	100.00	33.95	39.83	40.23
斯洛文尼亚	82.47	100.00	0.00	5.16	33.93	44.58	45.91	40.17
塔吉克斯坦	29.87	50.00	100.00	0.00	100.00	25.85	10.42	39.72
喀麦隆	9.09	50.00	50.00	5.14	100.00	41.35	29.73	39.67
博茨瓦纳	57.79	0.00	0.00	0.19	100.00	34.07	79.37	39.54
苏丹	16.88	50.00	50.00	0.00	100.00	49.74	18.07	39.35
尼日尔	16.23	50.00	50.00	1.68	100.00	28.82	41.67	38.97
巴拉圭	46.10	50.00	0.00	10.97	100.00	39.76	27.09	38.82
吉布提	9.74	50.00	100.00	0.00	100.00	14.48	31.75	38.63
莫桑比克	29.22	50.00	50.00	2.28	100.00	33.26	20.26	38.07
亚美尼亚	79.22	50.00	0.00	1.18	100.00	31.08	23.63	37.92
约旦	40.26	50.00	0.00	5.74	100.00	42.54	25.19	37.46
毛里求斯	80.52	50.00	0.00	2.75	83.07	32.14	31.65	37.24
加蓬	14.94	50.00	0.00	0.00	82.30	35.63	73.61	37.01
也门	10.39	0.00	100.00	1.74	100.00	44.84	10.60	36.95
利比亚	0.65	50.00	50.00	0.00	100.00	45.58	17.16	36.75
马达加斯加	13.64	50.00	50.00	0.88	100.00	30.16	26.19	36.50
毛里塔尼亚	11.69	50.00	50.00	0.65	100.00	22.70	37.57	36.47
乌干达	35.71	50.00	0.00	2.10	100.00	39.87	28.90	36.30
牙买加	61.04	50.00	0.00	1.09	100.00	32.71	22.22	36.20
科特迪瓦	25.32	0.00	50.00	2.22	100.00	42.89	27.56	35.69
刚果（金）	3.25	50.00	50.00	0.00	100.00	42.66	12.09	35.67
波黑	54.55	50.00	0.00	2.36	100.00	35.71	17.16	35.64
阿尔巴尼亚	48.05	50.00	0.00	0.35	100.00	32.99	26.65	35.47

续表

权重	0.10	0.10	0.10	0.20	0.15	0.20	0.15	合计
国别/指标名称	营商环境	地缘安全性	政治重要性	对我国资本品需求	技术门槛	经济总量	储蓄率	
洪都拉斯	40.91	50.00	0.00	2.64	100.00	35.61	24.78	35.46
委内瑞拉	1.95	0.00	100.00	0.00	64.00	53.65	26.26	34.46
冰岛	89.61	100.00	0.00	1.17	17.26	36.05	36.06	34.40
巴林	60.39	50.00	0.00	5.61	37.99	40.99	54.11	34.17
佛得角	33.12	50.00	0.00	0.14	100.00	14.09	50.40	33.72
汤加	55.19	50.00	50.00	0.03	100.00	0.00	20.59	33.61
特立尼达和多巴哥	50.00	50.00	50.00	0.00	39.86	38.95	31.00	33.42
希腊	63.64	50.00	0.00	11.68	35.07	59.13	17.34	33.39
塞内加尔	20.13	50.00	0.00	0.85	100.00	34.84	27.67	33.30
黑山	72.08	50.00	0.00	0.60	100.00	22.43	7.81	32.99
斐济	50.65	50.00	0.00	0.93	100.00	22.61	20.59	32.86
乍得	3.90	50.00	0.00	0.00	100.00	32.69	37.07	32.49
布基纳法索	24.03	50.00	0.00	0.50	100.00	32.85	20.15	32.10
乌拉圭	48.70	50.00	0.00	5.60	48.93	45.82	29.27	31.89
贝宁	17.53	50.00	0.00	0.27	100.00	30.22	26.81	31.87
塞拉利昂	22.08	50.00	50.00	0.29	100.00	22.30	0.00	31.73
利比里亚	5.84	50.00	50.00	0.00	100.00	15.63	18.88	31.54
卢旺达	62.34	0.00	0.00	1.40	100.00	28.29	25.10	30.94
南苏丹	1.30	0.00	50.00	0.00	100.00	33.84	23.30	30.39
赤道几内亚	5.19	0.00	0.00	0.00	78.35	32.27	43.39	30.24
苏里南	18.83	50.00	0.00	0.25	80.40	22.69	42.01	29.83
多哥	21.43	50.00	0.00	0.53	100.00	23.27	18.33	29.65
中非	2.60	50.00	50.00	0.05	100.00	15.54	8.00	29.58
卢森堡	62.99	50.00	0.00	2.12	10.53	47.63	42.62	29.22
津巴布韦	19.48	50.00	50.00	1.75	100.00	33.29	0.00	28.96
马拉维	25.97	50.00	0.00	0.56	100.00	23.44	6.88	28.43
圭亚那	27.92	50.00	0.00	0.34	100.00	19.07	9.65	28.12
马耳他	53.90	50.00	0.00	0.40	38.10	30.86	37.91	28.04
几内亚	12.99	50.00	0.00	0.93	100.00	26.04	0.00	26.69
塞浦路斯	71.43	50.00	0.00	0.54	30.34	37.38	14.76	26.49
布隆迪	20.78	50.00	0.00	0.24	100.00	18.15	0.00	25.76
黎巴嫩	35.06	0.00	0.00	4.66	79.76	44.81	0.00	25.36

续表

权重	0.10	0.10	0.10	0.20	0.15	0.20	0.15	合计
国别/指标名称	营商环境	地缘安全性	政治重要性	对我国资本品需求	技术门槛	经济总量	储蓄率	
几内亚比绍	6.49	50.00	0.00	0.00	100.00	9.97	12.66	24.54
文莱	51.95	50.00	0.00	0.91	21.44	33.88	25.74	24.23
巴哈马	43.51	50.00	0.00	0.02	38.13	28.03	11.08	22.34
巴巴多斯	37.01	50.00	0.00	0.24	52.25	21.84	7.02	22.01
厄立特里亚	0.00	0.00	0.00	0.00	100.00	24.22	6.89	20.88

资料来源：作者测算。原始数据来源于世界银行网站"http://data.worldbank.org.cn"、世界经济论坛数据库"http://www.weforum.org"、美国地质调查局"http://www.usgs.gov"、联合国贸易数据库"http://comtrade.un.org"。

（六）国际产能合作综合排序

充分考虑到当前我国国际产能合作的现实情况，本文对这五种合作设定如下权重：25∶30∶25∶10∶10，据此可以得到国际产能合作的整体排序如表11所示。可以看出，我国国际产能合作的重要伙伴主要有以下两类：一是印度尼西亚、印度、俄罗斯、伊朗、巴基斯坦等发展中大型经济体，和我国的合作主要集中于我国输出消费品生产、基础设施建设、资源开发等领域的产能，合作方式包括效率导向型投资、市场导向型投资、资源导向型投资、EPC、BOT 等；二是美国等技术实力雄厚的发达经济体，合作方式包括海外并购、技术研发、建立高水平基础设施项目、设立境外总部等。表11 为国际产能合作整体国别排序一览表。

表11　　　　　　　国际产能合作整体国别排序一览表

权重	0.25	0.3	0.25	0.1	0.1	合计
国别/指标名称	第一类	第二类	第三类	第四类	第五类	
印度尼西亚	74.94	82.01	97.28	34.11	81.59	79.228
印度	78.31	72.88	92.5	50.51	77.81	77.3985
俄罗斯	67.15	79.36	83.46	64.82	77.89	75.7315
美国	69.32	72.26	67.58	89.7	76.69	72.542
伊朗	57.44	80.98	89.35	28.61	55.63	69.4155
巴西	56.18	75.22	79.44	43.72	65.46	67.389
巴基斯坦	77.51	45.79	97.97	28.48	58.51	66.306

续表

权重	0.25	0.3	0.25	0.1	0.1	合计
国别/指标名称	第一类	第二类	第三类	第四类	第五类	
澳大利亚	57.86	67.37	60.74	77.62	67.53	64.376
尼日利亚	64.46	56.33	90.44	24.23	54.95	63.542
阿联酋	55.26	66.81	70.45	44.89	73.54	63.3135
沙特阿拉伯	48.74	69.88	74.94	43.39	65.79	62.802
埃塞俄比亚	69.94	36.63	97.18	25.05	57.24	60.998
越南	71.07	42.34	82.19	27.54	66.3	60.401
哈萨克斯坦	43.78	67.58	79.59	35.42	56.49	60.3075
缅甸	70.57	51.91	81.73	19.98	45.72	60.218
土耳其	55.84	51.56	73.88	54.89	67.97	60.184
马来西亚	55.48	45.46	79.63	49.07	72.35	59.5575
泰国	60.77	50.89	72.37	34.89	72.11	59.252
伊拉克	38.39	75.2	81.21	20.88	44.79	59.027
南非	48.36	72.09	62.17	38.42	57.25	58.8265
加拿大	56.04	58.57	48.14	80.37	67.81	58.434
德国	66.15	36.18	57.1	86.04	75.71	57.8415
安哥拉	43.26	61.07	88.37	18.73	43.99	57.5005
土库曼斯坦	35.9	72.06	77.52	24.53	44.76	56.902
英国	66.28	31.8	58.65	83.29	72.24	56.3255
老挝	57.25	47.16	81.91	21.84	42.65	55.387
蒙古	48.54	44.08	78.47	36.25	54.71	54.0725
埃及	62.21	36.34	77.46	26.95	51.82	53.6965
新加坡	47.36	31.84	67.3	81.37	71.4	53.494
哥伦比亚	47.96	52.77	61.83	34.38	59.48	52.6645
乌克兰	53.99	53.63	60.57	30.73	46	52.402
坦桑尼亚	62.47	30.96	80.82	23.34	48.52	52.2965
乌兹别克斯坦	61.12	37.78	70.05	28.62	52.46	52.2345
波兰	53.78	39.4	60.67	48.12	64.88	51.7325
法国	59.95	24.85	57.24	81.54	68.19	51.7255
柬埔寨	60.53	33.25	77.93	23.19	45.05	51.414
墨西哥	57.53	34.84	61.52	41.86	69.89	51.3895
阿曼	52.95	53.27	56.97	28.81	49.91	51.333
智利	51.81	48.22	56.13	39.92	55.35	50.978
日本	56.03	38.41	43.83	79.32	64.48	50.868

续表

权重	0.25	0.3	0.25	0.1	0.1	合计
国别/指标名称	第一类	第二类	第三类	第四类	第五类	
阿尔及利亚	40.74	40.31	83.83	19.42	55.38	50.7155
斯里兰卡	53.72	30.55	77.54	28.55	52.24	50.059
尼泊尔	59.76	33.13	68.95	26.36	51.36	49.8885
孟加拉国	63.06	26.16	76.64	19.35	45.14	49.222
委内瑞拉	33.08	56.48	75.65	16.37	34.46	49.2095
苏丹	52.71	28.21	83.81	20.34	39.35	48.562
吉尔吉斯斯坦	55.41	35.37	66.85	27.2	43.83	48.279
秘鲁	51.5	36.28	62.21	32.45	55.32	48.0885
赞比亚	51.25	30.72	75.17	24.56	47.52	48.029
韩国	54.93	34.36	39.57	77.23	63.2	47.976
肯尼亚	57.76	27.45	73.76	25.58	41.58	47.831
加纳	54.25	26.94	74.59	23.62	41.53	46.807
刚果（金）	56.79	31.99	71.54	15.27	35.67	46.7735
塔吉克斯坦	52.23	34.74	66.19	20.75	39.72	46.074
刚果（布）	41.66	32.89	75.13	14.59	40.85	44.6085
厄瓜多尔	38.01	29.68	74.85	23.86	48.96	44.401
摩洛哥	52.64	25.26	61.3	29.66	50	44.029
科威特	29.94	49.95	55.15	26.44	43.37	43.2385
卡塔尔	29.59	46.65	55.4	32.66	46.22	43.1305
利比亚	28.4	44.73	69.42	13.97	36.75	42.946
莫桑比克	51.51	27.25	64.75	18.97	38.07	42.944
瑞典	42.14	25.38	44.99	82.11	50.98	42.7055
白俄罗斯	37.06	26.06	69.67	31.24	49.59	42.5835
喀麦隆	49.09	26.19	66.98	16.56	39.67	42.4975
古巴	40.78	30.75	63.64	25.51	46.15	42.496
意大利	52.4	19.65	45.6	64.92	55.4	42.427
菲律宾	52.52	22.16	64.36	23.41	41.52	42.361
巴布亚新几内亚	46.77	28.56	63.97	17.91	41.04	42.148
保加利亚	36.33	31.97	61.04	33.98	48.15	42.1465
也门	49.59	32.4	58.36	16	36.95	42.0025
瑞士	47.44	19.42	41.31	80.14	55.88	41.6155
马里	48.34	26.39	62.88	18.38	40.23	41.583
捷克	41.87	24.92	51.9	43.69	62.83	41.5705

续表

权重	0.25	0.3	0.25	0.1	0.1	合计
国别/指标名称	第一类	第二类	第三类	第四类	第五类	
尼日尔	47.12	25.52	66.18	15.7	38.97	41.448
新西兰	44.91	23.53	47.38	63.96	48.41	41.3685
匈牙利	39.27	28.6	54.39	40.79	51.78	41.252
摩尔多瓦	48.22	25.02	58.75	26.61	42.78	41.1875
吉布提	45.27	30.32	61.24	14.62	38.63	41.0485
荷兰	45.14	19.95	39.08	77.06	62.43	40.989
西班牙	51.94	19.23	41.76	63.47	54.46	40.987
阿富汗	48.16	28.74	57.85	14.91	40.26	40.6415
罗马尼亚	39.49	24.43	59.87	34.27	50.18	40.614
几内亚	40.79	40.52	56.63	11.89	26.69	40.369
奥地利	41.62	19.51	43.77	79.37	51.41	40.2785
马达加斯加	49.32	25.79	59.87	15.16	36.5	40.2005
玻利维亚	44.95	26.36	59.48	18.31	41.8	40.0265
马其顿	38.26	25.1	58.58	33.48	48.6	39.948
突尼斯	41.47	25.36	58.97	26.52	43.01	39.671
斯洛伐克	38.68	21.9	54.94	40.06	50.84	39.065
塞拉利昂	44.7	28.42	58.26	16.17	31.73	39.056
乌干达	49.15	20.61	59.59	19.54	36.3	38.952
马尔代夫	33.77	30	60.63	20.77	41.22	38.799
塞尔维亚	37.44	25.06	58.23	28.6	44	38.6955
毛里塔尼亚	42.76	26.64	59.43	13.24	36.47	38.5105
爱尔兰	37.78	19.68	46.46	66.67	47.28	38.359
挪威	40.16	19.85	39.31	73.03	50.26	38.1515
阿根廷	39.21	21.54	56.62	25.76	46.21	37.6165
比利时	39.47	20.34	38.96	74.35	44.7	37.6145
津巴布韦	43.06	28.09	55.69	14.93	28.96	37.5035
乍得	40.48	21.52	66.18	10.96	32.49	37.466
利比里亚	42.16	25.78	58.21	11.38	31.54	37.1185
中非	41.68	26.15	57.17	11.15	29.58	36.6305
纳米比亚	32.32	28.59	53.29	23.44	42.55	36.5785
哥斯达黎加	37.45	21.99	53.88	29.36	41.35	36.5005
科特迪瓦	45.77	20.32	52.73	17.92	35.69	36.082
塞内加尔	43.05	20.59	56.21	15.65	33.3	35.887

续表

权重	0.25	0.3	0.25	0.1	0.1	合计
国别/指标名称	第一类	第二类	第三类	第四类	第五类	
洪都拉斯	43.76	20.19	52.42	20.23	35.46	35.671
马拉维	43.03	22.56	54.56	15.03	28.43	35.5115
格鲁吉亚	38.26	20.59	50.38	28.99	40.94	35.33
丹麦	35.92	14.1	38.62	78.9	44.28	35.183
以色列	32.88	15.62	43.72	72.65	40.36	35.137
阿塞拜疆	30.42	25.31	51.28	25.44	45.37	35.099
布基纳法索	43.93	20.15	53.08	15.4	32.1	35.0475
南苏丹	38.95	27.58	51.15	10.69	30.39	34.907
贝宁	41.34	20.86	54.08	13.68	31.87	34.668
牙买加	30.55	25.22	53.41	24.2	36.2	34.596
芬兰	33.65	15.28	37.33	78.59	42.42	34.43
布隆迪	40.38	23.35	53.4	11.79	25.76	34.205
多哥	40.22	21.04	53.84	13.52	29.65	34.144
汤加	30.21	25.22	53.29	21.98	33.61	34
亚美尼亚	35.76	20.22	48.85	27.06	37.92	33.7165
巴拉圭	34.48	20.17	52.01	21.48	38.82	33.7035
克罗地亚	31.78	19.3	48.62	34.63	41.15	33.468
立陶宛	31.7	17.91	46.6	38.37	41.6	32.945
赤道几内亚	17.32	21.17	71.46	11.76	30.24	32.746
几内亚比绍	34.96	26.65	50.89	8.18	24.54	32.7295
波黑	31.52	20.03	51.31	23.12	35.64	32.5925
拉脱维亚	30.51	18.02	46.01	36.76	40.73	32.285
阿尔巴尼亚	31.17	20.25	51.13	20.54	35.47	32.251
约旦	30.98	20.34	48.93	21.14	37.46	31.9395
葡萄牙	34.93	16.26	40.13	41.13	40.95	31.851
卢旺达	41.02	16.33	45.42	21.01	30.94	31.704
斯洛文尼亚	29.41	15.25	42.97	49.29	40.17	31.616
斐济	27.76	20.45	51.59	20.57	32.86	31.3155
爱沙尼亚	29.76	16.43	43.36	39.55	41.02	31.266
圭亚那	27.82	23.71	50.13	14.76	28.12	30.8885
佛得角	29.66	20.12	49.5	14.6	33.72	30.658
黑山	25.04	20.07	49.39	24.88	32.99	30.4155
毛里求斯	25.8	19	46.45	28.52	37.24	30.3385

续表

权重	0.25	0.3	0.25	0.1	0.1	合计
国别/指标名称	第一类	第二类	第三类	第四类	第五类	
加蓬	19.9	20.45	54.79	14.53	37.01	29.9615
博茨瓦纳	21.43	16	54.69	21	39.54	29.884
希腊	27.73	18.85	40.49	32.16	33.39	29.265
特立尼达和多巴哥	25.09	17.43	44.24	25.34	33.42	28.4375
冰岛	25.35	12.6	34.95	53.22	34.4	27.617
厄立特里亚	32.75	16.95	45.45	6.76	20.88	27.399
乌拉圭	23.25	13.32	44.04	23.6	31.89	26.3675
苏里南	17.33	19.7	47.06	13.02	29.83	26.2925
巴林	23.97	11.23	34.15	25.73	34.17	23.889
马耳他	18.07	10.76	35.17	43.62	28.04	23.704
巴哈马	16.56	10.72	43.56	31.22	22.34	23.602
黎巴嫩	19.51	12	41.48	17.65	25.36	23.1485
塞浦路斯	20.81	9.58	33.9	34.14	26.49	22.6145
卢森堡	18.99	8	27.94	55.15	29.22	22.5695
文莱	21.9	9.44	37.88	23.59	24.23	22.559
巴巴多斯	16.1	12.85	34.44	29.27	22.01	21.618

资料来源：作者测算。原始数据来源于世界银行网站"http://data.worldbank.org.cn"、世界经济论坛数据库"http://www.weforum.org"、美国地质调查局"http://www.usgs.gov"、联合国贸易数据库"http://comtrade.un.org"。

同样，按照60分以上为重点合作国家，30~60分为比较重要合作国家，30分以下为非重要合作国家的模式，可以绘制出该类国际产能合作的世界地图。

五、打造"一环多点三片区"的全球国际产能合作格局

基于前文的排序结果，可以得到如下结论：

（一）在发展中国家中，以周边新兴大国为核心的"一环"应作为我国国际产能合作的重点对象

虽然五大类国际产能合作方式的排序各自不同，但从要素角度分析，新兴大国无论在劳动力成本、劳动力规模、市场规模、资源密集度等各种生产要素的资源禀赋上，相较大多数中小型经济体既具有绝对优势，也具有相对

优势，和我国开展国际产能合作的条件明显优于其他国家。而我国周边地区（包括伊朗、乌兹别克斯坦、印度尼西亚等虽然和我国并不接壤，但距离较近，关系较为密切，也属于周边地区）是新兴大国最为密布的区域，既拥有人口规模巨大的印度、印度尼西亚等经济体，也拥有资源丰富、工业基础较强的俄罗斯、哈萨克斯坦、伊朗等经济体，也拥有地缘意义重要，发展空间广阔的巴基斯坦等经济体，还拥有已经在消费品制造业等领域拥有良好基础的越南等经济体。同时，周边国家距离我国较近，和我国开展国际产能合作的基础良好，以"印度尼西亚、印度、俄罗斯、巴基斯坦、伊朗、哈萨克斯坦"六大周边主要经济体以及缅甸、越南、柬埔寨、老挝等周边中小型经济体构成的"一环"是我国开展国际产能合作在新兴市场国家的主要对象。

（二）由非洲、拉美、西亚、东欧等地区的大型新兴经济体构成的"多点"也是国际产能合作的重要伙伴

非洲、拉美、西亚、东欧等地区均有在地区影响力较强、对区域经济辐射作用很大、要素禀赋优势突出的经济体。如西非的尼日利亚、东非的埃塞俄比亚和坦桑尼亚、拉美的巴西和墨西哥、东欧的波兰和乌克兰、西亚的埃及、沙特，等等。这些经济体或已经和我国建立了密切的经济联系，或在我国的地缘战略中处于重要位置，和在我国的国际产能合作中也处于非常重要的地位。从排序结果看，目前这类国家的重点包括巴西、沙特阿拉伯、阿联酋、土耳其、伊拉克、埃塞俄比亚、坦桑尼亚、尼日利亚、安哥拉、埃及、南非、波兰、乌克兰、智利、阿根廷十五个新兴大型经济体。

（三）与美、德、英、加、澳等发达经济体在技术、市场和资源三大领域的合作也有巨大发展空间

美国、德国、英国等发达经济体的营商环境明显优于发展中经济体，国内市场也十分广阔。澳大利亚、加拿大是发达国家中的两大资源密集型经济体，在我国的资源安全中也具有重要位置。我国和这些经济体开展国际产能合作虽然面临技术、标准等市场准入壁垒，也常常受到非政治因素的干扰，但必须看到，我国相当一部分企业，特别是龙头企业在并购发达经济体零部件基地、建设研发中心、建设区域性总部、参与新能源等领域基础设施建设、开展第三方市场合作乃至建造高档消费品生产基地的能力已经初步具备，合作诉求在不断增长之中。从中长期看，随着新兴产业的迅速发展、发

达国家发展战略的调整以及我国在全球价值链中位势的持续提升，和发达经济体之间的国际产能合作的重要性整体呈现上升趋势。从目前情况看，和发达国家开展国际产能合作应打造"三片区"的格局：总部经济和科技研发合作片区，以美、英为主；高端制造业国际产能合作片区，以德国、瑞士为主；高附加值资源型产业合作片区，以澳大利亚和加拿大为主。

参考文献：

1. Armstrong, S, . Measuring Trade and Trade Potential: A Survey, Asia Pacific Economic Paper 368, 2007.
2. Battese, G. E. and Coelli, T. J., Frontier Production Functions, Technical Efficiency and Panel Data: With Application to Paddy Farmers in India, Journal of Productivity Analysis, 1992 (3), 153 – 169.
3. Battese, G. E. and Coelli, T. J., A Model for Technical Inefficiency Effects in a Stochastic Frontier Production Function for Panel Data, Empirical Economics, 1995 (20), 325 – 332.
4. World Economic Forum, The Global Competitiveness Report 2014 – 2015.
5. OECD, Implementation of the WTO Trade Facilitation Agreement: The Potential Impact on Trade Costs. OECD Report.
6. WIPO, The Global Innovation Index 2015 – Effective Innovation Policies for Development.
7. 谭秀杰、周茂荣：《21世纪"海上丝绸之路"贸易潜力及其影响因素——基于随机前沿阴历模型的实证研究》，载《国际贸易问题》2015年第2期。
8. 毛振华、阎衍、郭敏：《"一带一路"沿线国家主权信用风险报告》，经济日报出版社2015年版。
9. 钟飞腾等：《对外投资新空间——"一带一路"国别投资价值排行榜》，社会科学文献出版社2015年版。

（执笔人：李大伟　高颖楠　耿　炎）

专题报告三

国际产能合作路径及模式研究

一、国际产能合作不同层面的内涵和模式选择

国际产能合作的概念根据不同的主体和客体可以延伸出不同的内涵和外延，相应的，国际产能合作的具体模式也可以从不同战略层面和不同视角进行分析和归纳。一般而言，国际产能合作面临三大不同战略层次，即国家、产业、企业。在国家战略层面，国际产能合作可以放在全球治理的框架内进行分析，不仅是我国经济新常态下国内产能结构升级、对外投资合作面临的新的战略机遇，将推动我国新一轮高水平对外开放进程，还彰显了我国参与全球经济治理的新理念和合作意愿；在产业布局层面，国际产能合作是现阶段我国在经济全球化条件下深度参与国际分工体系的拓展和突破，通过与新兴市场国家的经贸投资合作，实现全球产业布局的升级和市场替代，占据价值链高端环节，提升国际分工地位。从企业决策层面看，企业作为国际产能合作的实施主体，需要对企业对外投资和国际化运营管理等行为决策分析进行分析。

因此，对国际产能具体合作模式和路径的研究需要首先确定研究视角，是基于国家战略层面、产业组织还是企业行为决策的视角，由此才能从不同层次主体的研究视角出发，选择适当的国际产能具体合作路径和模式。

（一）国家层面的战略对接

从国家层面来讲，国际产能合作是一项长期的战略性安排，不仅涉及国内产业的全面优化和转型升级，而且促进了我国和周边国家和"一带一路"沿线国家在内的供求结构优化，有利于培育周边市场，形成共赢发展的新区域优势，提升区域经济和社会发展水平，其国家战略层面的意义主要体现在

两个方面：一是为了处理好政治领域中的睦邻友好关系，营造一个公平、民主与开放的国际环境，促进国际和区域秩序重组，提高区域共同治理水平；二是促进区域经济结构的调整与产业优化升级，推动形成新的区域经济增长极，并有效解决国内产能过剩、市场疲软问题，通过各国产业互补、务实合作的实施，进一步推动沿边开放升级，巩固和拓展中国对沿线国家在商业、市场和文化上的影响力。

国际产能国家战略层面的内涵和意义还应包括制度、管理、工艺标准及技术等领域的合作和推广，这种跨国合作可以提升各国在国际事务中的话语权这一"软实力"，同时政府可以针对中国在海外投资、竞争等行为制定相适应的法律法规。在国际产能合作过程的实际中还体现着我国传统的价值观。比如"开放包容""互利共赢"及"合作双赢"等中国特色，在体现大国责任意识的同时，也为中国增强自身的全球影响力开辟了新的试验田。

（二）产业层面的供求对接和产业链重构

从产业层面来讲，国际产能合作涉及各国产业供需对接和平衡以及市场定位问题。从产能供给方看，我国作为主要产能输出国，涉及区域内产品内、产业内及产业间的分工合作及产业链的重构，并且在此基础上实现我国产业竞争力的提升以及带动合作方产业升级和转型。从具体合作模式看，产能输出方通过扩大对外直接投资的方式促进行业内产业链向海外的延伸和布局，在转移国内优势产能的同时提升在全球价值链中的位势。从产能需求方来看，国际产能合作的基础在于各国产业内和产业间的供求平衡，对各国主要产业供给和需求的融合进行分析，对接的内容主要是各国优势产业、基础设施、市场等多方面的相互融合；对接具体途径需要依赖各国积极构建完善的双边或多边机制。

从国际产能供求分析中可以进一步找准不同产业的国际产能合作市场定位，即从供求两端分析国际产能市场定位，即高端环节输入和中低端环节转型升级和输出市场定位，高端环节重在"补短板"和"引进来"，市场定位针对发达国家，集中在产业链上游环节，中低端环节重在"去产能"和"走出去"，市场定位发展中国家，集中在产业链中低端的优势富余适配产能输出。

（三）企业层面的自主决策

从企业层面来讲，企业在国际产能合作中具有三重身份，既是市场的主体,又是执行者,同时也是产业体系的重要组成部分。企业需要考量自身条件和目标,按照国内外市场发展的需求进行自主决策,并且东道国对不同的企业主体和合作模式的包容和接受程度不同,比如中小型民营企业在国际产能合作过程中具有一定优势,他们通常以灵活、分散的形式"走出去",易于被东道国所接受。

企业开展国际产能合作是从市场角度做出的微观决策,从微观经济主体决策过程的视角看,企业决策是一个从自身条件出发向着一定的目标导向的路径选择,需要认清企业开展产能合作所面临的基础、条件以及外部环境、行业竞争态势等,并以目标为导向考虑开展国际产能合作的路径。

此外,制度环境的差异对企业国际产能合作模式选择具有深远影响,不同的制度差异所带来的比较优势也是促成企业开展国际产能合作的主要因素,即在国家层面通过给予政策优惠和支撑,主动创造出制度化差异优势,极大地降低了企业开展国际产能合作的成本,这是当前我国国际产能合作战略的主要制度性优势。当前我国对企业"走出去"已经形成了一整套的制度支撑,由国家战略层面创造出了这种制度差异方面的比较优势,在极大程度上推动了企业开展国际产能合作,使得企业不仅可以进入发达国家市场,利用其较为市场化的制度环境优势,同时,企业也可以利用国家通过多双边外交平台创造出的具大制度优势,更多地进入发展中国家市场。

二、国际产能合作模式分类

（一）根据产业链海外延伸长度和深度分类的国际产能合作模式

一般而言,根据国外产业链长度和深度不同,国际产能合作呈现出阶段性纵向推进特征,可以根据在国外产业链条的长短、国外生产环节的参与度等指标和特征进行划分。

1. 间接进入海外生产环节模式

间接合作模式主要是产品和服务"走出去",而我国企业的生产、研发等环节和链条没有延伸到海外,这种模式具体可分为以下四种:

（1）贸易项下的产能合作模式。

即通过对外贸易带动国际产能合作,国内企业生产的产品、装备等通过直接出口或专业外贸公司间接出口,不涉及生产环节的海外转移。

（2）通过销售网络带动产品"走出去"。

企业通过自建销售网络或融入国外已有销售网络的方式进行出口,间接带动产能合作。对于企业自主构建销售网络的情况而言,不仅有利于带动企业自己生产的机械设备销往国外,还可以带动其他企业产品"抱团走出去",如由行业内领军企业或行业协会、商会等组织构建大型销售中心,发挥集聚效应,带动周边乃至全国范围内的装备制造企业融入该销售网络,并进一步发挥网络的上下游服务辐射作用,构建成集展示、售后服务、仓储等一站式、集群式服务营销中心,对于尚不具备实力构建营销网络的中小企业,可以通过参与这种平台,极大地降低其装备出口成本。

此外,企业可以通过融入国外已有销售网络的方式间接实现出口,即在国外寻找一家销售机构,由其作为销售代理商,进行产品推介和销售。

（3）依托工程承包带动装备出口和技术、服务、标准"走出去"。

国际承包工程项目包含有大量的技术转让和劳务合作内容,承包人还要培训技术人员,提供所需的技术知识,以保证项目的正常运行,不仅可以带动装备出口,更重要的是可以带动我国企业相关技术、标准、服务等"走出去"。

（4）融资租赁带动装备出口和产能合作。

这种模式近年来经常出现在造船业等前期投资较大的行业,在当前全球经济增长放缓、市场低迷的背景下,我国融资租赁公司可以采用多元化业务模式,改变传统的依靠租金和租息的盈利模式,通过由资产持有者转向服务提供者,深度参与产能海外转移,以融资租赁带动国际产能合作。

2. 直接进入海外生产环节：对外直接投资模式

企业通过对外投资等方式开展产能合作,直接在海外布局生产环节,这种模式也可以根据企业海外产业链条的广度和深度进行分类。

（1）合作构建海外产业链。

并购主要是通过购买国外企业股权、战略资产等方式进行的,通过收购海外资源,包括国外企业的关键技术、品牌和营销渠道等与海外企业合作构建产业链,是近年来我国企业开展国际产能合作较为实用的战略选择,可以快速掌控战略资源、高端技术等核心资产。

（2）构建独立的海外产业链。

这种模式按照股权控制程度不同,又可以分为合资或独资（绿地投资)。在国内要素成本上升以及人民币升值的背景下，企业向海外转移生产环节有利于获取低成本生产优势，可以规避出口壁垒，并且增加当地就业，易获取当地支持，享受当地优惠政策。

3. 产融结合

产融结合不仅包括生产环节的外移，还包括融资环节的海外拓展或转移，即采取国外融资的方式，以资本输出带动产能输出。产融结合根据融资环节所在地又可分为境内融资和境外融资，境内融资是指企业在境内外发行股票或债券募集资金，或发挥政策性金融工具作用，扩大出口信用保险覆盖面，增加中长期信用保险、海外投资险规模，为优势产能"走出去"提供融资便利。境外融资包括发行境外人民币债券、境外上市等股权和债权融资手段。

（二）不同市场策略下的国际产能合作模式

根据企业进入东道国市场的范围和深度的不同，国际产能合作又可以分为进入特定市场、特定区位模式以及全方位布局东道国市场模式。

1. 进入特定市场和区位

这种模式适用于有特定营销策略的中小企业，以东道国特定区位和市场为切入点，试探性地进行海外市场开拓，将特定的产品和服务推广至东道国某一特定区位的特定市场。

2. 全方位布局东道国市场

这种模式通常适用于较具有实力的企业，在进入东道国市场之前就对其整体市场进行布局和规划，全面布点，并且同时推进。这种方式风险和成本较高，但可以有效地抬高东道国市场进入门槛，使当地市场迅速达到饱和，阻止竞争对手进入。这种模式近年来也越来越多地出现在具有垄断或者寡头垄断特征的行业如水泥、基建、大型装备等领域，一是由于国家战略层面创造了可以推行这种模式的政策条件，极大地降低了交易成本；二是由于我国国际产能合作主要目标市场是周边发展中国家，这些国家对基建、电力、装备等领域的产能合作有大量需求，但其市场整体容量有限，这种产能需求存在一定的"天花板"，在这种情况下，容易产生多家恶性竞争、沉没成本无法回收等现象，因此，由行业领军企业对特定国家市场进行全方位布局并迅速推进，能够极大地提高这种模式的成功率。

(三) 企业联合经营策略下的国际产能合作模式

从企业层面战略目标分析，国际产能合作要实现的战略目标可以从"获取资源"、"开发利用"两个维度来分析，并确定相应的市场策略和经营方式。

从单个企业开展国际产能合作的角度出发，企业产能合作的模式会呈现显著的"逐级渐进"的特征，但也有一些国际化倾向非常明显的中小企业会呈现出"跨越性国际化"特征，其试图通过国际市场来获取稀缺性的资源，并将产品销往国际市场以提高企业实力和知名度。这两种不同路径的区别是基于企业资源禀赋与企业的环境。

从企业联合开展国际产能合作的角度看，根据产能合作主体的所有制性质、实力等，大致可分为民营企业、央企、混合模式下的产能合作。一般而言，根据海外产业链深度和长度划分，民营企业更多地采用贸易项下的初级方式，部分龙头企业和国有企业大多采用产业链海外整体布局、产融结合的方式。而当前企业单打独斗进入海外市场较为困难，国有企业和民营企业在境外并购中扬长避短、携手合作的案例也越来越多，不同主体合作开展国际产能更多地采用混合"走出去"模式，即联合投资模式和价值链联盟投资模式。

1. 联合投资模式

联合投资模式是由行业领导者主导的一组中小企业联合走出去，取代了单个企业的个体行为。这种模式能充分利用规模经济和集体学习带来的正外部性，从而使每个成员企业受益。如由商务部批准建立起的海外产业园区，就是由大型民营企业牵头主导的其他小型企业提供配套服务的一种典型的联合海外投资模式，这种联合投资模式规避了过去我国企业单打独斗、势单力薄、缺乏各相关部门协调而带来的整体产业配套能力与协调能力松散的不足。联合投资模式在实际操作中又可以根据不同主体间实力大小对比分为央企带民企模式和集群式"走出去"模式。

（1）"一拖几"联合投资模式。

这种联合投资模式即国有企业与民营企业的互补模式，即结合国有企业的资本优势与民营企业的效率与管理优势。央企在基础设施建设能力、高铁、核电、特高压输电设备等一些产业上已具有较强的国际竞争力，而这些领域大多也是现阶段我国"一带一路"战略重点和国际产能与装备合作重点领域，有利于将高效产能转移出去，民营企业可以通过专业分工、服务外包、订单生产等多种方式，建立协同创新、合作共赢的协作关系，加强产业内的协作与配套，促进企业之间的信息共享，互通有无，抱团协作，互相搭建平台。

（2）集群式国际产能合作模式。

央企带民企的"一拖几"模式可以进一步发展成为集群式走出去模式，即由一个或若干个行业领导企业带领多个企业抱团"走出去"，在东道国形成产业集群，发挥央企和民营企业在不同行业、不同产业链环节的不同作用，增强国际产能合作的配套服务能力，发挥资源共享效应，提升产业竞争力，防范风险，从成本控制、资源共享、抑制竞争、构建海外产业链条等方面提高国际产能合作的质量。

2. 价值链联盟模式

价值链联盟投资模式是基于为核心企业配套的上下游的资源、技术、销售等环节的联合体。价值链各环节紧密联系，分享信息和资源，有着共同的战略愿景，由银行信贷和海外投资保险支持，这种模式类似于日本综合商社模式，日本汽车产业在早期即由主要汽车制造商与关联供应商联合的方式共同"走出去"。这种模式同样需要一个或若干个行业领军企业在推进国际产能合作过程中作为价值链的主动构建者，建立起依托价值链分工关系的非股权企业联合体，相比于联合投资模式，这种企业间协作关系更为稳定和持久。

三、我国重点行业开展国际产能合作模式选择

我国作为一个处于中等发展水平的发展中国家，在国际分工体系中处于中等偏上位置，同时面临发达与欠发达两类不同发展水平国家的竞争。一方面，要与价值链高端环节的国家或地区的企业进行学习型产能合作，以获取互补的战略性资产，提升本国企业竞争力；另一方面，与发展中国家或地区的企业进行产能合作又具备一定的比较优势。基于这种"中游"位置，我国企业在产能合作中要结合不同行业特点和自身优势，选择不同的模式。当前，我国在国际产能合作中具有潜力的企业及其所在行业大致可分为以下三大类：

（一）大型国有企业

行业分布：能源、基建、电力、装备制造、钢铁、有色等。
行业特征：具有一定的垄断特征，企业主体数量有限。
企业特征：实力雄厚、存在富余优势产能。

对于这类型企业而言，获取市场、资源、转移富余优势产能是开展国际产能合作的主要目标，应采取股权安排与非股权安排相结合的投资方式，尽量规避投资风险。如果企业不得不参与一些风险高、开发难度大的项目，应针对目标市场特点采取灵活方式。

（二）以技术创新为导向的高新技术企业

行业分布：通信、计算机、生物制药等。
行业特征：行业竞争性特点较强。
企业特征：需要进一步提升技术水平。

我国高新技术企业海外投资应采用双向并行的海外投资模式。一是充分利用我国已经累积的小规模技术优势，利用相对竞争优势对发展中国家或地区进行顺向投资，可更灵活地采用并购、绿地投资等股权投资方式，或者采用外包等非股权安排的方式，将低附加值环节安排在具有低成本劳动力优势、市场优势的发展中国家，一方面有利于降低整体供应链成本，另一方面也有利于占据当地市场。二是以技术获取为导向对发达国家进行逆向投资，增强高端技术吸收再创新能力，以非股权安排的方式进行逆向投资，目标在于嵌入发达国家高端价值链环节，获取关键技术，把自己不擅长的上游研发环节外包出去，利用逆向外包行为产生的知识溢出效应激励我国企业技术提升和自主创新。

（三）为获得市场规模效应的比较优势企业

行业分布：纺织、汽车等。
行业特征：竞争性较强。
企业特征：具有一定的竞争优势，需要进一步拓展市场。

对竞争性较强的行业而言，当国内企业运营成本上升、投资环境变化时，开辟海外市场不失为一个明智的选择，针对不同目标市场也适用不同的产能合作模式。

首先，我国拥有比较优势的企业由于在产品、技术、信息、品牌和渠道等方面与发达国家同类型跨国企业相比差距明显,加之我国大多数企业所拥有的比较优势仍集中在利润微薄的制造环节中的加工、组装区段上,因此,与发达国家企业进行产能合作应着重以股权收购的方式实现对研发、设计、重要原材料和零部件生产、销售和服务等价值链高端环节的控制,实现产品升级和产业链升级。

其次,与发展中国家的产能合作可采取非股权安排的方式,如采取外包和合约制造、特许经营等非股权经营方式对处于比较劣势的工序进行剥离,充分利用其他国家的低端生产要素优势。

四、新形势下优化国际产能合作模式的对策

从国家层面来讲,国际产能合作事实上已经超越了国际上单一、传统的合作模式,是建立在坚持互利共赢和共同发展原则的基础上,不仅通过构建国际产能合作机制,解决中国产能过剩与市场疲软问题,同时还要帮助国际产能合作国提高其制造能力,从而为他们构建完备的工业体系、实现社会现代化奠定坚实的基础。因此,我国推进国际产能合作的核心是通过国际产能合作将产品的贸易输出推向高水平的产能输出,重构区域经济产业链,形成一个新的区域经济大循环体系,以产能输出与合作为切入点,带动标准、技术"走出去",同时,在外交、安全、能源保障、区域治理等领域与合作方共同构建多双边合作机制和制度性体系,形成若干区域新增长极,提升全球话语权和影响力。

(一)提升企业深度整合全球价值链和规避风险的能力

我国企业在海外投资过程中面临的因素日益复杂,海外投资经营活动受到正式制度和非正式制度的干扰。因此,构建完善的海外投资风险管控模式显得尤为重要。为此,政府可委托国内外中介机构专门为海外投资企业提供项目风险评估服务,并给予这些机构专项经费资助。企业层面最为关键的行动是将非股权形式政策纳入产业发展战略,在第一阶段取得"海外投资红利"的基础上深化获取国外优质要素的必要性,要在构建国内价值链为目标的基础上,反复酝酿构建国内价值链所需的核心部件,并以此为契机获取国内高端价值链发展所需的国外互补性资产。本阶段在国外获取互补性资产与第一阶段的明显区别是构建基于"以我为主,实现非股权合约的发包方为主要目标"的格局,并确保非股权形式与贸易、投资和技术政策的一致

性。发展具有自主知识产权品牌,直接到海外市场采用顺向投资方式,形成全球要素为我所用的格局,顺利实现从非股权安排的"接受方"到"发起方"的角色转变。

(二)营造适合我国跨国企业发展的环境和配套政策支持服务体系

培养处于价值链高端地位的海外投资企业,关键是要营造适合我国高端跨国企业发展的环境和配套政策支持服务体系。由于发达国家的"技术和管理技能外溢效应"有限,为确保我国企业在下一轮国际竞争中获得有利地位,我国必须启动基于内需的第二波全球化战略。我国企业若要在海外投资中进一步获取全球化的红利,就应尽快在扩大内需条件下实施深度全球化战略,或发展基于内需的全球化经济。其特征可概括为:利用本国的市场用足国外的高级生产要素,尤其是利用其创新要素发展母国的创新型产业的发展。鉴于此,一方面要培育大批具有全球视野的高端人才,提供融资机会等一系列支撑国内生产能力建设的保障措施;另一方面要建立一个扶持非股权安排的法律框架,通过投资促进机构来推动非股权安排相关专题的培训,同时也要学习发达国家的跨国公司在非股权经营方面的经验,多样化确保母国公司在价值链以内和不同价值链间从事多种非股权形式活动,并与广泛的非股权合约伙伴保持联系。从长远看,通过非股权形式攀升价值链高端也要采取切实措施帮助非股权合约的"接受方"提高合约承接能力,增强合约伙伴参与非股权安排的能力,最终实现过去单纯以技术、产品优势竞争为主上升到以公司责任理念及道德标准为核心,增强我国企业在海外投资过程中利用股权安排与非股权安排进行差异化但同时并进的系统化、协调性发展能力。

(三)注重品牌、标准等软实力的主动培养和输出

在国家层面创造和捕捉战略机遇期,将国际产能合作的十二个重点行业进行分类,确定品牌推广、技术研发等行业发展目标和规划,如在汽车行业使中国自主品牌的汽车通过在境外设厂而快速地走向全世界,通过与世界知名企业合资方式,提高轻工纺织行业国际合作水平,通过高新科技的不断研发,增强通信业在国际舞台上的竞争力,通过提升航天航空装备的对外输出能力在全球舞台上建立中国影响力,通过开拓船舶与海洋工程装备高端的市场化,使更多中国制造与装备走向世界等。

（四）建立产能合作后续多双边维护机制和平台

在进行国家间战略对接以及具体项目对接后，还需注重维护机制和平台的建设，应充分重视国际机制的调节作用，通过成立专门部门，建立完善的双边和多边机制，增强国家间的战略互信和战略沟通，借助国际机制来增强战略对接双方供需关系的弹性，使其得以顺利建立并维持在稳定和持续的状态。

（执笔人：季剑军）

专题报告四

推进国际产能合作的支撑体系和保障机制研究

一、革新国际产能合作理念

按照产品→标准→装备→技术→资本→服务"走出去"的实施路径构建"以我为主"的产业生态链,助推我国优质、优势产能"扬帆出海"并全面对接国际大市场。

推进国际产能合作是一项宏大的系统工程,既要顶层设计进行总体谋划,也要创造性探索来积累实践经验,更需要在观念上突破和理念上创新。当前,应充分认识国际国内新形势,稳妥有序开展国际产能合作,重点应摒弃如下三种不正确认识:一是让"技术"先走出去。目前,我国技术标准尚未形成完善的英文体系且国际市场的认可度较低,在未得到行业标准有力支撑下匆忙推动"技术"走出去犹如"无源之水,无本之木",结果必将受制于人。二是让"资本"先走出去。资本的自然属性是"逐利性",但若没有优势产品和先进技术为基础,匆忙赴海外投资设厂或新建园区将面临难以预估的商业风险。三是让"服务"先走出去。"服务"先走出去固然可以快速提升我国企业在海外的运营能力和综合保障水平,但考虑到缺乏优势产业作支撑,未来将难以形成产能合作的规模效应。新形势下,无论是政府还是企业,都应秉持稳健运作且立足长远的产能合作理念,扬弃一切不符合市场内在运行机制的"走出去"模式,核心是遵循产品→标准→装备→技术→资本→服务"走出去"的实施路径建构出一条符合我国阶段特色的产能合作"新路子"。

二、做好对外开放大文章

推进国际产能合作与当前全球产业转移深度融合,重点改变过去我国投资结构不合理以及合作方式不科学等问题,助力重点行业产能合作升级优化。

目前推进国际产能合作与过去我国政府支持企业"走出去"在重点领域、核心任务、实施路径以及保障措施等方面有着显著不同,必须从战略高度进行谋划设计。第一,推进国际产能合作必须要与当前全球产业转移演化格局"相恰"。第二次世界大战以来,全球共经历了四次大规模的产业转移,形成了以跨国贸易为根基的现代分工体系。当前我国在推进国际产能合作时要遵循全球产业"双向转移"规律,并与现代分工体系的深度调整相结合,在此基础上做大做强做优相关产业以推动价值链升级及产业链创新。第二,推进国际产能合作必须要改变过去我国对外投资结构不合理以及对亚洲过度依赖的局面。由于产业结构及发展阶段等因素影响,过去我国对外投资主要集中在矿产资源开发为主的传统领域,技术含量较低且竞争力偏弱。当前推进国际产能合作必须要优化对外投资的产业结构,既要投资钢铁、化工和有色等资源密集型领域,也要投资纺织等劳动密集型领域,更要投资电力、工程机械和航空航天等资本密集型领域,目标是形成立体化且全方位的产能合作新体系。同时,开展国际产能合作时也要摆脱对亚洲的过度依赖,充分重视"一轴两翼"中"西翼"和"东翼"的支撑作用,让区域分布更加合理,将合作风险降至最低。第三,推进国际产能合作必须要因地制宜选择正确的合作方式。钢铁、有色、建材和轻纺等国内发展较为成熟的行业,技术、知识和管理等方面优势向外输出相对容易,故可采取独资新建或者合资新建的方式。对于工程机械、航空航天、船舶和海洋工程等以高新技术为特征的行业,可以采用合资并购的方式,以最大限度上减少合作风险。对于企业而言,若是国际竞争力强、技术水平高且产业链上下游整合能力强的企业,可在目的国采用独资新建的方式,若是竞争力相对较弱且技术管理水平优势不明显的企业,在目的国可采用合资并购或者参股经营的方式参与合作。

三、从总体布局高度进行顶层谋划

尽快将国际产能合作上升至国家发展战略,重点是加快制定国际产能合作中长期规划,以获取战略主动和战术弹性。推进国家产能合作不是一项区域性工作,单靠一省或者一市行动无法实现国家战略意图,故应尽快将国际产能合作上升为国家发展战略。建议着手建立部际联席会议制度。联席会议的主要职责是在国务院的领导下统筹协调国际产能合作工作,具体应包括宏观政策指导、重大政策制定、战略计划实施以及配套政策落实等,建议由国家发改委、商务部、外交部、财政部、中宣部等单位组成,国家发改委为牵头单位。根据国际产能合作具体工作需要,定期或者不定期召开联席会议,成员单位需按职责分工深入研究国际产能合作过程中的重大问题并认真落实工作任务和议定事项,互通有无、密切配合、形成合力,确保相关政策顺利实施。同时,在"三年行动计划"的基础上,结合"一带一路"战略,加快制定国际产能合作中长期规划,进一步调整重点合作区域、拓展合作国家目录、优化行业合作方式、创新商业合作模式、完善多双边对外合作机制以及规范企业境外经营行为等,使中国装备、中国技术、中国资本在全球"叫得响""立得住"并且"推得开",在哈萨克斯坦、埃塞俄比亚、印度尼西亚、埃及、肯尼亚、巴西等国家厚植"中国产业根基",并在基础设施、高铁、能源等合作领域实现重大突破,力争到2030年,我国对外产业投资从2015年的1200亿美元增加至3200亿美元。图1为国际产能合作中长期规划实施路线图。

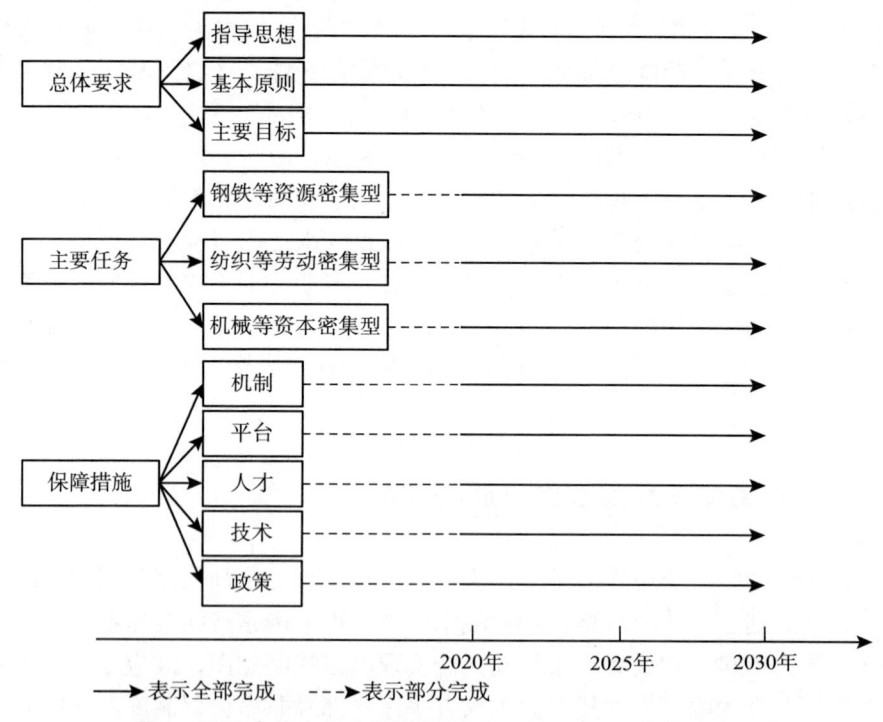

图1 国际产能合作中长期规划(2016~2030)实施路线图

四、设立中国产能合作促进组织

借鉴日本贸易振兴机构（JETRO）成功经验，设立中国产能合作促进组织（CPCCO，China Production Capacity Cooperation Organization），为企业项目对接"保驾护航"，全方位服务国际产能合作。日本贸易振兴机构（JETRO）的前身是成立于1958年的"日本贸易振兴会"，2003年10月更名为独立行政法人，目前已在全球55个国家和地区设立72个办事处和36个贸易信息中心，共有员工约1540名。过去几十年来看，日本贸易振兴机构在助力日本企业"走出去"、联合开拓海外市场以及促进与其他国家经贸合作等方面发挥了重要作用，并积累了丰富的经验。当前，在我国开展国际产能合作过程中，应充分借鉴日本贸易振兴机构的成功做法，设立中国产能合作组织（CPCCO），为企业"走出去"保驾护航。一方面，中国产能合作组织（CPCCO）实行理事长制，分设理事会和常务理事会，理事长、理事、监事任期四年，并聘任国际知名经济学家为名誉理事长。架构方面，可设调研部、国际部、秘书处、风险防控部和专家委员会五大部门，国际部又可再设项目办、咨询办和人才办三个具体办事机构，分别开展项目管理、咨询服务和人才引进等业务。另一方面，中国产能合作组织（CPCCO）主要工作如下：一是为我国企业制定国际产能合作战略，并提供相关服务。二是与驻外经参处协调合作，向产能合作重点国家派遣3~5人工作组，广泛开展调研研究以收集相关讯息并按月度向国内相关部门汇报。三是在产能合作重点国家设立商务援助中心，为中资企业消除项目合作的"后顾之忧"。四是开展双边及多边经贸协定的前期研究（例如TPP），全方位服务政府开展对外谈判。五是为国外政府或者机构来我国洽谈产能合作业务提供邀请和接待，宣传、展示并推介中国优势产能。六是建立中国产能合作组织（CPCCO）微信公众号，每日向订阅人推送相关信息并实时互动，着力提升公众影响力。图2为中国国际产能合作促进组织（CPCCO）架构设计示意图。

五、深化融资体制变革

破立并举打通"硬梗阻"以增强市场主体融资灵活性，推动亚投行等向股权多样化和管理科学化方向转变，切实增强"国家队"的支持力度。

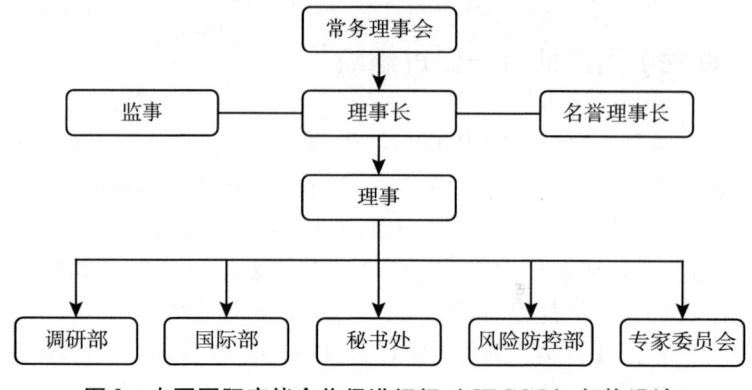

图 2 中国国际产能合作促进组织（CPCCO）架构设计

从目前看，国内企业"走出去"开展产能合作普遍面临着"融资难"的问题，主要原因是中资企业在海外品牌知名度低且尚未建立有效的市场声誉，较难获得金融机构的认可，根本解决之道就是要深化融资体制变革以拓宽"走出去"企业的融资渠道。第一，调整思路，加快资本项目开放以彻底根治"走出去"企业"融资难"痼疾。当前，加快推进资本项目可兑换、利率市场化以及外汇监管方式改革是实现"走出去"企业在国际市场上自由融资并解决"融资难"的治本之策。第二，在"内保外贷"等现有融资方式基础上探索"项目融资"、"股权融资"和"债券融资"等新方式，并着力发挥政策性金融机构在提供中长期贷款等方面的比较优势。当前，可积极探索"项目融资"方式开展国际产能合作，适时引进财务投资者和战略投资者组成项目公司，切实提升企业整体融资能力，同时鼓励企业采用"股权融资"和"债券融资"等方式进行融资。再者，进一步发挥政策性金融机构的比较优势，可借鉴中韩货币互换资金的成功经验，逐步简化项目资金使用程序，为企业提供长期、稳定、可持续的资金保障。此外，还需完善针对境外融资的政策性保险机制，待条件成熟时可在产能合作国家设立投资损失准备金（建议重点产能合作国家初始资金量设为 10 亿美元，由外汇储备和国家开发银行共同出资），并同时加快多边及双边产能合作抵押担保协定谈判，对于重大项目而言，应尽可能做到应保尽保。第三，鼓励"走出去"开展产能合作的企业设立自己的金融服务部门，以增强海外投资综合竞争力。图 3 为海外投资准备金出资示意图。

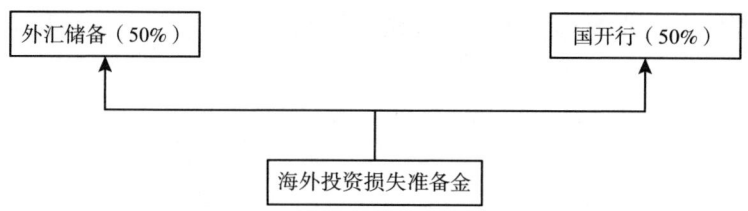

图3　海外投资损失准备金出资示意图

另一方面，从各地调研来看，目前亚投行等多边开发性金融机构对于企业"走出去"开展产能合作的支撑作用仍然较弱。借鉴发达国家已有经验，本研究建议：一方面，逐渐淡化亚投行政府主导的"全能型色彩"。结合我国国情，强化开发性金融机构的公共属性、公益特征和社会特点，以满足不特定多数人需要。另一方面，适时引入国际顶尖投行参与亚投行运营。应该看到，目前亚投行虽然在资金储备方面拥有明显优势，但在治理架构、投资运行以及大国关系处理等方面仍面临严峻挑战，而一些欧美国际投行却已在过去几十年积累了丰富的国际经验，可以较好应对上述风险。因此，待条件成熟时且在不发生重大风险的前提条件下，可委托 IFC、Goldman Sachs 等国际顶尖投行参与管理亚投行事务。

六、推进政府职能转变，全力打造海外投资"一站式"服务

着力规范国有企业海外投资，实现国际产能合作向精细化、专业化管理方向延伸。目前，我国对外投资审批程序仍较烦琐且效率低下，需经过三大主管部门核准，具体包括国家发展改革委和地方发展改革委核准或备案，商务部和地方商务部门核准或备案以及国家外汇管理局地方分局履行外汇登记手续，较大程度上降低了企业的海外投资效率。结合国际产能合作发展现状，研究建议应加快下放项目审批权限至各省市级部门，并探索将国家发改委、商务部和国家外汇管理局三部门的审批事项统一集中到国家发改委政务中心集中办理解决，全方位打造海外投资"一站式"服务平台。第一，由于特殊的体制性障碍约束，过去我国国有企业在"走出去"过程中经营理念和管理模式存在严重缺陷，1999年出台的《境外国有资产管理暂行办法》已完全无法满足现阶段开展国际产能合作的需求。因此，研究建议：尽快出台《国有企业"走出去"管理条例》以及《国有企业参与国际产能合作管理办法》等政策法规，明确国有企业主体责任、投资范围以及风险管理等，

着力增强国有企业参与国际产能合作积极性并最大限度上防范国有资产流失。同时，国资委应履行监督管理职责，通过第三方机构对海外国企的利税情况进行必要审计，并对相关信息进行及时披露。可推广北京市国资委的具体做法：国有企业在参与国际产能合作过程中，若出现重大决策失误，应根据失误大小承担不同的处罚。若企业净资产在 25 亿元以下、损失额在 100 万元到 500 万元区间或者企业净资产在 25 亿元以上、损失额占净资产 1‰～2‰区间的，给予主要决策者行政告诫并扣除年薪绩效处理；若企业净资产在 25 亿元以下、损失额在超过 500 万元或者企业净资产在 25 亿元以上、损失额占净资产超过 2‰的，给予主要决策者免职处理。第二，鼓励、引导、支持开展国际产能合作企业从海外引进创新人才及并购先进技术，并推动建立符合国际市场需求的现代公司治理架构和制度，待时机成熟可进一步通过混合所有制方式与国企"组团"，实现发展新跨越。

七、建立产能合作企业"产业联盟"

重点支持龙头企业发展，提升全产业链国际竞争力，同时加大联合出海支持力度，建立并完善普惠性政策扶持体系。一方面，亟须提高"走出去"开展产能合作企业的资本运作能力，重点加快相关企业并购、重组、兼并，从根本上解决企业在海外面临的人才、技术和资本"短板"。当前，可借鉴中国铁路工程总公司、中国铁路建设总公司、中国海外工程总公司以及中国土木工程集团公司的重组经验以及日本国有铁路民营化改革的实施步骤和预设目标，通过前期调研提升改革方案可操作性、通过产权纽带协调政府与市场关系、通过颁布相关法令提供改革依据、通过管理层级优化实现竞争力跃升等手段，加快形成协同促进、优势互补且均衡发展的新格局并真正将参与国际产能合作企业做大、做强、做优。另一方面，发挥"抱团"优势，加快构建国际产能合作企业联盟。推动"十二大"重点行业上下游企业整合优化，以合作项目有纽带，搭建综合性信息平台，强化内生合作，建立以上海宝钢集团、中国有色矿业集团、中国建筑材料集团、中国铁路总公司、中国华能集团、中国化工集团公司、中国中纺集团公司、中国第一汽车集团公司、中国通信建设集团公司、中国机械工业集团公司、中国航天工业集团公司以及中国船舶工业集团公司等为龙头，组建包括上下游企业在内的利益共享且风险共担的国际产能合作企业联盟。产能合作企业联盟实行动态管理，企业数量根据市场情况调整并实行每周例会制度，确保海外投资科学有序。

同时，加强海外产业政策引导，积极实施经济外交，在遵守 WTO 规则的前提下适当给予产能合作项目相应财政补贴，并尽快调整现有税收政策，重点简化出口退税程序、优化税种设置以及简化金融和外汇监管。表 1 为当前国际产能合作龙头企业布局情况。

表 1　　　　　　　　　当前国际产能合作龙头企业布局情况

序号	领域	企业	企业信息
1	钢铁	上海宝钢集团	上海宝钢 SAHNGHAI BAOGANG
2	有色	中国有色矿业集团	中国有色集团 CHINA NONFERROUS METAL MINING & CONSTRUCTION CO.,LTD.
3	建材	中国建筑材料集团	CNBM
4	铁路	中国铁路总公司	
5	电力	中国华能集团	中国华能 CHINA HUANENG
6	化工	中国化工集团公司	CHEMCHINA 中国化工
7	轻纺	中国中纺集团公司	中国中纺集团公司 Chinatex Corporation
8	汽车	中国第一汽车集团公司	中国一汽
9	通信	中国通信建设集团公司	中国通信建设集团有限公司 CITCC CHINA INTERNATIONAL TELECOMMUNICATION CONSTRUCTION CORPORATION
10	工程机械	中国机械工业集团公司	国机集团 SINOMACH

续表

序号	领域	企业	企业信息
11	航空航天	中国航天工业集团公司	中国航天
12	船舶和海洋工程	中国船舶工业集团公司	CSSC

八、发挥行业协会积极作用，重点培育法律和财务服务机构、市场交易中介机构、信息咨询机构以及市场监督机构等四大类中介机构，着手建立包含信息、标准、要素、人才、风险管控在内的综合类公共平台

第一，鼓励中国钢铁工业协会、中国有色金属工业协会、中国建筑材料联合会、中国石油和化学工业联合会、中国电力企业联合会、中国船舶工业协会等重点行业协会赴产能合作重点国家设立分支机构和分支实验室，为企业提供合作国家营商环境、潜在项目、资源禀赋以及经营风险等一系列信息，并加快搭建"政府推动—中介促进—企业主导"和谐统一的支持体系，为各级产能合作企业"牵线搭桥"并"保驾护航"。具体说来，行业协会要深入开展形势分析、调查研究与数据挖掘，并应用微信公众号、微博等信息平台和沟通渠道及时向产能合作企业推送对策建议。同时，行业协会要立足行业实际，广泛组织企业参与具体项目对接，并做好配套服务，合力推进相关项目"生根"并"发芽"。行业协会还需做好协调和协商工作，指导产能合作企业遵守东道国宗教、习俗和文化，切实防止中国企业发生"内斗"。此外，还需与东道国行业协会加强合作，大幅提高项目信息搜集效率和项目筛选质量，并加快形成完备的行业服务网络。此外，还需加强沟通协调，充分利用好中国外交部、地方外事部门、驻外使领馆等外交资源，全方位服务国际产能合作。第二，按照"规范运作、科学管理、扶持发展"的总体要求，逐步消除行政准入障碍，着力优化服务环境，鼓励各类中介机构做大、做强，重点培育独立审计机构、工程监理机构、资产土地环保等评估机构、信息技术工程等服务机构、检测检验认证等诊断机构以及工商税务出入境等代理机构的扶持力度。同时，建立健全中介机构信用评价制度，建立包含从业资格、职业记录以及业务投诉在内的诚信档案，定期向社会进行公示。第三，在商务部《对外投资合作国别（地区）指南》的基础上，进一步细化国别贸易投资信息，并在各国单列国际产能合作专章，建议由重点省份研究机构对口分析重点国家，例如由广西云南地区研究机构对口东南亚国家，由新疆地区研究机构对口中亚国家等，最后由国家层面一家或多家研究机构进行汇总并更新。同时，研究建议设立网站"国际产能合作综合服务平台"（http://www.cpcco.org.cn），由财政部划拨专项资金委托专业部门进行管理，可设立统计数据、国别政策法规、贸易投资业务指南、企业目录、在线事项、风险警示以及专家视点等栏目，为企业"走出去"开展产能合作提供一揽子服务。此外，还需重点构建国际产能合作风险评估预警机制，建议加强信息采集和分析，建立国际产能合作风险信息采集机制；加强法制建设，完善配套政策，建立政府实时预警的政策法规体系；加强风险监控，建立政府提前介入体制机制，及时通过项目转型等举措减少国际产能合作可能产生的损失；加强组织领导，建立国际产能合作风险预警监督管理机制，从根本上改变政府被动应对的局面。

（执笔人：金瑞庭）

第三篇 调研报告

调研报告一

我国国际产能合作的优势和类型研究

一、国际产能合作的基本含义和特征

(一) 产能的基本概念和决定因素

产能是一国在一个时点上某个产业的生产能力,是产业各要素充分运转状态下的产出规模。产能是一个供给侧的概念,若出现需求不足,则实际产出规模低于产能、开工不足,造成现有产能闲置或产能浪费;而若出现需求过大、产能不能满足需求,则有扩大产能的必要。

在微观层面,一个企业的产能主要由三个因素决定。第一个因素是企业所拥有的内部要素资源。它包括厂房、机器、设备等资本品,具有知识和技术的人才,普通劳动力等,以及将各种要素组织运用的技术管理等。资本品存量往往是决定企业产能的最关键因素,它与固定资产投资存量高度相关。例如,纺织业产能通常取决于纱锭数量,汽车产能主要取决于生产线的数量,化工产能主要取决于反应装置的数量。由于重化工业的资本—劳动系数比较高,其产能对设备等资本品的依赖程度更高。

第二个因素是企业的上游或配套产品供应能力。它是指企业从外部购买的、用于生产投入的原材料等初级产品、零部件等配套产品等。例如,纺织业的上游产品是纺纱和棉花,化工产业的上游产品是石油,而汽车、家电和计算机整机产业的配套产品是各种的零部件。产业之间的关系使得两个不同产业,或行业的企业之间形成紧密的联系,一般来说,产业加工程度越高、产业链越复杂,对上游和配套产品需求也越多,如汽车整车、信息产品制造就需要大量的零部件配套。

第三个因素是基础设施。基础设施包括铁路、公路、港口、机场等交通基础设施，电力油气等能源基础设施，通信基础设施等，它是决定产能的外部因素。如果企业生产经营时没有充足稳定的电力保证，运输不畅导致原材料不能及时运达、产品不能及时销售，其设计产能也不能实现。发展中国家由于基础设施比较落后，会对产能形成较大的制约。

综上所述，一个企业的实际产能取决于以上三个因素中的"短板"，因此这三个因素需要相互配合、协调发展。与此类似，中观层面也就是一个产业的产能，一方面取决于产业内最终产品、上游或配套产品生产能力，以及它们之间的协调发展关系，另一方面也取决于外部基础设施发展水平。

（二）国际产能合作的含义和特征

国际产能合作是指两个或多个国家在产业生产能力方面进行的、由多种方式组合在一起的合作。狭义的国际产能合作存在于产能互补性的国家之间，是产业控制力较强的一国在另一国跨境配置产能的活动，目前我国所称的国际产能合作多指这层含义；而广义的国际产能合作还包括，两个或多个产能都很强的国家间的合作，例如石油输出国组织 OPEC 在产能方面的协调。本研究主要分析狭义的国际产能合作，其主要特征如下。

第一，国际产能合作由产业控制力较强的国家主导推进。一国产业控制力较强，是指其掌握产业发展的高端核心要素资源，位于产业价值链的高端或顶端，对产业链的生产具有较强的组织、支配能力，如决定生产、研发环节在哪国或地区完成，产品向哪里销售，融资由哪国提供等，显然，产能配置是产业控制的一项非常重要的职能。产业发展的核心要素资源包括生产的关键技术和管理经验、核心设备和零部件的生产、自主的品牌和营销网络、较强的融投资渠道、持续的创新能力等。相比之下，产能配置则取决于一国生产的比较优势，如果一国在某个产品或环节中的生产成本低、竞争力强，则可将产能配置在该国。显见，产业控制力强的国家并不一定是产能强的国家，两者可以分离，并构成国际产能合作的基础。随着经济全球化和国际分工的精细化，这种趋势也越来越明显，如美国苹果公司在手机生产方面具有很强的控制力，但其产能基本分布在美国以外的国家。产业控制力强的国家配置产能，有两种不同的方式，一种是市场化的配置方式，即前者不负责在产能生产国的投资，产能国自行组织生产形成产能，并通过出口、接订单等方式与产业竞争力强的国家发生产业联系；另一种是跨国公司内部化的配置产能方式，即前者对产能生产国投资组织生产，也包括将本国产能对外转移。

第二，国际产能合作是多行业的跨国合作。产能合作不是微观企业的跨国合作，也不是行业间的跨国合作，而是整个产业间的合作，也就是包括一个产业内产业链上下游和配套行业、涵盖技术高中低端在内的跨国合作，甚至有时还包括产业间或领域间的合作，如通信产业的国际产能合作就包括通信设备制造、通信工程建设、通信运营服务等。因此，国际产能合作涉及产业内、产业间以及上下游企业间的协调互动，例如以产能转移为特征的汽车业国际产能合作，不单单是整车产能的转移，还包括零部件生产的产能转移，甚至还包括电力、交通等基础设施如何合作等。显然，产能合作既能发挥对合作两国的更大带动作用，也需要两国政府间的合作与支持。

第三，国际产能合作由多种合作方式共同组成。跨国的产业和经济合作方式，包括货物贸易、服务贸易、技术贸易、跨国投资、工程承包等。通常国际产能合作不是以上单一形式的跨国合作，而是多种合作方式的组合，这是国际产能合作与境外投资、"走出去"的重要区别。当然，不同的产能合作需要的组成方式也不同。以电子信息或家电产业的国际产能合作为例，通常形式是：本国企业在境外投资设厂，进行配套零部件生产和最终整机的组装，投资建设境外销售和售后服务网络等，这属于境外投资；在国内保留核心和关键零部件生产并出口到境外企业组装，这属于货物贸易；在本国进行研发设计，并以技术贸易方式向境外企业转让专有技术，这属于技术贸易；由本国技术和管理人员对境外企业进行管理，这属于服务贸易或劳务输出。

第四，境外投资在国际产能合作中具有核心作用。国际产能合作需要在一个国家建立形成新产能或提升旧产能，因此必然包括跨境直接投资尤其是在境外投资设厂，而单纯的贸易活动，无论是货物贸易还是服务贸易，都不是严格意义上的产能合作。境外投资是国际产能合作中的最重要方式、具有核心作用：一方面，境外投资通常对其他方式起到引领带动作用，例如境外投资设厂，往往会带动本国设备、关键零部件、核心技术出口。另一方面，境外投资对投资国和东道国都能发挥重要作用，如对投资国来说，境外投资可以绕过进口壁垒、降低生产成本、保留对境外投资企业的控制权、保护好技术秘密等，对东道国而言，可以建立生产体系、带动就业和经济增长等。

第五，国际产能合作是参与国际分工的更高形式。国际贸易是跨国间的商品交换，是最早出现和目前最普遍的国际合作方式，在这种模式下，商品可以跨国流动、但要素不能跨国流动，各国的比较优势不能充分发挥，国际分工程度和精细化水平都受到限制。因此，国际贸易是国际分工合作的较低级形式，当然国际贸易对环境要求也较低，一般只涉及关税等"边界规则"。国际直接投资不仅是跨国间的资本流动,而且还伴随商品以及技术、管理、人力等其他要素之间的流动,它提升了国际分工程度和分工的精细化水平,能更好发挥各国的比较优势,提高合作双方国家的经济福利,是第二次世界大战后尤其是20世纪90年代以来发展最快的国际合作方式,国际直接投资对环境要求较高,除东道国投资环境外,还可能涉及"边界内规则"。国际产能合作,不但包括了商品、资金、技术、人才等跨境流动,而且合作范围超越了单一产品、单一产业,强调不同行业、不同领域的协调配合,因此能进一步提高国际化分工程度,是国际分工合作的高级形式,也是一国经济发展、对外开放到更高阶段后的应有选择。

(三) 国际产能合作的基本条件

第一,比较优势变化需要国际产能合作。在开放经济条件下,一国依据比较优势参与国际分工、向国际市场出口产品,在具有比较优势的产业或制造环节上吸引来自国内外投资、并形成了产能,例如发展中国家在劳动密集型产业和环节具有较大的产能。但是一国的比较优势是动态变化的,如果该国原有比较优势削弱或消失,产业或产品的竞争力下降、出口受限,原有的产能不能再继续维持。在这种情况下,就需要进行国际产能合作,对外转移设备技术等。

第二,过剩的国内产能需要国际产能合作。一国产能过剩是指,产业供给能力超过国内需求规模,国内市场需求消化不了产能。产能过剩又分为相对过剩和绝对过剩。相对产能过剩是指国内产能虽超过国内需求但低于国际需求,在具有比较优势的前提下,这些产能可以通过出口消化,也可以通过境外投资将产能转移到国外,它们都属于国际产能合作的内容。而绝对产能过剩是指产能超过国际需求,只能采取淘汰产能的办法。产能过剩的原因有很多种,例如在投资市场化程度不高的情况下,盲目投资形成的产能超过了国内市场的需求;再如,国内市场需求迅速减少,打破了原来供需之间的平衡关系,造成产能过剩。当然比较优势削弱后,也会导致产能过剩,但比较优势下降是一个长期渐进的过程,产能在这个过程中也会逐步调整,因此不会造成严重的产能过剩。

第三,产业控制力提高需要国际产能合作。如前所述,一国产业控制力强具有配置产能的能力。当一国产业控制力强、同时具有生产比较优势时,通常将产能配置在国内;当该国不具比较优势时,通常将产能配置在国外;当该国产能比较优势削弱、但国内产能存量较大时,通常将国内产能向国外转移。

二、我国和产能合作对象国具有进行产能国际合作的条件

（一）我国国际产能合作的条件

第一，我国逐渐在一些产业中形成了较强的产业控制力。一方面，近年来，我国不但成为全球的重要生产制造基地，在很多产业上形成了大量的产能，而且随着产业经验的积累和要素禀赋的向上提升，掌握了一些产业发展的关键要素资源，包括先进技术、适用管理、创新能力、品牌渠道、市场订单等，具备在国际产业分工中迈向中高端的潜力，进入了主动在国际上配置产能的发展阶段。不过这种控制力是相对的，也就是对大多数发展中国家优势明显，但与发达国家产业尚有一定差距，因此产能合作的对象应以发展中国家为主。另一方面，我国大量的国内产能受比较优势及国内需求变化等影响，出现了产能过剩的情况，也需要通过国际产能合作转移产能，避免这些产能浪费。

第二，装备制造优势。一方面，我国在很多具有竞争力或规模很大的产业中，拥有大量的生产设备存量，过去这些设备主要以出口方式进行产能合作，在我国比较优势升级后，越来越多的产业或产业环节将以对外转移方式进行产能合作，相当部分存量设备可作为投资转移到境外生产。另一方面，我国装备制造业竞争力逐步提升，为产能合作创造出新优势。目前，具有资本技术密集特征的装备制造业，如纺织装备、轻工装备、电力装备、机床工具等，开始成为我国新的比较优势和出口新增长点。我国采用国产装备作为投资进行产能合作，可以发挥产业上下游联动、设计安装调试维修等一体化服务、价格竞争优势，不但更好地满足境外投资对设备的要求，而且也利于这些装备产业发展。

第三，技术管理优势。产业的技术和管理等需要长期投入才能获得，其难以模仿的特征决定了产业的进入门槛，掌握技术和管理的企业对产业链有很强的控制作用，在产能合作中具有优势。当前我国技术水平正在由中低端向中高端迈进，不但已经掌握了成熟技术，而且技术创新越来越快，研发投入和技术人才不断扩大，自主知识产权尤其是发明专利增长明显增多，产能合作的技术优势越来越强。需要指出，我国技术优势还体现在先进适用性上，即技术不一定是全球最先进的，但却是产能合作尤其是与发展中国家合

作时最适用的，较发达国家与发展中国家的产能合作更有优势。在管理方面，我国作为全球制造基地，过去积累了大量先进适用的管理经验，如大规模现代化生产组织能力，供应链管理能力，成本、质量和时间控制水平，对普通劳动力培训经验，企业内部的激励机制，等等。

第四，产业配套优势。我国具有产业门类比较齐备、分工精细化程度较高、上中下游联系比较紧密的特征，在产能合作时，可以发挥产品相互配套、产业相互协作的优势，这是很多国家不具备的有利条件。例如，对IT行业等具有高度垂直化分工特征的产业，我国一直具有强大的配套能力，在开展产能合作时，主导产业和配套产业可以成集群对外转移产能。又如，对很多上下游联系紧密的产业，典型的是基础产业或工程产业，我国不但在装备制造具有优势，而且在工程的设计施工方面也有优势，两者结合在一起进行产能合作会进一步放大优势效应，如在铁路行业中，我国既有铁路车辆生产优势，又有铁路工程建设优势。

第五，基础设施建设优势。我国多年来的基础设施建设，不但形成了大规模的基础设施建设产能，包括施工设备、技术人员等，而且具备了基础设施的优势，如较低的设计施工成本、较短的施工时间、较高的工程质量、丰富的设计施工经验等。这些基础设施建设的优势，不但可通过工程承包等方式进行单独的产能合作，更重要的是，还可以弥补其他产业产能合作遇到的基础设施"短板"，助推全面的产能合作。

（二）我国产能优势的形成原因

1. 产能竞争力的提升

产能竞争力优势是指在某个产业中，我国具有在全球范围尤其是在国外组织安排生产经营、对产业发展形成控制作用的产能，是产能强的主要表现形式。产能优势既包括对外转移现有国内产业方面具有优势，即对现实产能重新配置，还包括在国外新建产能方面具有优势，即形成新的产能，将潜在产能转化为现实产能。

第一，我国国际分工地位提升。在新发展阶段，我国在传统劳动密集型优势式微的同时，人力资本、资金供给、科技创新、制造基础、基础设施、发展模式等能力持续增强，在资本技术乃至知识密集型产品、产业、产业链环节的比较优势正在形成和强化，要素禀赋和比较优势向产业链中高端升级，国际分工地位也向上提升。受此影响，我国由承接国际产业转移、被动接受国际产业分工，转向主动进行国际分工转变。

第二，我国掌握了一些产能的核心资源要素。我国在产业发展和全球制造基地形成过程中，逐步通过"干中学"、知识积累和外溢等途径，形成了产业发展的长期经验，逐步具备了一些产业发展的核心要素资源。例如，在企业层面，我国较多的企业具有大规模生产的组织管理经验、采用和开发先进适用技术的经验、对成本质量和时间进行严格控制的能力、对普通劳动者进行培训和激励的能力等；在产业层面，具备中端设备的生产安装调试维修服务的能力、产业上中下游组织配套生产的能力等；在国家层面，具有利用产业园区集聚发展产业的经验、推动产业发展的体制和政策经验等。在掌握这些核心资源后，我国具备了对产业链中低端环节的营运控制力，越来越多的企业和产业开始在全球范围内配置资源和国际化经营，可以主动进行国际产能合作。

第三，不同领域的产能优势具有不同的特征。一是在劳动密集型传统制造业中，例如纺织服装、家用电器、轻工产品等，我国的产能优势主要体现为先进适用的技术、一定影响力的品牌和营销渠道、大规模组织生产的经验等。二是在资本密集型产业中，如化工、汽车、工程机械、船舶等产业，我国的产能优势主要体现为中端产品上具有较强的整体竞争力、较强的成套设备和生产线制造能力、较完善的上下游产业配套能力。三是资源密集型产业中，如冶金、有色、建材等产业，我国的产能优势主要体现在勘探开采技术和能力、工程机械和生产装备的制造能力、生产线的设计能力、勘探开采冶炼加工一体化能力、完善的产业配套体系等。四是在基础产业中，我国的产能优势主要体现在装备的制造能力和国际竞争力、成熟的设计施工经验、大规模运营经验、较强的融资能力、配套服务能力等，由于基础产业产业链较长，还通常包括工程建设和承包，更体现为一种综合优势。

2. 产能过大

产能过大，也就是通常所说的产能过剩，是指在某个行业中，我国现实的产能超过国内需求、同时又难以通过扩大出口渠道消化的产能，它主要反映为产业的设备等资本品存量超过需求。改革开放以来，我国发展成为全球最大的生产制造基地，是制造业产能增长最快、存量最大的国家。我国大部分产能过剩的产业位于产业链的中低端部分，进入门槛不高，在需求扩大的情况下，能在短时间内迅速形成较大规模的新产能，但当需求变化之后，就会形成过剩产能。

一是我国比较优势快速变化。我国长期以来实现外向型发展战略，在纺织服装、箱包玩具、家用电器、电子信息等产业，利用劳动力资源丰富优势，积极承接劳动密集型产业的国际转移，对生产设备、生产线等资本品投资大量增加，积累了大量产能，产业规模迅速扩张。但随着我国发展阶段的变化，出现劳动力成本上升、土地资源趋紧、环保标准提升等，综合要素成本上升趋势越来越明显，与低成本国家相比，我国劳动密集型产品或环节的比较优势下降。近年来，这些产业或产业的部分环节加速转移到那些更具优势的低成本国家生产，对我国产品出口需求下降，而国内多年累积的大量产能来不及调整，从而造成国内产能过剩。

二是国内需求出现"大起大落"。近年来，我国一些行业的产能受需求因素影响迅速扩张，引发相关产业大量投资和产能扩张，但之后需求增速放缓甚至下降，最终导致产能过剩。例如，过去十余年房地产行业的快速发展不但推动了建材、水泥、玻璃、建筑服务产业快速发展，甚至对家电等产业发展也有影响，但随着房地产市场逐步转向供需平衡乃至供过于求，相应产业的产能开始过剩。又如，金融危机前国内外煤炭、矿产等资源性产品价格的快速上升，推动了采掘业和相关设备类产能的迅速扩张，而此后资源性产品价格的回落和需求的减少，导致这类产业出现产能过剩。

三是投资扩张加剧了部分产业过剩。过去一段时间，为应对经济下行周期和国际金融危机等不利影响，我国采取了积极的、扩张性的财政货币政策，扩大了交通、能源、水利、通信等基础设施和公共产品的投资，一些银行等金融资源不但给予配套支持，而且持续增加房地产等行业的投资，甚至采取了"加杠杆"方式，这进一步导致了钢铁、水泥、建材、电力设备、铁路设备等产能增长过快。当国内市场需求饱和时，势必会导致这些领域的产能过剩。

四是国内需求结构升级造成产能的结构性过剩。目前我国正处于中等收入的发展阶段，这是一个需求行为迅速变化的时期。一方面，需求行业结构出现变化，过去我国产能受排浪式消费特征影响，很容易在某个热销产品形成大量产能，例如电子信息、家电、汽车等产业产能迅速扩张，但新阶段我国消费结构和模式均发生重要变化，如旅游、教育等服务业需求和新型制造品需求增长较快，排浪式消费转向个性化消费等，这会导致原有产能出现过剩。另一方面，从行业内部需求看，中低端向中高端产品需求升级的趋势明显，对产品有越来越高的质量、档次、服务、品牌等需求，高档品、奢侈品需求增加，这将导致过去那些为满足中低端需求的产能出现过剩。

(三) 产能合作对象国的条件

第一，低要素成本优势。现阶段，很多低收入发展中国家劳动力众多，可用土地丰富，环境承载力较大，因此在要素密集型产业尤其是在劳动密集型产业中，相对我国成本优势越来越明显。但需要看到，发展中国家的成本优势往往是单一要素的成本优势，由于投资环境欠佳、缺乏配套能力等，低价格要素成本并不能实现有效组合，其综合成本不一定低于甚至高于我国，因此我国与之进行产能合作时，需要加强这方面建设，使发展中国家低成本潜在优势，转为现实的竞争优势。

第二，市场规模优势。市场规模优势是指一些国家对我国具有产能优势的产业有强大的需求，它不但与人口规模、人均产出以及现实和潜在的增长率有关，而且与需求结构有关，只有那些能发挥我国优势的产业才具有市场规模优势。此外，随着区域经济一体化进程加快，越来越多的国家内部建立统一市场，市场规模也不一定指单一国家，还包括统一市场或自贸协定所有国家市场的总和。在国际产能合作方面，市场规模优势既包括货物进出口方式，也包括跨国生产方式。当产品具有较强的可贸易性时，如运输成本低、贸易壁垒较低、产业链难以拆分等，国际产能合作主要表现为出口形式；当产品缺乏贸易性时，如运输成本过高、生产与消费时间间隔较短、贸易壁垒较高等，产能合作只能通过境外投资方式。

第三，区位优势。区位优势是指一个国家在地理上位于一个区域的中心，到周边主要国家距离适中且不存在过高的贸易壁垒，其生产产品销往周边市场综合物流成本最低。在国际产能合作中，当产业存在显著的规模效应、需要大规模生产时，如果一个国家具有区位优势，则具有成为区域性的生产基地的有利条件，满足周边国家的需求，是产能合作的首选地区。

第四，能源资源富集优势。要素资源优势是指一国拥有较多的矿产、石油等自然资源，国内能源资源的开发利用成本低。在国际产能合作中，资源富集的国家，不但可以开采能源资源并出口，更重要的是，向中下游产业链延伸，发展资源密集型产业。例如，在铁矿丰富的国家，除开采铁矿石外，在能源丰富、供应充足的情况下，可以延伸发展钢铁产业，乃至汽车、船舶、建材等对钢铁有较大需求的产业。

第五，区域经济一体化优势。区域经济一体化优势是指，一国在参与某种形式的自由贸易协定之后，与协定其他国家之间实现自由化和便利化，但同时抬高了与区外国家的贸易投资门槛，导致贸易投资从区外向区内国家的内部转移。在不包括我国在内的自由贸易协定中，我国要保持竞争优势进入成员国市场，需要选择在某个成员国投资生产，得到该国的原产地证明，从而该国具有了区域经济一体化优势。

三、我国国际产能合作的不同类型

（一）成本导向型的国际产能合作

成本导向型的国际产能合作，是将我国全部或部分产能转移到综合成本更低的国家生产，以投资替代贸易，在境外建立全球或区域性生产基地，目的是保持产业整体的价格竞争力。由于我国成本增加是长期趋势，因此这类产能合作将是最重要的类型之一。对这类合作而言，国外新增产能与国内原有产能存在此消彼长的关系，国内产能规模逐渐下降。我国通过这种合作方式，有助于降低成本、提高利润，继续保持企业和产业的国际市场份额，但由于产能转移，将减少国内的就业。

成本导向型产能合作的产业，主要集中在劳动密集型产业或生产环节：若产业的产业链较短且多为劳动密集型环节时，则大部分产能需要对外转移，这类产业集中在纺织服装、箱包鞋帽、五金玩具等产业中；若产业链较长且高度细分、其中只有部分是劳动密集型环节，则一般只转移成本敏感环节，如电子信息制造、家用电器等的组装、一般零部件生产等。显然，我国这类产能合作的对象主要是成本较低的国家，但要特别考虑承接国的投资软硬环境和配套条件，在当地缺乏配套条件的情况下，还要通过以主导产业带动配套产业转移的模式，以及提高当地基础设施发展水平，提高当地的配套能力。这类产能合作有若干模式，如在境外绿地投资设立生产基地，亦可并购当地企业；而绿地投资方式，既可以使用国内的原有生产设备，也可以新购置生产设备。由于我国这类产业的生产设备具有越来越强的竞争力，境外投资时将更多采购我国设备，因此也有助于带动我国出口。

（二）市场寻求型的国际产能合作

市场寻求型的国际产能合作，是以境外投资方式，进入合作对象国的市场或提升市场占有率。通常情况下，这类合作承接方的综合生产成本并不低并可能高于我国，但通过出口贸易方式难以进入其市场，而不得不以在当地设厂的方式占领市场。出口方式受阻的原因，一是承接国贸易壁垒很高，既包括传统的关税、非关税壁垒,也包括近年来逐渐增加的、以安全技术为代表的新型贸易壁垒;二是承接国参加了不包括我国在内的自贸协定,其他成员方对其出口替代了我国原有的出口,而在该国投资生产,不但可以进入该国市场,而且也可以进入其他成员方市场;三是产业的可贸易性不强,如建材等行业。

市场寻求型国际产能合作的对象国,一方面应优先选择市场规模大、增长速度快、贸易壁垒高的国家,以及参与自贸协定较多的国家,后者可以获得对象国的原产地证明,从而进入自贸协定的其他国家,进一步扩大市场;另一方面也应优先选择产能承接力较强的国家,如投资环境良好、配套条件完善、具有生产基础的国家。

(三) 资源利用型的国际产能合作

资源利用型的国际产能合作,是指利用对象国资源富集优势,通过境外投资、工程承包等方式,在境外开采、加工资源能源,并向下游延长产业链。这类产业主要包括资源开采业,以及钢铁、冶金、化工等对资源依赖较强的加工制造业,它们既可以采用境外投资方式参与,也可以采用工程建设承包方式参与,包括生产线的设计、安装。我国推动资源利用型产能合作的主要目的,一是化解国内严重过剩产能,资源加工行业大多为我国产能过剩的行业,设备、人员、资金存量很大,但开工率严重不足,不但占有大量资源,而且还容易引发环境污染,而产能合作将有助于对外转移部分产能,降低直接出口规模、减少贸易摩擦;二是促进装备制造、工程承包等优势产能出口,这些领域如成套设备正在成为我国参与国际竞争的新优势,资源及其加工企业对外转移产能,可以利用与上游的产业联系,带动我国相关产业和服务出口;三是提高我国能源资源的保障程度。显然,这类产能合作的对象国主要是资源能源富集国家,同时作为高耗能行业,也要考虑当地的能源、交通基础设施情况,在后者不能满足需要的情况下,产能合作亦需包括对这些基础设施建设的参与。同时,这类产业合作也要尽量延长在境外的产业链,由粗加工向精加工延伸。

(四) 转移过剩产能型的国际产能合作

转移过剩产能型的国际产能合作,是指将相对于国内需求过剩的产能转移到境外。这类产能过剩,主要是盲目投资累积产能过大所致,与比较优势关系不大,如钢铁、煤炭、建材等产品,它们大多属于资本密集型重工业化产业，设备具有很高的价值，如果企业关停会带来巨大的设备和投资浪费乃至引发金融风险；同时这类产品大多运输成本所占比重很高，甚至比较优势的生产成本不足以抵补运输成本，一般情况下就近生产就近消费，出口比例也较低。当出现产能过剩时，这类产业迫切需要实现产能转移，一方面是原有设备能够最大化利用、减少损失；另一方面凭借产业和技术等优势，可以在产能承接国获得较高的市场占有率，增加新的利润来源。因此，这类产能合作主要面向的是，境外处于工业化中前期、城市化加快发展、市场需求较大且缺乏相关产业基础的国家，产能合作模式以转移或出口国内设备、技术等为重点，保留设备的利用水平和盈利能力，同时力争将设备、技术等作为直接投资的股份，形成对境外产业的控制力。

（五）基础设施的产能合作

基础设施的产能合作，是指利用我国在工程承包、运营管理、装备制造等方面的优势，以不同形式参与境外基础设施建设或工程承包。基础设施和工程建设的绝大多数环节，必须在境外当地现场完成，可贸易性也不高，这类产能合作实际上是服务贸易、技术贸易等非货物贸易的出口。经过近年来的快速发展，我国不但在该领域积累了大量的产能，而且也形成了一定的竞争优势，因此参与基础设施和工程建设的产能合作，有利于发挥我国优势。更重要的是，基础设施建设还有利于弥补产能承接国的发展短板，对其他产业的产能合作起到促进资源优化配置，因此在一般情况下，基础设施产能合作要与其他领域的产能合作结合起来。

（执笔人：陈长缨）

调研报告二

国际资本流动对我国国际产能合作的影响

一、2015年国际资本流动的新特点、新趋势

（一）2015年全球外国直接投资强劲复苏，发达国家的FDI主导地位有所加强

2014年，全球外国直接投资流入量下降了16%，为1.23万亿美元。2015年FDI流入总量跃升了38%，达1.76万亿美元，是2008年全球金融危机爆发以来的最高水平。跨国并购金额从2014年的4320亿美元猛增至2015年的7210亿美元，是2015年全球FDI强劲反弹的主要动力。与此同时，已公布绿地投资项目也达到7660亿美元的较高水平。发达经济体作为一个整体的FDI流入量几乎增加了一倍，达到9620亿美元，占全球FDI的比重从2014年的41%猛增到2015年的55%。欧洲的FDI流入量增长强劲，美国则在2014年的历史低位基础上翻了两番。发展中经济体FDI流入总量增长了9%，达到7650亿美元的新高。在全球FDI流入量排名中，前10大东道国中发展中经济体继续占据半壁江山。2015年，发达经济体对外投资增长了33%，达到1.1万亿美元，但仍比2007年的峰值低40%。主要发达区域的表现有所不同：欧洲的对外投资增至5760亿美元，从而成为全球最大的对外投资地区；北美的对外投资量与2014年基本持平。①

（二）全球FDI的行业结构发生显著变化，服务业FDI进一步上升，国际生产继续扩张

第一产业FDI大幅减少，制造业FDI有所增长，服务业FDI增长趋势仍

---

① UNCTAD, http://unctad.org/en/Pages/Statistics.aspx。

在继续。受 2014 年中期以来初级商品价格大跌的影响,石油和采矿行业的跨国公司大幅消减资本支出,而盈利的减少则影响了其利润再投资的规模,因此,第一产业的 FDI 大幅下降。与此同时,由于制药等行业一些大规模交易的出现,制造业占全球跨国并购总金额的比重提高到了 50% 以上。

从全球 FDI 存量看,服务业占比继续保持在 60% 以上。2001 年,服务业占全球外国直接投资比重为 58%。2012 年,服务占全球外国直接投资存量的 63%,几乎是制造业的占比(26%)的 2.5 倍,是第一产业的占比(7%)的 9 倍。由于服务业占全球附加值的 70%,因此,服务业外国直接投资在全球外国直接投资中的比重会进一步上升。①

尽管全球经济复苏仍有不确定性,国际生产趋势在 2015 年继续加强,多国企业的外国子公司的国际生产有所扩张,销售额和附加值分别上涨 7.4% 和 6.5%,就业人数达到 7950 万人。外国子公司在东道经济体的经济业绩有所恶化,外国直接投资回报率从 2014 年的 6.7% 降低到 2015 年的 6.0%。排名前 100 位的跨国公司的海外业务因大宗商品价格下降有所下滑,但就业人数仍在增加。受影响的行业有石油、天然气和采矿业。货币波动和需求减弱也使相关企业受到影响。2015 年,排名前 100 强的非金融类企业的外国资产下降了 4.9%,超过 2014 年的 1.8%,销售额下降 14.9%,尽管就业增加 6.4%。由于跨国公司国内业务运营良好,海外份额在总资产、销售额以及就业中的比重降幅在 1.4% ~ 1.7%。来自发展中国家和转型经济体的跨国公司表现出更多活力。每年,退出和加入前 100 强的企业数量呈动态变化,石油企业竞争力仍显不足。2014 年,来自发展中国家和转型经济体的海外经营活动日益扩张,其海外资产、销售额和就业分别增长 11.2%、6.6% 和 2.2%。2015 年的数据(未出)可能显示出与发达国家的跨国公司的趋势一致。②

(三) 主要发展中区域吸引外资在 2015 年出现分化

亚洲的 FDI 流入量增长 16% 至 5410 亿美元,创历史新高,主要是由东亚和南亚(如印度)的强劲表现所推动;非洲的 FDI 流入量在 2015 年下降 7% 至 540 亿美元。北非 FDI 出现增长,但撒哈拉以南非洲地区(特别是西非和中非)FDI 大幅下降。初级商品价格暴跌使依赖自然资源出口的非洲国家在贸易、投资和国际收支等方面都面临严重冲击;拉丁美洲和加勒比地区

---

①② UNCTAD, http://unctad.org/en/Pages/Statistics.aspx。

（不包括离岸金融中心）的 FDI 流入为 1680 亿美元，与 2014 年基本持平；南美洲由于大宗商品价格下跌、经济不景气等原因 FDI 下降；相比之下，制造业外资增长使中美洲 FDI 流入表现良好；转型经济体的 FDI 流入量进一步下降到约十年前的低水平，初级商品价格下跌、国内市场不景气、限制性的政策措施和地缘政治方面的紧张局势都对外资流入产生了负面影响。在经历 2015 年的低迷后，预计 FDI 将小幅增长。①

（四）全球 FDI 于 2016 年下降 10%～15%，之后将恢复增长

目前，全球经济复苏仍然乏力，总需求持续疲弱，初级商品出口国经济面临困难，跨国公司利润水平下滑，以及政府出于反避税目的对反转交易采取更严格的政策措施。中期看，随着世界经济增长预期回升，全球 FDI 有望于 2017 年恢复增长，在 2018 年达到超过 1.8 万亿美元的水平。贸发组织 2016 年的调研显示，跨国公司高管对 2016 年国际投资的整体预期并不乐观，之后两年则有所改善。2016 年前四个月，全球跨国并购金额较去年同期下降了 32%，预示了全球 FDI 的下降。跨国并购下降也反映了美国财政部为限制反转交易所采取政策措施的影响，该措施已经使得美国辉瑞制药与爱尔兰 Allergan 不得不取消了两者间高达 1600 亿美元的合并。

数据显示，2015 年中国对外投资增长了 4%，达 1276 亿美元，位居全球第三。在大规模海外并购浪潮推动下，中国已成为部分发达国家的主要外资来源国。随着"一带一路"和国际产能合作的推进，中国在发展中国家的投资也继续保持高速增长。2016 年，中国对外投资增长加速，对外投资存量排名有望上升到第 6 或第 7 位。②

二、国际资本流动对我国际产能合作的影响

国际资本流动与国际产能合作在"投资合作"层面高度关联，但二者内涵并不具有很多重叠性、重合性和关联性。国际资本流动考察全球、地区以及双边投资政策、制度和投资者身份识别等宏观、中观层面的共性问题及其对资本流动的影响，旨在研究制定新一轮全球统一的投资协定，虽涉及微观企业发展问题，但着眼于为企业对外投资提供良好的制度环境。国际产能合作与上述问题相关，但更多关注以企业为主体，以市场化运作为特征，以

---

①② UNCTAD, http://unctad.org/en/Pages/Statistics.aspx。

生产网络建设为核心、以提升地区和全球价值链、重塑贸易投资格局为目标的中观和微观层面的问题，研究的是与企业国际化经营相关的宏观、微观和中观层面的问题。从规则层面看，国际资本流动主要关注全球层面的议题和规则，国际产能合作更多从双边和区域规则入手，服务和完善全球投资规则。

（一）从政策维度看，趋势性开放与适度保护兼而有之

大多数新的投资政策措施都致力于推动开放和促进投资，与我国推动的国际产能合作相向而行，但发达国家作为东道国涉案比例提高，显示了其加强保护、自建后花园的利己主义，对我国向发达国家转移优势产能或可形成壁垒。2015年，85%的政策措施旨在扩大开放、促进投资，亚洲新兴经济体在这方面表现得尤其突出。新引入的限制性措施和规定主要反映了对战略行业中外国所有权的担忧。投资者和东道国间的仲裁案数量继续增长。发达国家作为东道国涉案比例提高，达到了40%，反映出发达国家一方面极力倡导排他性的TTP/TTIP的投资自由化，又在成员选择、议题设置及投资冲裁方面嵌入保护其跨国公司利益、自建利己后花园的新态势，为我国向发达国家转移优势产能增加了制度壁垒。

（二）从国家安全审查维度看，概念的模糊性隐含了执行的"随意性"

各国对"国家安全"概念的界定有所不同，具体立法和政策实践不同，涉及的措施从明确的投资限制到复杂的审查机制，有时则涉及宽泛的定义和广泛的适用范围，审查的内容不同，其要求潜在投资者提供的相关信息的数量和复杂程度不同，执行时具有"随意性"。上述不一致带来的结果是，对于从事相似甚至相同的经济活动，外国投资者可能在不同的国家面临完全不同的准入待遇。另外，行业方面的准入条件一般是清晰、明确的，但基于国家安全方面的限制则往往具有不可预见性，从而为投资保护主义提供了可能。在投资自由化盛行的当下，各国对待资本流入及其投资合作，似有"开大门关小门"的倾向，对我国倡议推动的以深化投资合作为主的国际产能合作平添很多变数。

（三）从国际投资体制改革进程看，需要产生多方受益的贸易投资新规则

各国已就国际投资体制改革的领域和方法达成共识，审查了各自的国际

投资政策以及国际投资协定体系，制定了新的投资协定范本，并开始就签订新的国际投资协定进行谈判。各国继续签订新的高标准投资协定，同时也梳理、修订或重新谈判现有的数量庞大的国际投资协定，提高协定的质量和水平。国际投资体制改革的第一阶段主要体现在国家层面，区域投资政策及规则的协调与整合，着手解决当前国际投资体制日益碎片化的倾向，推动新一代国际投资规则逐步形成。中国及广大发展中国家恰逢历史机遇，通过开展国际产能合作参与推动区域一体化和利他全球化进程，发展符合发展中国家经济发展、人口成长及贸易投资政策和制度建设，丰富和完善为多方受益的贸易投资新规则。

（四）投资者的国籍身份识别重要且复杂，专业化精细化管理不可或缺

国别及国际投资政策经常需要区别对待内资企业与外资企业，以及来自不同国家的外资企业。在国家政策层面，对外资企业的最大持股权进行限制的投资政策相当普遍。80%的国家至少在一个产业对外资有股权限制，发达国家为90%，发展中国家为76%。服务业特别是传媒、交通运输、通信、公共设施、金融以及商业服务业，对外资的股权限制相对更多。在国际投资政策层面，双边及区域投资协定一般都对来自协定成员及非协定成员的企业区别对待，即协定在投资者保护及其他方面提供的好处，理论上仅限于协定成员国企业。在国际投资所有权结构日益复杂、投资者国籍日益模糊，以及所有权和控制权背离更加普遍的情况下，一些政策和法规在执行和操作中缺乏实效，对产能合作提出了专业化精细化管理要求。

（五）对中国资本"走出去"影响最大的是各国的安全审查政策

中国企业大规模增加对外投资，美国、澳大利亚以及一些发展中国家，纷纷强化了其对外国投资的安全审查政策。在正常情况下，外国在美国的投资仅仅需要常规审批，不会引致安全审查。美国的安全审查对中国在美国的投资造成的负面影响是巨大的，中国企业在美国的并购案大多数以失败告终。如中海油并购优尼科、海尔并购美国家电生产商美泰克、西北有色并购美国优金公司及沸沸扬扬的华为案等。澳大利亚对外国投资者的态度相对开放，但最近也收紧了对矿业投资的市场准入。澳大利亚希望外资占股比例下降，对澳大利亚主要矿业公司的投资比例应低于15%，对新的矿业投资项

目也不能超过 50%。近年来，中国企业刚开始到当地考察并计划购买土地，巴西就立刻收紧了投资土地的规定。

三、思考和建议

（一）研究投资国国家安全审查制度的特点、重点，为产业资本"走出去"提供精准服务

近些年，中国对外投资快速增长，引发了国际社会的普遍关注。各国出于对中国对外投资的疑虑，纷纷调整了有关政策，加紧了对外国投资的审查和监管。这在当前给中国的对外投资带来了一定困扰。为促进以投资合作为重点的国际产能合作，各国政府需要在国家安全审查的政策空间与审查程序的透明度及公正性方面做出恰当平衡，降低各种形式的投资保护主义对资本流动和国际产能合作的不利影响。国别投资政策和国家安全审查制度成为我国推动投资合作的重要考量和实施依据。

（二）签署更多高水平的投资协定，促进投资便利化

尽管产能合作的实施主体是企业，但确保资本顺利流动促成投资合作，需要国际间建立有效的投资促进和保护机制，协调投资便利化的各项政策。投资促进和便利化是关系到 2030 年发展议程的一个重要问题。在国家层面吸引外资的政策体系中，多数措施涉及投资促进，却忽略了便利化。在国际投资协定中，具体的便利化措施非常少。因此，在国家层面应积极签署双边投资协定，在关注投资促进的同时，更加重视投资便利化，使双边或区域投资协定与完善国际投资协定内容中的投资便利化相向而行，为推动我国倡议的国际产能合作特别是投资合作提供稳定、可预期的制度环境。目前，全球统一的国际投资体系尚未建成，现有的投资协议并非一成不变的国际标准，而是正在磨合、谈判中的新规则。未来一段时期，既是全球投资体系面临重大改革时期，又是中国对外投资高速增长时期，还是中国综合实力不断壮大、对外开放更加全面和深入的时期。中国有必要也有能力在全球投资协议谈判中发挥更为积极主动的作用，提高议题设计和参与谈判的能力，不仅要更加注意保护中国对外投资的当前利益，而且要统筹兼顾，制定有利于中国未来发展过程中具有动态优势的投资规则，保障中国发展的长远利益。

（三）在投资自由化及监管之间寻求适度平衡，确保外资流入得到保护

跨国企业经常通过涉及多个实体的多层次的所有权结构网络控制其海外分支机构。联合国贸发组织全球跨国企业海外分支机构数据库显示，全球跨国企业超过40%的海外分支机构是由其母公司通过复杂的跨境股权结构所持有，这些跨境股权链平均涉及三个国家或地区。外国投资者"国籍"变得日益模糊。从平衡投资自由化和投资监管角度建议：一是提高信息披露要求，更好地掌握投资的最终所有者；二是重新评估基于所有权的国内及国际投资政策的作用及效果，在可行的情况下可考虑使用其他政策，如竞争、税收、产业发展政策等，代替对外资企业股权进行限制的政策；三是在国际投资协定中引入新的条款，如"利益拒绝条款""实质性商业活动条款"等，防止外国投资者利用壳公司或复杂的所有权结构滥用国际协定给予外国投资者的权利，此外，也可考虑在协定中收紧对外国投资及外国投资者的定义；四是加强国际协调，特别是在有关"实际控制"、构成实质性商业活动的标准等问题上形成共识，并在甄别投资者最终所有者等问题上加强合作。同时，加强对投资、税收政策等方面的协调，鼓励并推动跨国企业采取更加简单、透明的所有权结构。

（四）关注国别投资政策取向、行业和地区要求，为产业资本"走出去"提供市场准入和行业指导

国别投资政策至关重要，决定了"资本"在何种程度与东道国发生了产能合作关联。不同国家或地区对中国资本设置了或宽或严的具体要求，对不同行业的产能合作影响不同。如越南出台投资优惠新举措，外资管理更加精细化，主管部门将给予有关项目的优惠措施在项目许可证上进行确认和登记、对需申请投资许可证的项目、无须申请投资许可证的项目、可享受投资优惠的项目、给予投资优惠的行业及地区，均列明了详细指南，对去越南投资的中国企业需要认真研判，制定详细的投资规划，以符合企业投资战略和东道国发展需要。2015年，越南纺织业外资项目多为包含纺纱、织染、成品出口在内的全产业链投资项目，其中规模在1亿美元以上的项目3个，分别为土耳其Hyosung项目、中国台湾Polytex远东项目和中国香港Worldon项目，投资规模分别为6.6亿美元，2.7亿美元和1.6亿美元，预计至2018年该行业仍是外商重点投资领域。越南部分省市如岘港、头顿已逐步限制审批

技术落后造成污染的印染项目。TPP 的关税减让和原产地规则赋予了越南纺织服装业发展诸多优势，让很多中国纺织企业将对外投资目光投向越南。目前雅戈尔、鲁泰、申州国际、百隆东方、华孚、溢达等众多纺织优秀企业均已在越南进行了产业布局尝试。越南纺织和服装产业具有良好发展潜力，但上下游产业链发展不完善，纺织原料、坯布生产以及印染加工相对薄弱。摸清了不同国别的投资政策、行业和地区要求，才能找到产能合作的敲门砖。

（执笔人：关秀丽）

调研报告三

国际产能合作进展状况、面临障碍及应对策略调研报告

——基于合作方的视角

国际产能合作是我国提出的一项对外合作战略,因此在具体实施过程中,要充分了解合作方对这一战略的认知、评价和合作诉求,对这一战略能否顺利实施具有重大意义。为此,国家发改委对外经济研究所课题组针对国际产能合作涉及的各类问题设计了调查问卷(见附件一、附件二),系统地了解了以政府工作人员为代表的外方人士对我国开展国际产能合作的情况、存在的问题以及改进思路的观点和看法。

一、调查问卷整体情况

(一)调研问卷覆盖范围广,能够充分反映发展中国家对国际产能合作的立场

此次问卷调查共收到来自五大洲的总问卷共138份,其中有效问卷134份,全部来自发展中国家。其中,来自非洲的问卷有46份,占44%,主要来自涵盖北非、东非、南非等多个地区的16个非洲国家;来自亚洲的问卷有49份,占31%,来自11个亚洲国家,其中18份来自西亚地区,11份来自南亚地区,12份来自东南亚地区,8份来自东北亚地区。另外,还有39份问卷来自阿塞拜疆、巴拿马等欧洲、拉美的发展中国家。具体情况如图1和表1所示。

整体上来看,来自非洲地区和亚洲地区的问卷占比75%,覆盖范围相对较大,其分析结果较具有代表性。其中,非洲包括了该地区最大的经济体尼日利亚,也包括了与我国经济贸易往来较多的埃塞俄比亚、津巴布韦、赞比

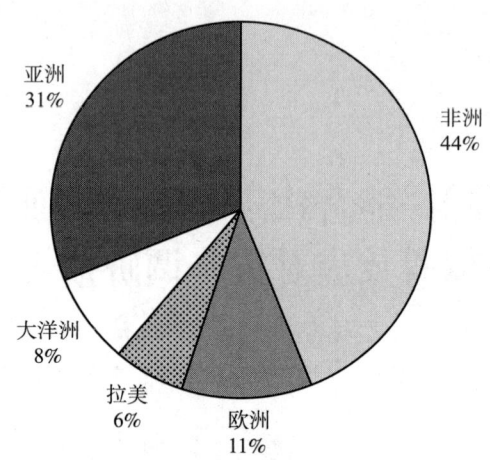

图 1　按国别数量的区域分布

表 1　　　　　　　　　　问卷的区域和国别分布　　　　　　　　　　单位：份

地区	国家	问卷数量	地区	国家	问卷数量	地区	国家	问卷数量
非洲	埃及	1	欧洲	亚美尼亚	5	亚洲	孟加拉国	4
	坦桑尼亚	2		阿塞拜疆	11		柬埔寨	3
	埃塞俄比亚	1		保加利亚	1		老挝	5
	加纳	8		斯洛伐克	3		蒙古	8
	肯尼亚	1	合计	4	20		巴基斯坦	7
	马达加斯加	2	拉美	巴拿马	9		斯里兰卡	4
	马拉维	2		厄瓜多尔	1		伊拉克	11
	尼日利亚	1	合计	2	10		约旦	1
	南苏丹	4	大洋洲	萨摩亚	5		黎巴嫩	3
	苏丹	5		西萨摩亚	1		巴勒斯坦	2
	苏里南	1		汤加	3		叙利亚	1
	乌干达	5	合计	3	9	合计	11	49
	赞比亚	3						
	津巴布韦	6						
	喀麦隆	2						
	利比里亚	2						
合计	16	46						

亚等国。亚洲地区，问卷主要包括了蒙古、东南亚、南亚和西亚的11个国家。非洲和亚洲是我国国际产能合作的重点地区，这两个地区的大量高质量问卷保证了调查问卷的分析结果，具有很重要的参考意义。欧洲、拉美、大洋洲问卷的覆盖面相对较小，主要集中于阿塞拜疆、巴拿马等发展中小型经济体，对分析我国和相关地区小型经济体的国际产能合作也有一定的代表意义。

（二）问卷主要体现了相关国家政府部门的立场

参与问卷调查的主要是政府部门的工作人员，占比约为85.8%，其他是来自大学和研究机构的人员，占比8.2%，企业和行业协会的均为2.2%。因此，此次问卷分析结果主要体现了相关国家政府部门的立场，较少反映社会组织、学术界以及普通民众的立场取向。表2为参与问卷调查人员的工作单位构成情况。

表2　　　　　参与问卷调查人员的工作单位构成　　　　单位：份

工作部门	政府	企业	大学和研究机构	行业协会	其他
问卷数量	115	3	11	3	1
占比	85.80%	2.20%	8.20%	2.20%	0.70%

二、我国开展国际产能合作的整体情况

（一）绝大多数国家对我国开展国际产能合作持支持态度

1. 多数被调查者认为我国"一带一路"战略和国际产能合作是其发展面临的最重大机遇

调查结果显示，相较TPP、"容克"投资计划等区域发展战略，多数国家更倾向于认为我国倡导的"一带一路"战略和国际产能合作为其发展提供了重要机遇。具体来看，认为"一带一路"战略下"国际产能合作"是其面临的重大发展机遇的问卷有54份，占有效问卷的40.3%，涵盖了巴基斯坦、柬埔寨、坦桑尼亚等绝大多数东南亚和非洲国家。

认为"容克"投资计划、TPP、欧亚经济联盟是其面临的重大机遇的问卷数分别为14份、16份、14份，分别占有效问卷的10.4%、11.9%和

10.4%。其中，来自蒙古、独联体国家的问卷，更倾向于认为"欧亚经济联盟"是其发展的机遇，阿塞拜疆等东欧国家的问卷则更多地认为"容克"投资计划是其经济发展面临的重大机遇。为此，在推进我国和中东欧、中亚等地区的国际产能合作时，必须注重和欧盟、俄罗斯等提出的区域经济合作战略的有机对接。

2. 基础设施建设和发展制造业在各国经济发展战略中处于关键地位

调查结果反映，绝大多数发展中国家均认为，基础设施建设和发展制造业在经济发展中处于极为重要的地位，选择"加快铁路、公路、港口交通基础设施投资"、"电力等能源基础设施投资"以及"促进制造业发展的战略计划"的问卷占问卷比重分别高达48.51%、37.31%和34.33%。而选择"重视资源、能源的开发与输出的相关建设"的问卷占比仅为20.9%，说明大多数新兴市场国家在发展经济时已经不再注重单纯的资源能源输出，而更为强调在构建完善工业体系的同时促进经济可持续发展。

3. 中国推进国际产能合作与其经济发展的利益诉求契合度较高

由于我国在基础设施建设和制造业发展方面具有明显的比较优势，也拥有大量的成功经验，81%的被调查者认为我国积极开展国际产能合作与其经济发展利益求契合度较高，占有效问卷的81%，认为契合度"一般"和"低"的问卷数分仅分别占15%和4%，基本不具备代表性。

从对我国的具体诉求看，认为"基础设施等工程建设"和"产业技术"是其主要合作诉求的问卷占比分别高达52.24%和47.01%，明显高于"资金"和"装备产品贸易"，详见表3。这说明，基础设施建设和推动当地产业发展是合作方对我国国际产能合作战略的最重要诉求。

表3　　　　　我国推进国际产能合作与各国经济发展的关系

各国为促进经济增长采取的主要措施				
促增长措施	加快铁路、公路、港口交通基础设施投资	加快电力等能源基础设施投资	促进制造业	重视资源、能源的开发与输出的相关建设
问卷占比	48.51%	37.31%	34.33%	20.90%
利益诉求契合度				
利益契合度	高	一般	低	几乎没有
问卷数量	81.34%	14.93%	3.73%	0

续表

对我国的具体诉求				
对我国诉求	产业技术	资金	装备产品贸易	基础设施等工程建设
问卷占比	47.01%	28.36%	18.66%	52.24%

（二）我国企业开展国际产能合作的动因仍以开拓市场和获得资源为主

绝大多数被调查者认为，我国企业开展国际产能合作的动因仍然是企业基于自身战略进行自主决策的行为，认为"开拓市场"是我国企业开展国际产能合作主要动因的问卷所占比重高达44.8%。认为我国企业是出于"响应政府号召"推进国际产能合作的问卷仅占有效问卷的20.9%，且调查对象其中一半以上来自非洲国家。由于非洲国家整体经济发展水平较低，我国和非洲国家的合作项目相当一部分属于援助项目，因此中非国际产能合作的援助性质要强于我国和其他国家之间的国际产能合作，因此"听从政府号召"在非洲区域问卷中比重相对较高是合理的。

然而，问卷调查结果反映，"获得自然资源"作为主要动因的问卷占比高达33.6%，在各项中仅次于"开拓市场"，居第二位。这说明我国企业开展国际产能合作仍然相对注重获取自然资源。如前所述，大多数发展中国家已经不倾向于采取单纯开发资源的经济发展战略。因此，我国企业在开发当地资源的同时，应积极和当地的产业发展战略相结合，提升当地经济的内生增长动力。表4为我国企业开展国际产能合作动因的调查问卷结果情况。

表4　我国企业开展国际产能合作的动因　　　单位：份

问卷内容	整体	亚洲	欧洲	拉美	西亚	大洋洲	非洲
开拓市场	60	14	12	3	7	4	20
获得自然资源	45	5	6	5	3	1	24
培育品牌	11	2	2	0	4	3	0
获取技术和研发平台	27	4	4	2	9	2	6
提升管理水平	12	2	1	2	2	3	2
构建营销网络	20	3	4	0	2	5	6
吸收国际化人才	16	4	4	0	2	3	2

续表

问卷内容	整体	亚洲	欧洲	拉美	西亚	大洋洲	非洲
降低零部件成本	16	3	4	1	4	0	4
供应链管理	10	1	3	0	1	2	3
听从政府号召	28	5	1	2	3	2	15
其他	5	1	0	1	1	0	2

（三）我国企业开展国际产能合作的竞争力很高，但仍严重依赖价格优势

绝大多数被调查者高度评价了我国企业的国际竞争力。其中，认为我国企业竞争力"很好"的问卷有65份，占48.51%，认为"较好"的问卷份数有55份，占41.04%，只有极少数被调查者认为我国企业国际竞争力"一般""很差"。

从独特优势上看，东道国认为我国企业最突出的优势为"所提供的产品和装备性价比更高"，占所在问卷的46.27%，其次为"对东道国经济的拉动作用更强"，仅为22.39%，而"更容易以平等互利心态和东道国开展合作"和"能够获得来自中国政府的大量支持"所占问卷比重均不高。因此，价格优势（性价比）仍然是我国推进国际产能合作的最主要的独特优势。但也要看到，这种价格优势对我国国际产能合作的影响实际上是两方面的：一方面，在发展中国家经济发展水平较低的情况下，他们更愿意选择我们生产的，价格较低，性价比偏高的产品，并以此为基础和我国开展国际产能合作；另一方面，一旦其经济发展水平提高，对产品和装备质量要求也会随之提升，我国的价格优势也可能转变为质量劣势。

分区域看，不同区域对我国开展国际产能合作的优势排序具有高度一致性。除大洋洲外，我国企业的最独特优势主要表现在产品装备性价比高。但我国重点国际产能合作地区之一的东南亚认为"能够获得来自中国政府的大量支持"也是我国企业开展国际产能合作的重要优势，这与我国和柬埔寨、老挝等经济体开展了大量的援助合作有密切关系。而在除以伊拉克为代表的西亚中东国家外，其他国家均认为我国企业在"更容易以平等互利心态和东道国合作"的优势不明显，说明我国企业在和当地开展合作时未能充分贯彻"互利共赢"的合作理念。表5为各区域中国企业各类优势排序表，表6为我国开展国际产能合作的综合竞争优势分析。

表 5　　　　　　　各区域中国企业各类优势排序表

地区	优势内容
中东欧	所提供的产品和装备性价比更高、对东道国经济拉动作用更强、更容易以平等互利心态和东道国合作、能够获得来自中国政府的大量支持
南亚	所提供的产品和装备性价比更高、对东道国经济拉动作用更强、更容易以平等互利心态和东道国合作、能够获得来自中国政府的大量支持
东南亚	所提供的产品和装备性价比更高、能够获得来自中国政府的大量支持、对东道国经济拉动作用更强、更容易以平等互利心态和东道国合作
西亚中东	所提供的产品和装备性价比更高、更容易以平等互利心态和东道国合作、能够获得来自中国政府的大量支持
东北亚	所提供的产品和装备性价比更高、更容易以平等互利心态和东道国合作、对东道国经济拉动作用更强
中美洲	所提供的产品和装备性价比更高、对东道国经济拉动作用更强、更容易以平等互利心态和东道国合作
大洋洲	对东道国经济拉动作用更强、所提供的产品和装备性价比更高、更容易以平等互利心态和东道国合作、能够获得来自中国政府的大量支持
非洲	所提供的产品和装备性价比更高、对东道国经济拉动作用更强、能够获得来自中国政府的大量支持

表 6　　　　　我国开展国际产能合作的综合竞争优势分析

综合竞争力	很好	较好	一般	很差
问卷占比	48.51%	41.04%	8.21%	0.75%
主要优势	所提供的产品和装备性价比更高	对东道国经济的拉动作用更强	更容易以平等互利心态和东道国开展合作	能够获得来自中国政府的大量支持
问卷占比	46.27%	22.39%	14.18%	11.19%

（四）东道国和我国开展国际产能合作主要依托区位和市场优势

对于受访者所熟悉的行业，绝大多数受访者认为"国内市场潜力巨大"、"地理区位优势明显"是其开展国际产能合作的主要优势，选上述选项的问卷份数占比分别为34.3%和27.6%，远高于其他三项。表7为参与问卷调查人员所熟悉的领域国际产能合作方的优势。

表7　参与问卷调查人员所熟悉的领域国际产能合作方的优势

优势	地理区位优势明显	国内市场潜力巨大	劳动力成本较低	相关资源丰富	投资环境优越
问卷占比	27.61%	34.33%	6.72%	8.96%	8.21%

针对东道国和我国开展国际产能合作的何种优势方面的分析得到了同样的结论。认为"开放性和透明度"是其和我国开展国际产能合作的首要优势的问卷达到了45项，占有效问卷的1/3以上。此外，认为"交通、通信和基础设施"是其首要优势的问卷为22项，占16.4%，排第二位；认为"税收制度""劳动力市场（高素质、合理价格）""高效率的金融和商务服务"是其首要优势的问卷占比更低。然而，事实上，"开放性和透明度"只能出各国对国际产能合作持一种开放的态度，并不能真正反映各国国内的营商环境情况。而税收、劳动力价格、金融服务水平、基础设施状况等真正反映各国营商环境的选项中，各国选择的比例均不高。这说明各国的营商环境对国际产能合作的支持作用有限。表8为投资对象国在五大软环境中的主要优势选择。

表8　投资对象国在五大软环境中的主要优势选择　　　　　　单位：份

问卷数量	A	B	C	D	E
整体	45	16	16	22	16
亚洲	5	4	9（6**）	6	4
欧洲	8	3	5	4（4**）	
拉美	4	0	2	1	3
西亚	5	4	3	4	1
大洋洲	3	1	0	3	1
非洲	22	5	8（8**）	8（8**）	5

注：A. 开放性和透明度，B. 税收制度，C. 劳动力市场（高素质、合理价格），D. 交通、通信和基础设施，E. 高效率的金融和商务服务。括号中带 ** 的是该项排名第二的问卷数量。

（五）东道国的投资合作潜力集中于能源、基础设施等领域

根据对调查对象所在国具有投资潜力的领域的分析，前五大最具投资潜力的领域分别是电力/煤气及水的生产和供应业（55.1%）、采矿业（42.8%）、交通运输/仓储和邮政业（41.3%）、先进制造业（34.8%）、农

林牧渔业（32.6%），可以看出，调查对象所在国的投资需求主要集中在两个领域：一是基础设施建设，如电力、交通运输；二是依托优势自身独特资源优势的能矿产业和农业。此外，各国也非常希望能够吸收先进制造业投资以促进产业转型升级。图2为各类重点行业作为最具投资潜力领域占总问卷比重。

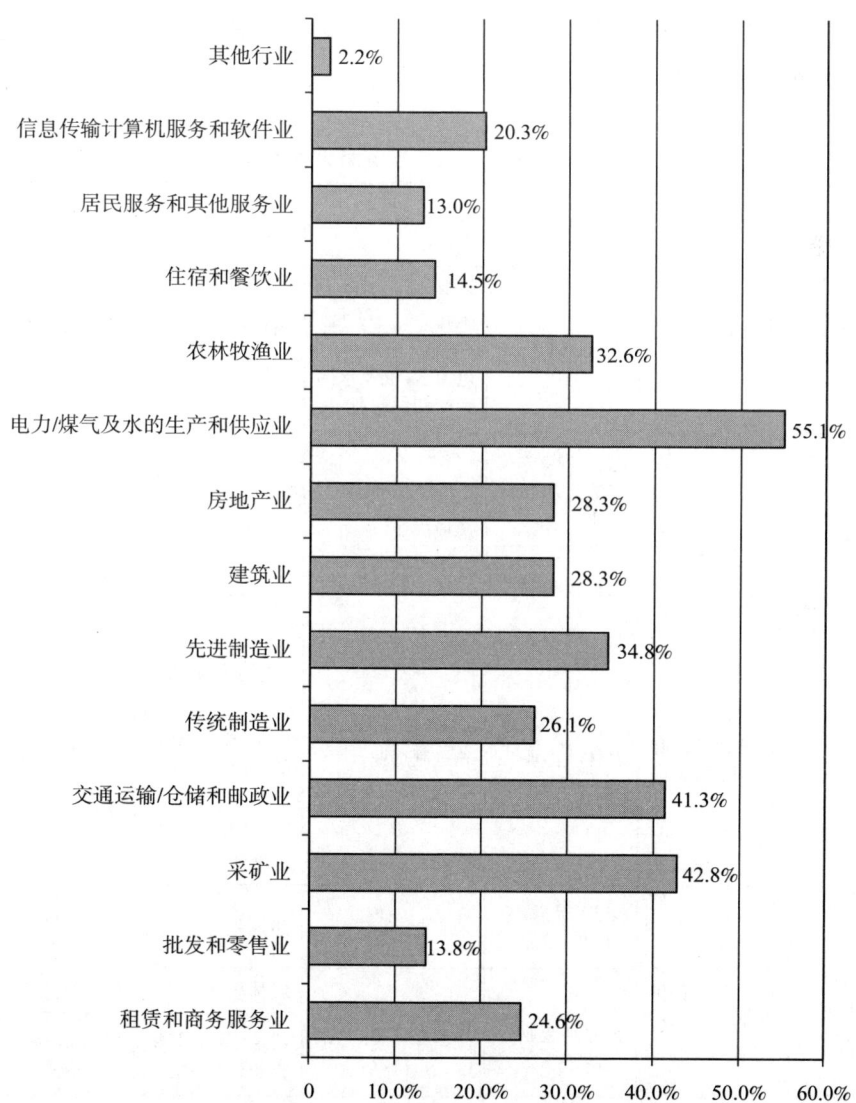

图2　各类重点行业作为最具投资潜力领域占总问卷比重

从分区域分析结果看,各地区的最具投资潜力领域差异不大。西亚中东、东北亚、中美洲、非洲、大洋洲最有潜力领域均为电力/煤气及水的生产和供应业。巴基斯坦、斯里兰卡等南亚接受调查的国家凭借其资源优势,加之公路、铁路等基础设施较为落后,认为交通运输、采矿业是最具投资潜力的领域,但也同样认可电力/煤气及水的生产和供应业的巨大投资潜力。值得注意的是,中东欧地区由于基础设施较为完善、商务服务水平相对较高,将先进制造业作为最具潜力的投资领域。表9为各地区前五大最具投资潜力领域。

表 9 各地区前五大最具投资潜力领域

地区	1	2	3	4	5
中东欧	先进制造业	建筑业	采矿业	农林牧渔业	批发和零售业
		房地产业	交通运输/仓储和邮政业		
			电力/煤气及水的生产和供应业		
南亚	采矿业	电力/煤气及水的生产和供应业	房地产业	先进制造业	住宿和餐饮业
	交通运输/仓储和邮政业	农林牧渔业		建筑业	
东南亚	交通运输/仓储和邮政业	农林牧渔业	先进制造业	传统制造业	租赁和商务服务业
				电力/煤气及水的生产和供应业	采矿业
				信息传输计算机服务和软件业	建筑业
					住宿和餐饮业
西亚中东	电力/煤气及水的生产和供应业	交通运输/仓储和邮政业	采矿业	建筑业	租赁和商务服务业
				农林牧渔业	传统制造业
		先进制造业	房地产业	信息传输计算机服务和软件业	居民服务和其他服务业

续表

地区	1	2	3	4	5
东北亚	电力/煤气及水的生产和供应业	采矿业	先进制造业	农林牧渔业	房地产业
		交通运输/仓储和邮政业			住宿和餐饮业
		信息传输计算机服务和软件业			
中美洲	电力/煤气及水的生产和供应业	租赁和商务服务业	采矿业	交通运输/仓储和邮政业	批发和零售业
			传统制造业		建筑业
			农林牧渔业		住宿和餐饮业
			信息传输计算机服务和软件业		其他
大洋洲	电力/煤气及水的生产和供应业	建筑业	采矿业	房地产业	租赁和商务服务业
					传统制造业
					住宿和餐饮业
			交通运输/仓储和邮政业	农林牧渔业	居民服务和其他服务业
					信息传输计算机服务和软件业
非洲	电力/煤气及水的生产和供应业	采矿业	传统制造业	先进制造业	租赁和商务服务业
					建筑业
					农林牧渔业

（六）我国国际产能合作主要集中于优势富余产能领域的制造业投资和大型基础设施建设

1. 我国开展国际产能合作的主要方式为制造业领域的投资合作和工程承包

统计分析表明，问卷中认为"制造业""工程承包"是和我国开展国际产能合作的主要方式的企业分别占有效问卷的41.8%和41%，明显高于"农业"和"矿产资源"。特别是在欧洲、拉美、大洋洲的问卷中，这两项处于绝对优势地位。

部分资源丰富的国家倾向于发挥比较优势，在农业或矿产资源领域和我国开展合作。在亚洲地区，倾向于和我国在矿产资源领域开展国际产能合作的问卷主要来自煤炭资源丰富的蒙古，倾向于和我国在农业领域开展国际产能合作的问卷主要来自老挝、柬埔寨等东南亚农业国。在非洲地区，倾向于和我国在矿产资源领域开展国际产能合作的问卷主要来自津巴布韦等矿产资源相对丰富的国家。表10为我国开展国际产能合作的重点领域。

表10　　　　　　　我国开展国际产能合作的重点领域　　　　　　单位：份

合作领域	制造业	工程承包	农业	矿产资源	其他
问卷数量	56	55	34	34	
亚洲	11	10	7	13	1
欧洲	10	8	6	2	5
非洲	15	24	13	13	3
拉美	4	5	1	0	1
大洋洲	6	4	5	1	1

2. 合作方普遍认为目前政府在国际产能合作中发挥主导作用

统计结果反映，认为政府在我国国际产能合作中发挥主导作用的问卷达到114份，占总问卷的85.1%，远高于企业的22.4%和非政府组织的17.9%。这说明，虽然国务院在相关文件中明确了国际产能合作要采取企业主导、政府推动的原则，但在具体工作时外方人士仍然认为政府是推进国际产能合作的主要动力，未来在国际产能合作过程中如何处理好政府和市场的关系仍是有效推进国际产能合作的重要课题。表11为我国推进国际产能合作的主体的问卷调查情况。

表11　　　　　　我国推进国际产能合作的主体的问卷调查　　　　　　单位：份

推进主体	政府	企业	非政府组织	行业协会	其他
问卷数量	114	30	24	6	1
亚洲	27	5	5		
欧洲	15	11	3		
非洲	40	6	9		
拉美	9	3	2	1	
大洋洲	9	3	1		
西亚	14	4	3	3	

3. 优势富余产能领域既是当前东道国倾向于我国开展国际产能合作的重点领域，也是未来前景较好的领域

问卷结果表明，电力、建材和钢铁这三大领域是东道国和我国开展国际产能合作的重点领域，这三大领域在各个领域中排名前三位的问卷数分别占有效问卷数的41.8%、41.8%和26.1%，且在各个领域中排名第一的问卷数量分居前三位。这三个领域在我国拥有大量优势富余产能，是我国开展国际产能合作的重点领域。

除这三大优势富余产能领域外，随着近年来我国高铁领域综合竞争力的大幅提升，高铁也成为我国推进国际产能合作的重点领域。虽然在各个领域中，只有13份问卷将高铁列为第一位的主要合作领域，明显低于电力和建材，但将高铁列入排名前三位的问卷数达到了45份，占有效问卷数的33.6%，仅次于电力和建材，居第三位。

需要注意的是，虽然我国在通信设备、轻工、纺织等消费品制造业也具备了一定的竞争力，且成为全球第一大消费品出口国，但由于我国长期以来消费品出口以加工贸易为主，本土企业除华为、中兴等少数龙头企业外，大多数企业尚缺乏国际经营能力，因此尚未成为我国开展国际产能合作的重点领域。工程机械、船舶等重大装备制造业经过多年的发展，在混凝土机械、15万吨以下散货船等领域已经具备较强的竞争力，当前在国际产能合作中的比重要高于消费品制造领域，但仍远低于优势富余产能领域。表12为当前国际产能合作的主要行业的问卷调查情况。

表12　当前国际产能合作的主要行业的问卷调查　　单位：份

行业	排第一位的问卷数量	排第二位的问卷数量	排第三位的问卷数量
A. 钢铁	17	10	8
B. 有色	2	2	2
C. 建材	20	21	15
D. 铁路	13	18	14
E. 电力	32	12	12
F. 化工	7	5	8
G. 轻纺	10	3	6
H. 汽车	3	4	8
I. 通信	2	3	5
J. 工程机械	5	15	8
K. 航空航天	4	5	3
L. 船舶与海洋工程	8	2	6

多数受访者对未来我国国际产能合作领域的判断和对当前现状的判断基本一致，仍然认为电力、建材、钢铁等优势富余产能领域是未来合作的重点领域。这三大领域在各个领域中排名前三位的问卷数分别占有效问卷数的41.8%、32.1%和20.1%，且排名第一的问卷数量在各个领域中分居前三位。此外，虽然只有7份问卷将铁路排在未来合作重点领域的第一位，但却有37份问卷将铁路排在未来合作重点领域的前三位，占有效问卷的27.6%，这一比例仅次于电力和建材，说明各国也非常看好和我国在铁路领域合作的未来合作前景。表13为未来国际产能合作的主要行业的问卷调查情况。

表13　　　　未来国际产能合作的主要行业的问卷调查　　　　单位：份

行业	排第一的问卷数量	排第二的问卷数量	排第三的问卷数量
A. 钢铁	16	5	6
B. 有色	2	4	2
C. 建材	18	12	13
D. 铁路	7	19	11
E. 电力	35	16	5
F. 化工	3	6	5
G. 轻纺	7	8	10
H. 汽车	7	5	8
I. 通信	4	3	4
J. 工程机械	7	7	13
K. 航空航天	6	3	4
L. 船舶与海洋工程	6	3	3

（七）我国推进国际产能合作的措施成效整体明显，但不同行业成效差异显著

整体上看，68.6%的受访者认为我国推进国际产能合作的措施"很有效"或"比较有效"，说明我国推进国际产能合作的措施整体成效明显。在不同领域中，受访者对我国推进国际产能合作相关措施的成效有着明显的差异。在电力、钢铁、建材等重点合作领域，受访者认为相关措施"成效不明显"或"基本无效"的比例基本占1/4以下；但在工程机械、船舶等领域，受访者认为相关措施"成效不明显"或"基本无效"的比例基本占一半以上。其原因在于，工程机械、船舶等领域的国际产能合作模式和钢铁、建材、电力等领域存在明显差异。前者主要以融资租赁、对外贸易为主，较

少涉及工程承包和直接投资；后者则主要以工程承包和直接投资为主。目前我国支持工程机械、船舶等领域国际产能合作的相关政策尚不够完善，未来应进一步改进。表14为不同领域认为相关措施成效不明显或无效的问卷占比。

表14　不同领域认为相关措施成效不明显或无效的问卷占比

行业	钢铁	有色	建材	铁路	电力	化工
占比	25.00%	33.33%	18.18%	13.33%	21.82%	66.67%
行业	轻纺	汽车	通信	工程机械	航空航天	船舶与海洋工程
占比	21.43%	33.33%	10.00%	58.33%	25.00%	50.00%

（八）东道国对国际产能合作的实施效果存在较高预期，但当前情况下积极影响尚未充分显现

东道国对国际产能合作的实施效果存在较大期望值。81%的问卷普遍预期中国开展产能合作对合作方未来经济社会发展影响"较大"或"很大"，认为"影响一般""基本无影响"的问卷分别仅占16%和3%。图3为我国国际产能合作对当地经济社会发展的影响。

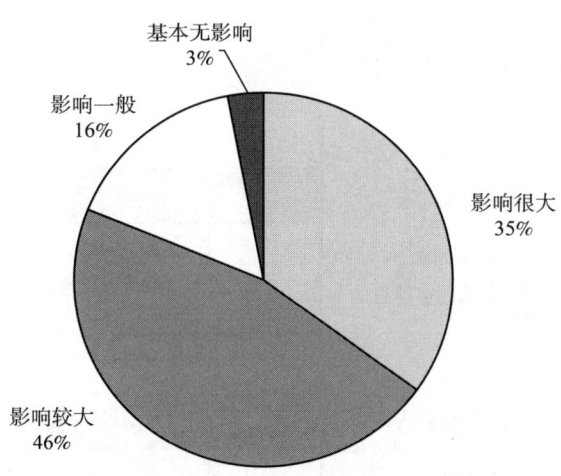

图3　我国国际产能合作对当地经济社会发展的影响

然而，当前我国开展国际产能合作对当地社会经济发展的促进作用尚不十分明显。调查问卷中，认为和我国国际产能合作已经有效地解决当地就业问题、增加工人收入的问卷占有效问卷的35.8%，在各个选项中排名第一；

认为我国开展国际产能合作有效地遵守了东道国法律法规的问卷占有效问卷的 30.6%；而认为我国开展国际产能合作有效地促进了当地产业发展和改善基础设施状况的问卷仅占 29%。这说明，在东道国眼中，我国开展国际产能合作对当地经济社会发展的促进作用尚未得到充分显现。

三、制约我国国际产能合作成效的影响因素

（一）整体上看，我国国际产能合作受到多方面因素的制约

我国国际产能合作的制约因素是多方面的，既有我国企业自身的原因，也有东道国国内营商环境的原因，还有其他发达国家企业竞争的原因。调查结果表明，将"中国企业宣传力度较弱""东道国营商环境有待改善"、"我国企业在东道国面临发达国家跨国企业竞争"及"对东道国政策了解有待加强"作为我国开展国际产能合作主要制约因素的问卷比例相差不大，只有"东道国企业和民众对中国企业认可度不高"的比例相对较低。这四大因素均对我国国际产能合作形成明显制约。图 4 为各类因素作为制约国际产能合作首要因素问卷占有效问卷比重。

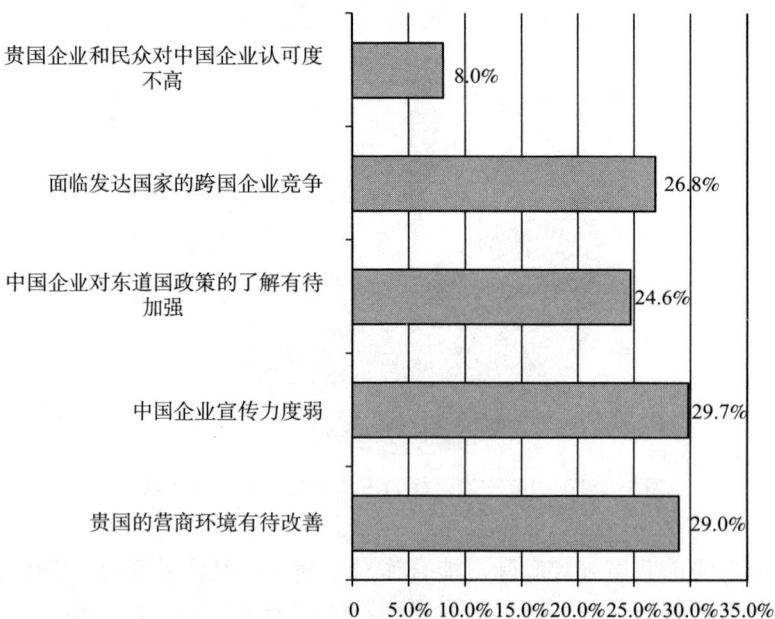

图 4　各类因素作为制约国际产能合作首要因素问卷占有效问卷比重

分区域看,大多数企业均将"东道国的营商环境有待改善"作为影响我国和东道国产业投资合作的首要因素。但南亚地区将"中国企业宣传力度较弱"作为影响我国和东道国产业投资合作的首要因素,非洲地区则普遍认为我国企业在面临发达国家同类企业的竞争中处于相对弱势地位。表15为各地区影响中国与东道国产业投资的主要因素。

表15　　　　　　各地区影响中国与东道国产业投资的主要因素

地区	1	2	3
中东欧	东道国的营商环境有待改善	中国企业宣传力度弱	面临发达国家的跨国企业竞争
南亚	中国企业宣传力度弱	中国企业对东道国政策的了解有待加强	东道国企业和民众对中国企业认可度不高
东南亚	东道国的营商环境有待改善	面临发达国家跨国企业竞争	中国企业宣传力度弱
西亚中东	东道国的营商环境有待改善	中国企业宣传力度弱	面临发达国家的跨国企业竞争
东北亚	中国企业对东道国政策的了解有待加强	东道国营商环境有待改善、中国企业宣传力度弱、面临发达国家跨国企业竞争	东道国企业和民众对中国企业认可度不高
中美洲	中国企业宣传力度弱、面临发达国家跨国企业竞争	中国企业对东道国政策了解有待加强	—
大洋洲	东道国营商环境有待改善	中国企业对东道国政策了解有待加强	东道国企业和民众对中国企业认可度不高
非洲	面临发达国家跨国企业竞争	中国企业对东道国政策了解有待加强	东道国营商环境有待改善

(二)从东道国角度看,市场规模较小和基础设施落后是制约和我国开展国际产能合作的主要原因

问卷调查结果表明,从东道国的角度看,市场规模太小、基础设施不完善、劳动力成本过高是的制约我国国际产能合作的三大劣势,三者被选为首要劣势的问卷所占比重分别为22.5%、20.3%和16.7%。此外,在各个选项中,这三项被选为第二或第三劣势问卷占比也均分居前三位。

市场规模太小成为大多数问卷的首选项很大程度和样本中来自阿塞拜疆、巴拿马等小型经济体的问卷数量占比较高有关,但也反映出发展中国家由于经济发展水平较低,市场发育不完善是我国开展国际产能合作的主要

障碍。

基础设施落后和劳动力成本过高分列二、三位说明，虽然发展中国家普遍法制不健全、政府效率偏低，但其仍普遍认为这些软环境不足对国际产能合作的阻碍作用要低于基础设施等硬环境。表 16 为东道国投资环境劣势排序。

表 16　　　　　　　　　　东道国投资环境劣势排序

位次	因素	占比
第1位	法律法规过严，开放性和透明度不足	13.00%
	税收过高	14.50%
	劳动力成本过高	16.70%
	交通、通信和基础设施不够完善	20.30%
	市场规模太小	22.50%
	其他	7.20%
第2位	法律法规过严，开放性和透明度不足	4.30%
	税收过高	10.90%
	劳动力成本过高	9.40%
	交通、通信和基础设施不够完善	15.20%
	市场规模太小	14.50%
	其他	0%
第3位	法律法规过严，开放性和透明度不足	5.80%
	税收过高	3.60%
	劳动力成本过高	6.50%
	交通、通信和基础设施不够完善	5.80%
	市场规模太小	9.40%
	其他	0.70%

不同区域东道国投资环境的劣势存在很大差异。除各国普遍认为市场规模太小是推进和我国国际产能合作的重要障碍外，阿塞拜疆等中东欧的发展中国家普遍认为自身的劣势在于仿效欧盟框架的复杂烦琐的法律法规体系，东南亚国家则认为税收过高是制约其和我国开展国际产能合作的首要因素，巴基斯坦等南亚国家和蒙古等东北亚国家则认为基础设施建设落后对国际产能合作的制约更为明显。表 17 为各区域排在第一位的前三大投资环境劣势。

表17　　　　　　各区域排在第一位的前三大投资环境劣势

地区	投资环境劣势
中东欧	法律法规过严、开放性和透明度不足、交通、通信和基础设施不够完善、税收过高
南亚	基础设施不完善、法律法规过严、税收过高、市场规模太小
东南亚	税收过高、市场规模太小、法律法规过严
西亚中东	市场规模太小、法律法规过严、劳动力成本过高、基础设施不完善
东北亚	基础设施不完善、税收过高、劳动力成本过高
中美洲	税收过高、市场规模太小、基础设施不完善
大洋洲	市场规模太小、基础设施不完善、法律法规过严、开放性和透明度不足
非洲	劳动力成本过高、市场规模太小、税收过高

（三）从我国角度看，缺乏金融等政策支持、信息不对称和我国企业整体竞争力偏弱是阻碍国际产能合作的三大主要原因

从问卷结果看，首先，不熟悉中国的比较优势和产业合作的相关政策（32.6%）、缺乏融资和其他政策支撑（30.4%）、中国在技术、品牌和标准领域缺乏影响力（26.1%）是阻碍东道国和我国开展国际产能合作的三大主要因素，其次是文化地域和环境差异、双边经贸合作尚不够深入、双边政治关系不够紧密、其他国家的干扰。然而，从不同区域看，阻碍国际产能合作的因素有巨大差异。

东南亚各国和我国已经有了长期的贸易投资合作基础，对我国的经济发展状况、优势产业、龙头企业以及相关政策较为了解，因此和我国开展国际产能合作所受信息缺乏因素制约较少。反而，在具体的合作项目中，由于东南亚各国整体经济发展水平较低、金融体系落后，且日本、韩国、美国等发达经济体和东南亚合作已有数十年的历史，因此政策支持机制不足、整体竞争力偏弱和域外大国干扰成为制约我国和东南亚开展国际产能合作的主要因素。图5为各类因素作为国际产能合作主要阻碍因素问卷占有效问卷比重。

与东南亚不同，非洲、西亚中东、中东欧等大多数地区国家认为阻碍国际产能合作的最主要因素是信息不足，即不熟悉我国的比较优势和产业合作相关政策。这说明，我国与这些距离我国较远、文化差异较大的发展中国家开展国际产能合作尚处于初级阶段，如何讲好"中国故事"，解决合作过程中存在的信息不对称，为双方合作创造机遇是当务之急。

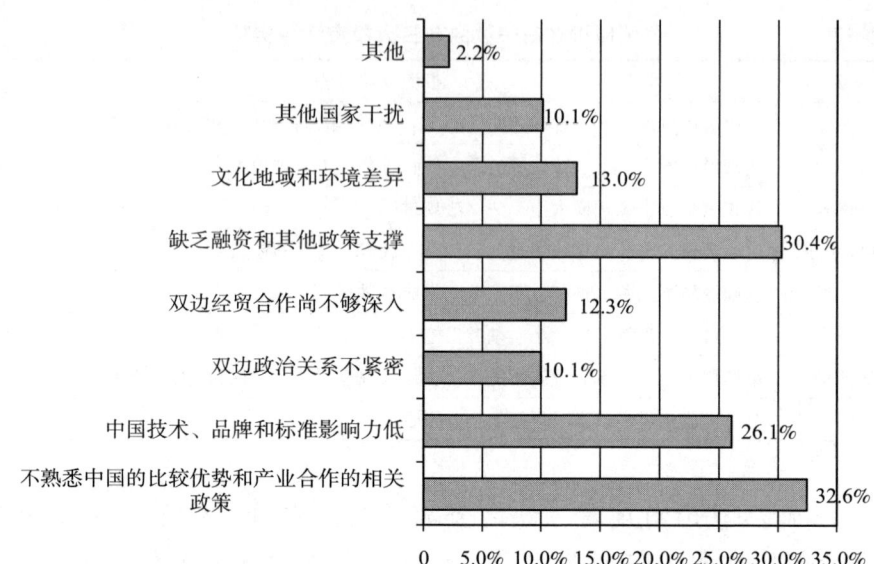

图5 各类因素作为国际产能合作主要阻碍因素问卷占有效问卷比重

我国技术标准影响力低虽然在任何区域都不是阻碍国际产能合作的首要因素,但在绝大多数区域的问卷结果中均排名前三位,说明这一问题对我国开展国际产能合作的阻碍不但较为严重,且具有普遍性,值得高度重视。表18为各区域阻碍产能合作因素占比。

表18　　　　各区域阻碍产能合作因素占比　　　　单位:%

阻碍因素	东北亚	东南亚	南亚	非洲	中美洲	西亚中东	中东欧	大洋洲
不熟悉中国的比较优势和产业合作的相关政策	50%	12.5	33.3	28.9	10	55.6	40	33.3
中国技术、品牌和标准影响力低	25	25	33.3	24.4	40	11.1	25	11.1
双边政治关系不紧密	12.5	0	6.7	6.7	0	22.2	5	22.2
双边经贸合作尚不够深入	0	12.5	13.3	20	0	11.1	15	0
缺乏融资和其他政策支撑	25	37.5	53.3	22.2	50	11.1	25	66
文化地域和环境差异	0	0	0	15.6	0	16.7	15	22.2
其他国家干扰	0	25	0	0	10	5.6	15	11.1
其他	0	0	6.7	2.2	0	0	0	11.1
样本总数	8	8	15	45	10	18	20	9

（四）从企业角度看，技术实力落后和国际化水平低是制约国际产能合作的重要因素

根据问卷结果，和发达国家跨国企业相比，我国企业在国际产能合作中的劣势主要是所生产的产品和装备质量和技术水平仍然偏低、缺乏对当地法律法规和社会文化的了解和履行环保、公益等社会责任不到位（前三大劣势）。总体来看，首先，我国企业自身技术水平和质量标准有待提升，这是影响企业开展国际产能合作的根本障碍，其次，企业对东道国法律法规的了解有待提升，并且履行附带社会责任和义务的积极性有待提高。图6为东道国对我国企业开展国际产能合作首要劣势的认知情况。

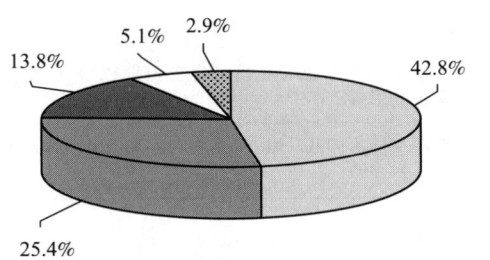

图6　东道国对我国企业开展国际产能合作首要劣势的认知情况

分区域看，除东南亚、西亚中东外，其他区域普遍认为我国企业所生产的产品和装备质量技术水平仍然偏低，这是我国企业在当地投资的首要劣势。这一劣势实际上是我国产品和装备价格优势的"硬币另一面"，如何在维持价格优势的同时不断提升产品和装备技术质量是我国开展国际产能合作的首要问题。同时，东南亚、南亚等重点合作地区的国家普遍认为我国企业履行社会责任和拉动经济增长等方面均低于发达国家水平，这和前文所提及的"我国国际产能合作实际效果普遍低于东道国预期"是一致的。表19为各区域对我国企业开展国际产能合作劣势的判断。

表19　各区域对我国企业开展国际产能合作劣势的判断（按重要性排序）

地区	劣势
中东欧	所生产的产品和装备质量技术水平仍然偏低、缺乏对当地法律法规和社会文化的了解、履行环保公益等社会责任不到位

续表

地区	劣势
南亚	所生产的产品和装备质量技术水平仍然偏低、履行环保公益等社会责任不到位、对东道国经济的拉动作用偏弱、遵守国际通行商业运作理念和原则的程度不足
东南亚	履行环保公益等社会责任不到位、对东道国经济的拉动作用偏弱、所生产的产品和装备质量技术水平仍然偏低、缺乏对当地法律法规和社会文化的了解
西亚中东	缺乏对当地法律法规和社会文化的了解、所生产的产品和装备质量技术水平仍然偏低、履行环保公益等社会责任不到位、对东道国经济的拉动作用偏弱
东北亚	所生产的产品和装备质量技术水平仍然偏低、缺乏对当地法律法规和社会文化的了解
中美洲	所生产的产品和装备质量技术水平仍然偏低、履行环保公益等社会责任不到位、缺乏对当地法律法规和社会文化的了解、遵守国际通行商业运作理念和原则的程度不足
大洋洲	所生产的产品和装备质量技术水平仍然偏低、履行环保公益等社会责任不到位、缺乏对当地法律法规和社会文化的了解
非洲	所生产的产品和装备质量技术水平仍然偏低、缺乏对当地法律法规和社会文化的了解、履行环保公益等社会责任不到位

（五）从政策环境角度看，政府决策效率偏低是制约我国国际产能合作成效的最重要原因

根据调查结果，首先，政府无法快速审批（38.4%）是导致中国企业投资失败的最常见原因，其次是公司无法迅速做出决策（32.6%），最后是国际化人才不足（21.7%）。考虑到政府核准程序会严重影响企业决策效率，加之国有企业在进行决策时受政府政策影响更大，因此调查者认为我国国际产能合作失败的主要原因在于政府决策效率偏低。此外，缺乏能够给予企业有效咨询建议的第三方机构、我国当前国际化人才严重不足等因素被认为是制约国际产能合作的重要因素。显而易见，我国政府和企业决策层面效率有待提升。另外，还需要重视国际化人才的培养和积累。图7为各类投资失败原因问卷占比。

根据分区域的调查结果，在南亚和东南亚地区，由于民营企业和中小型企业在国际产能合作中占比相对较高，因此我国企业投资失败的最主要原因是公司未能得到准确咨询意见和建议、国际化人才不足或管理团队经验不足，而在其他地区，政府审批和公司决策方面的原因则是导致我国企业投资失败的最主要原因。表20为各地区导致中国企业投资失败的前三大原因。

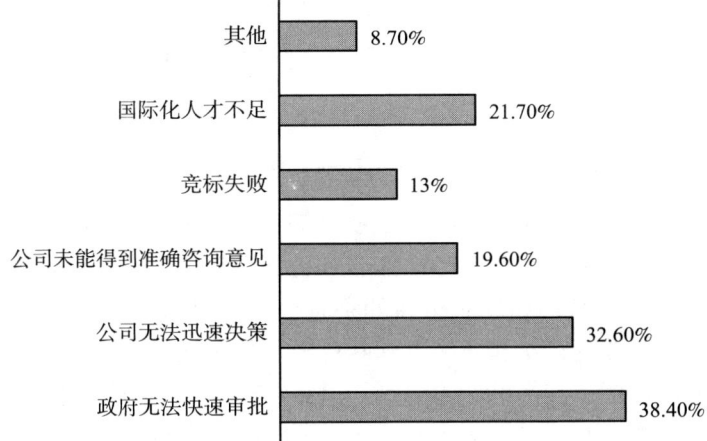

图 7 各类投资失败原因问卷占比

表 20 各地区导致中国企业投资失败的前三大原因

地区	1	2	3
中东欧	政府无法快速审批	公司无法迅速做出决策	国际化人才不足或管理团队经验不足
南亚	公司未能得到准确咨询意见和建议、国际化人才不足或管理团队经验不足	政府无法快速审批、公司是无法迅速做出决策、竞标失败	其他
东南亚	国际化人才不足或管理团队经验不足	政府无法快速审批、公司未能得到准确咨询意见和建议	—
西亚中东	公司无法迅速做出决策	政府无法快速审批	公司未能得到准确咨询意见和建议、国际化人才不足或管理团队经验不足
东北亚	政府无法快速审批	国际化人才不足或管理团队经验不足	公司是无法迅速做出决策、公司未能得到准确咨询意见和建议、竞标失败
中美洲	公司无法迅速做出决策	政府无法快速审批	公司未能得到准确咨询意见和建议
大洋洲	政府无法快速审批	公司无法迅速做出决策、公司未能得到准确咨询意见和建议	竞标失败、国际化人才不足或管理团队经验不足、其他
非洲	政府无法快速审批	公司无法迅速做出决策	国际化人才不足或管理团队经验不足

四、东道国对我国开展国际产能合作的相关诉求

(一) 东道国倾向于通过合资和援助等方式开展国际产能合作

问卷结果显示,在跨境直接投资框架下,与当地公司共同建立股份制合资企业是受访者最为认可的国际产能合作方式(54%),其次为设立自己的销售办事处(27.7%)和设立全新的独资公司(19.7%)。这充分反映出,合作方更希望能够直接从和我国的国际产能合作中获益,并参与相关企业决策。与当地公司建立非股权合作关系(14.6%)、兼并/收购外国资产或公司(13.9%)和其他方式(4.4%)等方式被东道国的认可度则比较低。图8为最优国际产能合作方式占比调查结果。

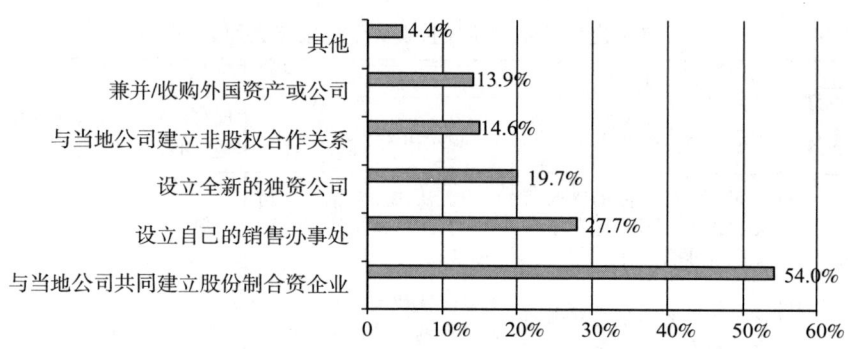

图8 最优国际产能合作方式占比调查结果

从区域视角来看,东北亚地区多数调查对象(37.5%)认为,设立自己的销售办事处为最合适的国际产能方式;东南亚地区多数调查对象(83.3%)认为,本调查并未列出最为合适的国际产能合作方式,但与当地公司共同建立股份制合资企业是较为可行的一种合作方式;南亚地区多数调查对象(50%)、西亚中东地区多数调查对象(42.3%)以及非洲地区多数调查(51.7%)对象都认为,与当地公司共同建立股份制合资企业是最合适的国际产能合作方式,其次是设立自己的销售办事处的方式;中东欧地区多数调查对象(35.3%)认为,与当地公司共同建立股份制合资企业是最合适的国际产能合作方式,其次是设立全新的独资公司的方式;中美洲地区多数调查对象(40%)和大洋洲地区多数调查对象(41.7%)都认为,设

立全新的独资公司是最合适的国际产能合作方式。

从"一带一路"经济走廊视角来看，调查结果显示，中蒙俄经济走廊开展国际产能合作选择设立自己的销售办事处最为合适；新亚欧大陆桥经济走廊、中国—中亚—西亚经济走廊、中巴经济走廊、孟中印缅经济走廊选择以及中国—中南半岛经济走廊选择开展国际产能合作时选择与当地公司共同建立股份制合资企业的方式最为合适。表21为最优国际产能合作方式分区域分析结果。

表21　　　　　最优国际产能合作方式分区域分析结果　　　单位：调查数

因素	东北亚	东南亚	南亚	西亚中东	中东欧	非洲	中美洲	大洋洲	合计
设立自己的销售办事处	3	0	4	9	5	11	2	2	36
与当地公司建立非股权合作关系	2	0	1	4	5	7	0	1	20
与当地公司共同建立股份制合资企业	2	1	12	11	12	30	2	2	72
设立全新的独资公司	0	0	3	2	7	5	4	5	26
兼并/收购外国资产或公司	1	0	3	0	5	5	2	0	16
其他	0	5	1	0	0	0	0	2	8
合计	8	6	24	26	34	58	10	12	—

考虑到国际产能合作的概念不仅包含跨境直接投资，还包含资本品贸易、工程承包、对外援助、技术合作等多个层面，本报告针对受访者最为熟悉的行业针对上述各种国际产能合作方式进行了问卷调查。结果表明，有26.3%的调查对象认为和东道国企业合资建设重大项目是东道国最期望和我国开展国际产能合作的合作模式，这一结论和前文针对跨境直接投资的问卷调查结果是完全一致的。然而，有25.5%的调查对象认为从我国进口相关产品是东道国最期望和我国开展国际产能合作的合作模式，有23.4%的调查对象认为由我国政府援助建设重大项目是东道国最期望和我国开展国际产能合作的首要合作模式。这说明，除投资模式外，东道国对从我国进口重大关键设备和接受我国援助的诉求也相对较高。由于受访者均来自发展中国家，因此相关国家当前和我国共同建设研发中心的诉求并不强烈，和我国联合在第三国建设项目的能力也较弱。图9为国际产能合作首要模式占比调查结果。

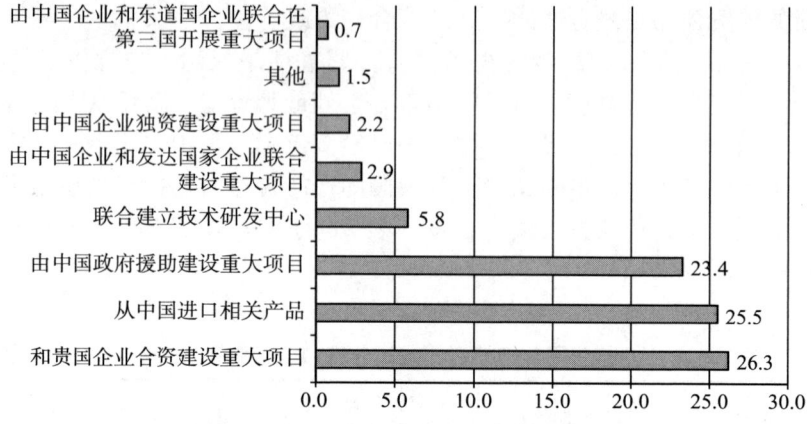

图9　国际产能合作首要模式占比调查结果　单位：%

从区域视角来看，调查结果显示，南亚地区、中美洲地区以及非洲地区的产能合作首要模式为合资建设重大项目，其原因在于上述地区国家的经济水平相对落后，希望能够借助我国的重大优势产能项目来实现经济可持续增长和产业转型升级；中东欧地区、东南亚地区、西亚中东地区以及东北亚地区首要模式为从我国进口相关资本产品，其原因在于上述地区多数国家经济水平要好于非洲等贫困地区，进口我国优势产能更加符合其战略利益；大洋洲地区的产能合作首要模式为由我国政府援助建设重大项目，一种合理的解释是，诸如汤加、美属萨摩亚群岛等国家经济结构单一且国家整体实力有效，迫切需要我国产能合作项目援助。

从"一带一路"经济走廊视角来看，调查结果显示，中巴经济走廊和孟中印缅经济走廊选择和东道国企业合资建设重大项目的产能合作模式意愿最强；中蒙俄经济走廊、新亚欧大陆桥经济走廊、中国—中亚—西亚经济走廊以及中国—中南半岛经济走廊选择开展国际产能合作时更愿意选择从我国进口相关产品的方式模式。表22为各区域排名前三位的产能合作模式。

表22　　　　　各区域排名前三位的产能合作模式

地区	第一位	第二位	第三位
中东欧	从我国进口相关产品	和东道国企业合资建设重大项目	联合建立技术研发中心
南亚	和东道国企业合资建设重大项目	由我国政府援助建设重大项目	由我国企业独资建设重大项目

续表

地区	第一位	第二位	第三位
东南亚	从我国进口相关产品	和东道国企业合资建设重大项目	由我国政府援助建设重大项目
西亚中东	从我国进口相关产品	和东道国企业合资建设重大项目	由我国政府援助建设重大项目
东北亚	从我国进口相关产品	和东道国企业合资建设重大项目	由我国政府援助建设重大项目
中美洲	和东道国企业合资建设重大项目	和东道国企业合资建设重大项目	由我国政府援助建设重大项目
大洋洲	由我国政府援助建设重大项目	和东道国企业合资建设重大项目	从我国进口相关产品
非洲	和东道国企业合资建设重大项目	和东道国企业合资建设重大项目	由我国政府援助建设重大项目

（二）东道国更倾向于与我国国有企业开展合作

从总问卷结果分析来看，有38.7%的调查对象认为当前我国与东道国开展国际产能合作时应同时发挥国有企业和民营企业的作用，有30.7%的调查对象认为应重点择取国有企业投资的方式，也有16.8%的调查对象认为应重点择取民营企业投资的方式。图10为国际产能合作国有企业和民营企业作用调查结果。

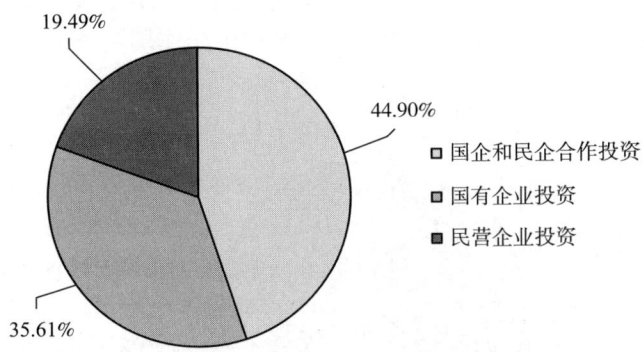

图10　国际产能合作国有企业和民营企业作用调查结果

从区域视角来看，东北亚地区和中东欧地区调查对象（国有企业投资为主和民营企业投资为主占比相同）并未给出明确的国有企业和民营企业的偏好；东南亚地区的调查对象（100%）、西亚中东地区（57.9%）、非洲地区（55.6%）以及中美洲地区（55.6%）均认为，开展国际产能合作时要选取国企和民企合作联合投资的方式；南亚地区（56.3%）和大洋洲地区（62.5%）则认为，开展国际产能合作时要发挥政府的积极作用并采取国有企业投资为主的方式。因此，可以认为，绝大多数发展中国家对和我国国有企业开展投资合作持支持甚至欢迎的态度，但也希望民营资本积极参与。表23为国际产能合作国有企业和民营企业分区域分析结果。

表23　国际产能合作国有企业和民营企业分区域分析结果　　　单位：调查数

因素	东北亚	东南亚	南亚	西亚中东	中东欧	非洲	中美洲	大洋洲	合计
国有企业投资为主	3	0	9	3	8	9	3	5	40
民营企业投资为主	3	0	1	5	8	3	1	0	21
国企和民企合作投资	2	6	6	11	1	15	5	3	49
合计	8	6	16	19	17	27	9	8	—

（三）东道国希望我国在国际产能合作中更多发挥政府的主导作用

从总问卷结果分析来看，有64.5%的调查对象认为当前我国与东道国开展国际产能合作时应发挥政府的主导作用，有24.6%的调查对象认为应重点发挥市场的决定性作用，有10.9%的调查对象认为不清楚是政府主导还是市场决定。图11为国际产能合作政府和市场作用调查结果。

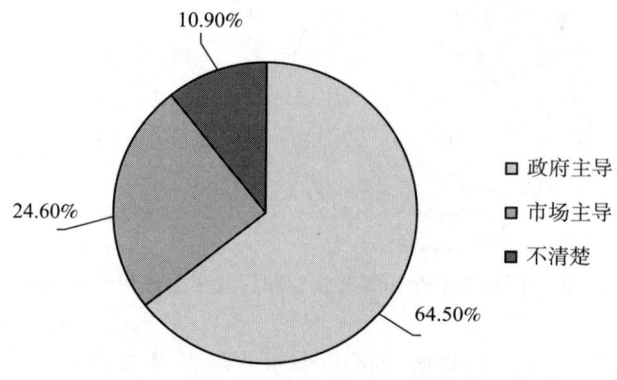

图11　国际产能合作政府和市场作用调查结果

从区域视角来看,除大洋洲地区之外,其余 11 个地区(东北亚地区:87.5%、东南亚地区:83.3%、南亚地区:58.8%、西亚中东地区:75%、中东欧地区:78.9%、非洲地区:64.5%、中美洲地区:66.7%)均认为当前开展国际产能合作要发挥政府的主导作用。这说明,发展中国家基本认为,在当前发展中国家市场发育不完善的情况下,只有发挥政府主导作用才能有效地推进国际产能合作。表 24 为国际产能合作政府和市场作用分区域调查结果。

表 24　　　　国际产能合作政府和市场作用分区域调查结果　　单位:调查数

	东北亚	东南亚	南亚	西亚中东	中东欧	非洲	中美洲	大洋洲	合计
政府主导	7	5	10	15	15	27	6	3	81
市场主导	1	1	2	5	4	11	3	2	28
不清楚	0	0	5	0	0	4	0	4	13
合计	8	6	17	20	19	42	9	9	—

(四) 东道国希望我国国际产能合作在融资机制上有所创新

调查结果显示,仅有 11.7% 的调查对象认为对亚洲基础设施投资银行、金砖国家新开发银行和丝路基金等金融机构的业务领域以及运作模式非常了解,不了解比例仍有 13.1%,一般了解和了解比例分别为 32.8% 和 41.6%。这说明这类新型融资机制尚未成为支持国际产能合作的主要方式,东道国仍对我国运用这类新型融资模式支持国际产能合作存在较大预期。图 12 为国际产能合作过程中对金融机构业务领域了解程度调查结果。

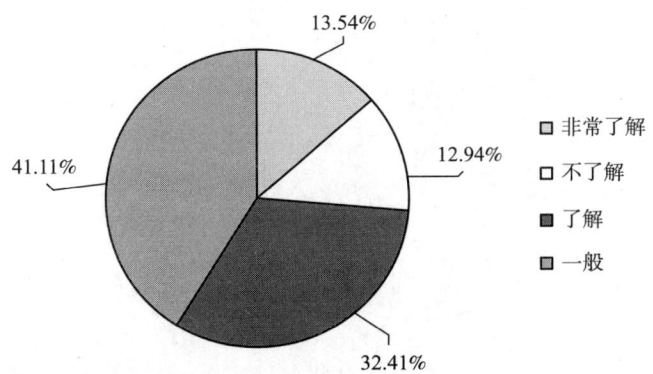

图 12　国际产能合作过程中对金融机构业务领域了解程度调查结果

从区域视角来看,调查结果显示,东北亚地区、东南亚地区和中美洲地区对亚洲基础设施投资银行、金砖国家新开发银行和丝路基金等金融机构的业务领域以及运作模式了解,南亚地区、中东欧地区、非洲地区和大洋洲地区对上述金融机构的业务领域和运作模式一般了解,而西亚中东地区调查对象则几乎不了解。表 25 为国际产能合作过程中对金融机构业务领域了解程度分析结果。

表 25　国际产能合作过程中对金融机构业务领域了解程度分析结果

单位: 调查数

了解程度	东北亚	东南亚	南亚	西亚中东	中东欧	非洲	中美洲	大洋洲	合计
非常了解	0	0	4	1	5	3	1	0	14
了解	7	5	5	5	5	10	5	2	37
一般	1	1	8	6	8	24	2	5	54
不了解	0	0	0	8	1	5	1	2	17
合计	8	6	17	20	19	42	9	9	—

(五) 东道国倾向于和我国共同建立专门支持国际产能合作的新机制

调查结果显示,有 91.2% 的调查对象认为需要新建合作机制来支撑双边产能合作,仅有 6.6% 的调查对象认为不需要新建合作机制来支撑双边产能合作。而在各区域,支持需要新建机制支撑双边产能合作的问卷均占绝大多数。图 13 为国际产能合作过程中对合作机制诉求调查结果。表 26 为国际产能合作过程中对合作机制诉求分区域调查分析结果。

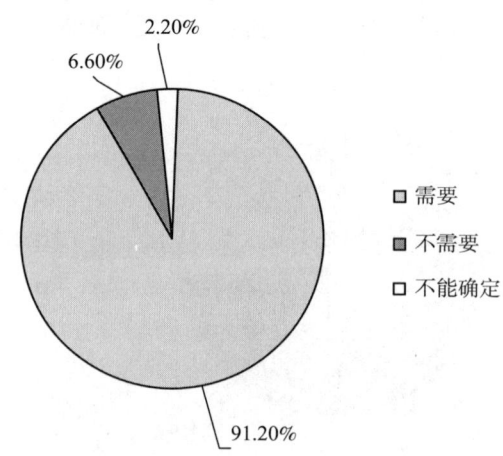

图 13　国际产能合作过程中对合作机制诉求调查结果

表 26　国际产能合作过程中对合作机制诉求分区域调查分析结果

单位：调查数

是否需要	东北亚	东南亚	南亚	西亚中东	中东欧	非洲	中美洲	大洋洲	合计
需要	7	5	15	20	20	40	7	7	121
不需要	1	1	2	0	0	3	1	1	9
合计	8	6	17	20	20	43	8	8	—

（六）东道国希望国际产能合作项目能和援助项目有机结合

调查结果显示，有86.9%的调查对象支持开展产能合作可以与援助项目相结合，仅有5.1%的调查对象认为开展产能合作不可以与援助项目相结合。从区域视角来看，调查结果显示，除东北亚地区外，所有地区的调查对象都支持开展产能合作与援助项目相结合。图14为国际产能合作过程中对援助项目诉求调查结果。表27为国际产能合作国有企业和民营企业分区域分析结果。

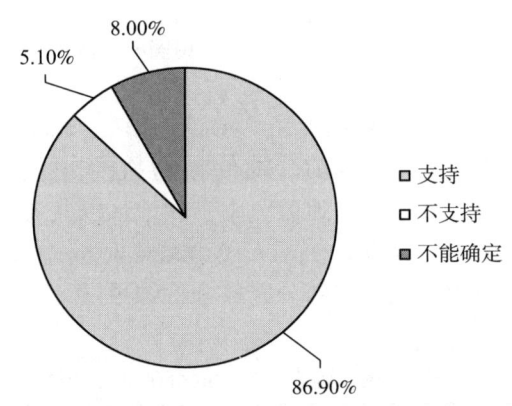

图 14　国际产能合作过程中对援助项目诉求调查结果

表 27　国际产能合作国有企业和民营企业分区域分析结果

单位：调查数

是否可以	东北亚	东南亚	南亚	西亚中东	中东欧	非洲	中美洲	大洋洲	合计
可以	1	1	14	11	10	36	4	8	85
不可以	1	0	1	0	2	1	0	0	5
合计	2	1	15	11	12	37	4	8	—

（七）东道国倾向于支持在国际产能合作中运用人民币进行结算

调查结果显示，有 49.6% 的调查对象认为当前开展产能项目合作时使用人民币结算时机已成熟，有 39.4% 的调查对象认为当前开展产能项目合作时使用人民币结算时机没有成熟。图 15 为国际产能合作过程中对人民币国际化影响调查结果。

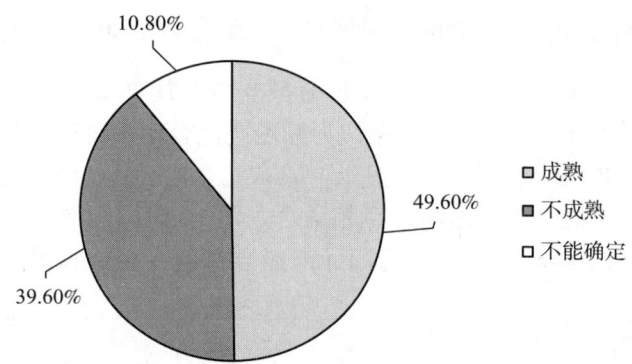

图 15　国际产能合作过程中对人民币国际化影响调查结果

从区域视角来看，调查结果显示，东北亚地区、东南亚地区、非洲地区和中美洲地区的调查对象认为当前开展产能项目合作时使用人民币结算时机已成熟，而南亚地区、西亚中东地区、中东欧地区以及大洋洲地区的调查对象认为当前开展产能项目合作时使用人民币结算时机并未成熟。表 28 为国际产能合作对人民币国际化影响的分区域分析结果。

表 28　国际产能合作对人民币国际化影响的分区域分析结果　　　单位：调查数

是否成熟	东北亚	东南亚	南亚	西亚中东	中东欧	非洲	中美洲	大洋洲	合计
成熟	6	4	7	11	8	23	5	2	66
不成熟	0	1	15	7	10	17	3	5	58
合计	6	5	22	18	18	40	8	7	—

（八）东道国认可国家发改委等宏观决策部门应在国际产能合作中发挥重要作用

从问卷结果来看，有 33.6% 的调查对象认为在开展国际产能合作过程中，国家发展和改革委员会、财政部等重要宏观决策机构最为重要；有27%的调查对象认为在开展国际产能合作过程中，外交部、大使馆等外事机构最为重要；有18.2%的调查对象认为在开展国际产能合作过程中，商务部等对外经济合作部门最为重要；有3.6%的调查对象认为在开展国际产能合作过程中，行业协会最为重要；有4.4%的调查对象认为在开展国际产能合作过程中，智库最为重要。从各区域情况看，除东南亚地区的问卷中认为外事部门处于最为重要位置的问卷占比排名首位外，其他地区认为宏观决策部门处于最重要位置的问卷占比均排名首位。图16为国际产能合作对最重要机构诉求调查结果，表29为各区域排名前三位的机构诉求情况。

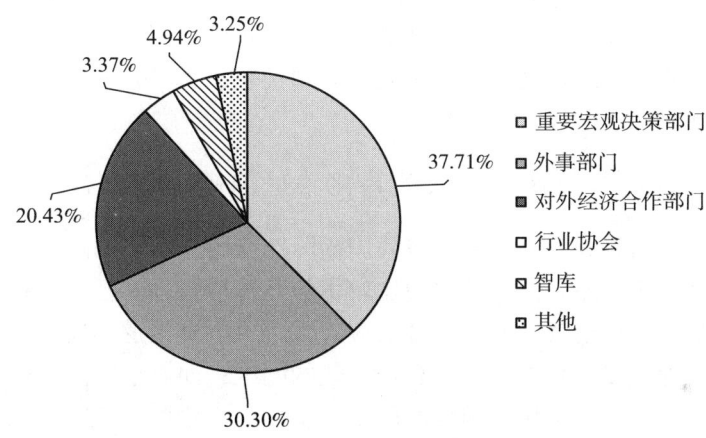

图16　国际产能合作对最重要机构诉求调查结果

表29　各区域排名前三位的机构诉求情况

地区	第一位	第二位	第三位
中东欧	重要宏观决策部门	对外经济合作部门	对外经济合作部门
南亚	重要宏观决策部门	对外经济合作部门	外事部门
东南亚	外事部门	重要宏观决策部门	对外经济合作部门
西亚中东	外事部门	行业协会	外事部门
东北亚	重要宏观决策部门	外事部门	对外经济合作部门
中美洲	重要宏观决策部门	外事部门	对外经济合作部门
大洋洲	重要宏观决策部门	对外经济合作部门	行业协会
非洲	重要宏观决策部门	外事部门	对外经济合作部门

五、政策建议

（一）持续增强我国企业的国际竞争力

问卷分析结果表明，我国企业在产品质量、技术水平、国际化经营能力等领域的综合竞争力相对落后是制约我国国际产能合作成效的最根本原因。建议采取进一步加大研发相关税收抵扣力度、强化对研发项目的金融支持、推进产学研对接等措施，积极提升我国企业的技术竞争力；加强国内质量标准体系建设，积极推进和东道国标准化体系对接，加强产品质量联合监督管理，提升我国企业产品质量；大力发展跨国咨询、法律、审计等专业服务业，推进企业日常运行规则和国际先进规则接轨，为提升企业国际化经营能力创造良好条件。

（二）针对不同区域特点差异化推进国际产能合作

问卷分析结果表明，不同区域我国国际产能合作面临的障碍以及东道国的诉求均存在明显差异。对于双边比较优势互补性较强、已经具有一定国际产能合作基础的东南亚、南亚地区，应着重解决融资渠道不通畅、当地劳动力成本较高等直接影响国际产能合作成效的问题；而对于非洲、中东欧等和我国经贸往来尚不够密切、国际产能合作基础尚不雄厚的地区，应首要解决信息不对称的问题，通过举办大型展会、产业技术培训班，通过发展援助实施一批示范项目等措施，来提升我国企业、产品在当地的知名度和影响力，为大规模开展国际产能合作奠定基础。此外，对于一些特点比较鲜明的地区采取一些特色性较强的国际产能合作方式，如在和中东欧地区开展国际产能合作时可采取由我国提供资本品并以此入股的形式，适当规避当地法律法规体系过于复杂带来的投资风险；在东南亚地区开展国际产能合作要注意防范发达国家在经济、政治、文化等方面的干扰，等等。

（三）逐步完善鼓励我国企业遵守国际通行规则、带动当地经济发展的相关机制

问卷分析结果表明，我国企业在带动当地就业、推动当地经济发展、履行社会责任、遵守环保等国际通行规则等方面仍有较大的提高空间。建议如下：一是建立海外企业行为监管机制，明确政法部门、纪检部门、审计部

门、环保部门等各部门对海外企业的监管责任,切实制止企业收受贿赂、破坏当地环境、侵害当地居民合法权益等严重破坏国际通行规则的行为;二是建立企业和东道国共同发展激励机制,对我国企业是否在实现自身发展战略同时有效地促进当地经济发展建立科学的评价体系,并给予适当的奖惩措施;三是和东道国的联合执法机制,保证和东道国在约束我国企业行为方面的信息畅通;四是信息获取机制,充分发挥华人华侨、社会组织、企业、驻外机构的作用,确保获取信息的真实性,防范东道国为维护不法利益侵害我国企业利益的行为。

(四)更好发挥政府在国际产能合作中的作用

问卷分析结果表明,在新兴市场国家整体市场经济体系不完善、营商环境较差的大背景下,单纯依靠市场机制推进国际产能合作很可能事半功倍,必须充分发挥政府作用,甚至在某种意义要发挥政府的"主导"作用。但这种"主导"作用并不是说将国际产能合作的主体由企业转变政府,而是体现在以下几个方面:一是由政府直接主导实施一些直接回报率低、短期回报率,但对于国际产能合作未来发展意义重大的大型项目,特别是重大基础设施建设项目;二是充分发挥政府力量,带动东道国政府共同为我国企业开展国际产能合作提供资金、土地、人才等方面的支持;三是强调合作机制引领作用,和东道国共同制定常态化的国际产能合作机制,形成重点区域、重点产业的国际产能合作具体发展路径,为企业开展国际产能合作搭建平台;四是优化政府决策审批程序,降低企业开展国际产能合作的制度成本。

(五)创新国际产能合作方式

问卷分析结果表明,东道国普遍认为我国国际产能合作现行合作方式仍有进一步改进的空间。突出表现在融资模式创新不足、援助项目和国际产能合作未能有机结合、人民币应用频率较低等方面。建议如下:一是建立开发性金融机构、财政资金、亚投行等我国影响力较强的国际金融机构资金等多类资金的综合协调机制,积极对接东道国和我国企业国际产能合作需求,降低融资成本;二是积极探索援助项目和国际产能合作互相促进的新型合作模式,以援助资金解决国际产能合作可能出现的环保、文化保护等"短板"问题;三是加快推进人民币国际化进程,鼓励在国际产能合作项目中运用人民币进行结算;四是鼓励国有企业和民营企业发挥各自优势,共同参与国际产能合作项目。

(执笔人:曲凤杰 李大伟 杜 琼 季剑军 金瑞庭)

调研报告四

关于苏皖两省开展国际产能
合作情况的调研报告

2016年3月1日至3日，对外经济研究所调研组赴江苏省南京市和安徽省合肥市开展实地调研。期间，课题组听取了江苏、安徽两省发展改革委、商务厅、经信委及国开行省分行等相关部门以及海螺水泥等重点企业的介绍，实地考察了南京高精传动设备制造集团、安徽农垦集团、江淮汽车及安徽外经建设集团，并就当前推进国际产能合作面临的主要问题以及下一步工作思路和对策等进行交流和讨论。现将有关情况汇报如下：

一、国际产能合作成效显著

（一）产能合作积极推进

江苏省围绕"四大装备制造领域"和"四大传统优势行业"的总体谋划，以点带面，分类实施，积极推动国际产能合作。截至2015年末，江苏全省累计对外投资项目4736个，实际投资208亿美元。其中，制造业富余产能对外投资项目数838个，中方协议额68.2亿美元，分别占全省同期制造业对外投资总量的67%和78%。2015年，江苏全省对外承包工程业务完成营业额88亿美元，增长10%。其中，纺织方面，江苏AB集团分别于2006年和2010年在柬埔寨设立两家纺织公司，总投资额6450万美元，目前项目进展顺利。光伏方面，常州天合光能有限公司已进军马来西亚、波兰、印度等国，设立了5个500MW光伏组件项目和1个500MW电池项目，总投资额10.35亿美元。家电方面，汇鸿（尼日利亚）公司年出口额1000万美元以上，建立了遍布尼日利亚36个州和1个首都区的营销网络和售后服务网络，SKYURN已成为当地十大家电品牌。建材方面，江苏恒远国际已成功入驻坦桑尼亚，并计划建设一条日产3000T的水泥生产线，总投资额达1.5亿美元。①

安徽省围绕"突出周边、主攻非洲、开发拉美、拓展亚太、探索欧美"的战略布局，大力开展国际产能合作。2015年，安徽全省实际对外投资9.7亿美元，增长1.1倍；对"一带一路"沿线国家投资4亿美元，增长5.7倍；新签1000万美元以上的项目46个，合同额29.7亿美元，分别增长15%和26.1%。其中，矿产资源方面，安徽铜陵有色和中铁建按照7∶3的股比成立合作公司，共同投资建设厄瓜多尔铜矿开发项目，目前该项目已开工建设。汽车方面，奇瑞汽车投资4亿美元在巴西建设汽车项目，一期产能为年产5万台汽车，目前工厂正在试运行；江淮汽车投资2.5亿美元在巴西建设汽车项目，目前已经完成前期工作。建材方面，海螺集团在印度尼西亚南加里曼丹、孔雀港、西巴布亚以及缅甸皎施等地的项目均已顺利开工建设。农业开发方面，安徽农垦集团在津巴布韦的农业开发项目已取得显著的经济社会效益；丰原集团在巴西和匈牙利投资建设的玉米深加工项目也都已开工建设。跨国并购方面，目前马钢已成功竞标法国瓦顿公司，获得高铁车轮技术；中鼎集团通过收购美国库伯公司和高仕利公司等，成功进入高端装备密封产品领域。②

（二）合作模式不断创新

境外经贸合作区已经成为江苏、安徽两省推进国际产能合作的重要平台。江苏省重点引导全省的优势富余产能向柬埔寨西哈努克港经济特区、埃塞俄比亚东方工业园和印度尼西亚加里曼丹岛农工贸经济合作区等国家级经贸合作区和省级境外产业集聚区转移。安徽省积极推动奇瑞汽车巴西汽车产业园、省农垦集团津巴布韦农业合作区、省外经建莫桑比克贝拉商贸物流三个省级境外经贸合作区建设，引导汽车、装备制造、有色金属材料、钢铁、生化、家电、纺织等优势产业向境外经贸合作区转移，并鼓励在境外建立生产加工和物流配送基地以及为本省出口服务的商品展示销售中心。

企业联盟是安徽省开展国际产能合作的一项重要模式创新。为切实提升皖企抱团"走出去"组织化程度、降低"走出去"成本、提高"走出去"效率和抗风险能力，2013年安徽农垦集团牵头成立"皖企赴津（巴布韦）

---

① 江苏省发展改革委、商务厅、经信委等相关部门提供。
② 安徽省发展改革委、商务厅、经信委等相关部门提供。

合作开发联盟"，以吸纳农业上下游产业企业资源对接和产业互补，积极稳步推进"走出去"协同发展。该联盟办公室设在省农垦集团，并设立了《联盟章程》和《引资入津合作开发企业管理办法》。目前，联盟已经有41家成员单位，涵盖农资供应、种业、农机、食品加工、物流贸易等"一体化"产业。截至2015年12月，联盟先后组织50余家国内企业赴津（巴布韦）考察，并有上海航征国际货运运输代理有限公司、安徽天瑞生态科技有限公司等5家企业赴津投资，实际完成投资额多达1000万美元。

企业在走出去的过程中，也根据所处行业的特点和自身能力不断探索对外投资和合作模式。安徽海螺水泥自身实力比较强，在东盟进行战略布点：印度尼西亚南加海螺一期3200t/d熟料生产线顺利建成投产，印度尼西亚孔雀港粉磨站、马诺斯、西巴布亚等水泥项目有序推进。全部项目建成后，公司在印度尼西亚的熟料、水泥总产能将分别达到2000万吨和2500万吨；缅甸也是海螺水泥在国外布局的重点，皎施海螺去年11月开始新建日产5000吨熟料生产线，曼德勒水泥工厂、码头项目顺利推进。公司在缅甸的水泥总产能将达到1000万吨；2015年12月28日，公司与老挝吉达蓬集团签署合作框架协议，将在老挝首都万象合作建设一个大型水泥生产项目，并将水泥窑处理城市生活垃圾技术引入当地。据介绍，一些国内水泥企业，因为海螺的实力而不敢在东盟"轻举妄动"，这也印证了只有国内优势产能在国外才有竞争力的道理。

（三）合作机制逐步建立

为贯彻落实国务院《关于推进国际产能和装备制造合作的指导意见》文件精神，2015年9月江苏省政府办公厅印发了《江苏省推进国际产能和装备制造合作行动方案》，方案中明确提出要重点发展工程机械、轨道交通、新型电力、船舶和海洋工程等4个重大装备制造领域，纺织、石化、冶金、建材等4个传统优势行业，力争到2020年全省优势产能和装备制造业境外投资中方协议投资额年均增长10%以上，建成一批境外产能和装备制造合作基地，并形成一批具有较强国际竞争力的本土装备制造跨国公司。根据该方案要求，建立了由省发改委和省商务厅作为双牵头部门的国际产能和装备制造合作部门联席会议机制，定期不定期召开联席会议，以研究制定重大推进决策并协调解决重大问题。在充分对接国家发展改革委《推进国际产能和装备制造合作三年行动计划（2016~2018）》的基础上，省发改委还组织编制了《江苏省推进国际产能和装备制造合作三年（2016~2018）行动计划》和《江苏省推进国际产能和装备制造合作 2016 年重点工作任务》。2016 年 1 月，江苏省与国家发展改革委建立推进国际产能和装备制造合作委省协同机制，进一步明确重点合作领域和重点合作国别，并有 29 个重大项目纳入国家国际产能合作重点国别规划予以统筹推动。

安徽省于 2015 年 12 月印发了《安徽省人民政府关于推进国际产能和装备制造合作的实施意见》，并于 12 月 17 日与国家发展改革委建立了推进国际产能和装备制造合作委省协同机制。双方商定，国家发展改革委将在建设多双边合作机制、制定国际产能合作重点国别规划、争取金融机构融资支持、设立国际产能合作股权投资基金等工作中对安徽予以支持，安徽省将围绕建材、汽车及零部件、钢铁、有色、光伏、工程机械、农业、生物化工等重点领域和亚洲周边国家、欧洲、非洲及南美洲等重点区域，制定扶持激励政策，建立动态更新的重点项目库，积极推进安徽本省企业开展国际产能合作。

二、推进国际产能合作面临的问题和困难

2015 年是我国从国家层面推动国际产能和装备制造合作的第一年，在党中央、国务院的坚强领导下，两省在推进国际产能和装备制造合作方面取得了显著成效。但从整体上看，目前两省开展国际产能和装备制造合作尚处于起步阶段，面临的问题和困难仍然较多。主要是：

（一）境外投资的重点地区政局不稳，政策缺乏连续性，对外投资权益难以保障

安徽省境外投资的重点地区主要是南亚、西亚和非洲地区，而这些地区普遍存在政局不稳、政府更迭频繁及政策缺乏连续性等问题。企业普遍反映，东道国政府税收政策、外资政策等往往因政府执政党或领导人的变化而频繁变化，大幅加剧企业经营风险。我国和津巴布韦经贸合作的龙头企业之一安徽外经建设集团反映，近期津巴布韦连续出台了"外资本土化"和"钻石矿国有化"两项政策，前者要求所有外资企业向津政府提交"本土化实施计划"，保证企业股权的 51% 以上归津本国公民所有，后者则要求将东部马郎吉地区的六家主要钻石开采企业（包括两家中津合资企业）的所有权强制整合到津巴布韦联合钻石公司这一国有企业。受这些政策影响，两家中津合资的钻石开采企业已被勒令停产，其他领域的中资企业也可能会受到

很大冲击。

（二）企业跨国经营能力不强，推进产能合作难以深入

与主要发达国家相比，很多领域尤其是装备制造业在规模、技术、品牌和营销网络等方面国际竞争力不强，成为我国国际产能和装备制造合作的主要制约因素。江苏、安徽两省的机械装备制造业规模和实力在全国具有明显优势，且不乏初具国际化雏形的徐工集团、奇瑞集团，但有国际竞争力的企业和成熟大型对外投资项目也不多，2015年江苏省平均单个项目投资额仅1000万美元，安徽省平均单个项目投资额只有470万美元，两省真正具有跨国经营能力的企业屈指可数，在全球范围内布局价值链的能力和发达国家大型跨国公司仍存在很大差距。安徽江淮汽车是我国目前自主研发能力较强的综合型汽车企业，虽然与意大利、日本已有多年的汽车整车设计合作经验，但在拓展东南亚和南美洲市场时其产品质量和性能仍明显落后于发达国家同类产品，目前拥有的当地市场份额尚不足1%。

（三）相关政策尚未形成合力，支持力度也不够大

推进国际产能合作的相关政策涉及面广，不仅包括对外直接投资政策，还涉及装备技术和产品贸易、对外工程承包、境外合作区、官方发展援助、财税金融及产业发展等一系列政策，但这些政策往往"各自为战"，难以形成合力。调研中了解到，安徽农垦在津巴布韦开展农业开发，建立农业合作示范基地，但援非农业技术示范中心项目由另外一家中资企业负责实施，资源不能共享。

此外，目前我国推进国际产能合作的政策效力也有待提高。如，我国和东盟在汽车领域有着较大的合作潜力，但由于中国—东盟FTA对汽车整车及关键零部件的关税减免不到位，东盟地区对我国相关产品进口关税仍高达50%，远高于对日本的10%左右。可见，中国—东盟FTA对我国汽车企业开拓当地市场助力不大。再如，《境外投资项目核准和备案管理办法》明确要求，中方投资额3亿美元及以上的境外收购或竞标项目必须向国家发改委报送信息报告并获取确认函之后才能开展收购工作。但在实际过程中，只有最先报送信息报告的企业方能获取确认函，一旦获得确认函的企业参与竞标失败或放弃竞标，即使其他中方企业更有实力且有竞标意向，但因未能获取确认函而无法参与相关竞标，最终错失投资合作机会。

（四）金融保险体系不健全，"融资难"问题比较突出

第一，受近年来国内外形势影响，金融系统存量项目风险积累，商业银行的不良贷款增加，金融企业本身对金融风险防控提出了更高的要求。中资银行更倾向于支持中央国有企业和大型地方国企，而民营企业面临的融资难问题却难以根本解决。

第二，中资银行"走出去"目前处于起步阶段，设立分行比较少，即便设立分行，消费信贷等业务模式也没有广泛开展。据江淮汽车有限公司介绍，由于日资银行为其日资企业的汽车销售提供信用贷款，我国银行尚未对中资汽车生产企业提供类似的金融服务，也使我国汽车的市场竞争力受到一定的影响。

第三，我国企业开展国际产能合作大多采取"内保外贷"，即以企业国内的资产进行担保，所贷款项用于境外。据多数企业反映，在采取"内保外贷"方式的情况下，如一家企业本身投资规模大，或开展产能合作的区域性多点布局，往往会因缺乏国内担保资源而不能获得资金支持，从而丧失发展机遇。

第四，政策性资金普遍存在分散化设立和小规模运作的特点，导致政策效果大打折扣。江苏省现有的资金支持渠道主要有：外经贸发展基金、省级商务发展资金、省级战略性新兴产业发展专项资金、省级工业和信息产业专项资金等。目前看，各部门之间相互独立且采取交叉的"撒胡椒面"式的支持措施，严重影响了相关政策的实际效果。

（五）服务体系不完善，市场秩序有待规范

目前，中资企业到境外开展国际产能合作面临最大的挑战是对当地的法律、政策、市场和文化环境缺乏深入了解。商务部发布的对外投资合作指南已经远远不能满足我国企业海外业务开拓和发展的需要，企业自身往往需要针对目标市场开展大量的市场调研和咨询工作。调研中企业普遍反映，国内研究咨询机构以及法律、会计、财务、评估和投资咨询等专业服务机构发展落后，企业很难寻求到有针对性的咨询服务和帮助。

由于行业协会等行业自律性组织发展不足，缺乏对企业境外投资和工程承包行为进行有效规范和管理，导致企业间出现恶性竞争，对市场秩序造成破坏，影响我国企业海外的整体形象，不利于我国企业持续拓展和深化国际产能合作。

三、相关政策建议

（一）发挥好中央政府在推进国际产能合作中的重要作用

推动国际产能合作不仅是对外经济技术合作，还是一项涉及国际关系和地缘政治等问题的复杂系统工程。因此，要综合考虑与我国与合作对象国的双边政治关系、经济关系、产业互补性以及对象国的市场开发潜力和区域辐射能力等诸多因素，在全球范围内对推进国际产能和装备制造合作的重点国家进行战略布局，并加强宏观层面的规划和引导。中央政府要致力于营造良好的双边关系和合作氛围，构建有利于深化双多边合作的政策框架，在货物通关、人员出入境、货币结算、司法、税收等方面建立务实有效的合作机制，为开展国际产能合作创造基础条件。同时，要将地方推进国际产能合作中遇到的重大问题纳入双多边合作机制磋商和对话中加以统筹考虑，鼓励和支持地方企业更多参与双多边合作机制和相关产业对接合作活动。

（二）加强对重点国别的合作指导

建议在《国际产能和装备制造合作重点国别规划》的基础上，统筹推进与重点国别开展国际产能合作。当前，应加强对重点国别指引研究，全面系统提出合作机遇、主要项目和存在风险等重要基础信息，并切实引导相关企业针对在贸易关系密切、合作基础较好、产业互补性强的重点国家和地区制定有效的国际产能合作对接方案。

（三）推动国际产能合作与共建"一带一路"紧密衔接

"一带一路"战略是我国今后一个相当长时期内对外开放和国际经济合作的总战略，而国际产能合作正是推动"一带一路"战略顺利实施的重要平台和有力抓手。当前，要把推动国际产能合作和"一带一路"战略紧密结合起来，形成政策叠加效应，为拓展我国经济发展空间、加快国内经济结构转型、推动产业迈向全球中高端、提高开放型经济水平发挥重要的支撑作用。目前，我国已开展"一带一路"框架下与重点国家的合作规划编制工作，而国际产能合作也是"一带一路"框架下双多边合作的重要内容，建议加强相关研究力量和规划资源的整合，促进国际产能合作重点项目库与"一带一路"重点项目库的有机统一。

（四）支持利用境外合作区、企业联盟等多种形式抱团出海，避免行政手段的过度干预

境外经贸合作区是企业"走出去"的重要平台，但境外经贸合作区的建设受到东道国政策、市场需求、劳动力技术水平等多重因素影响，应避免一哄而上和"拔苗助长"。企业联盟虽然有利于企业抱团出海，但联盟牵头企业往往在行政力量的干预下被动承担一些额外的成本和负担，实际运行中存在一些协调不力等问题。由于企业联盟多以某一地方政府推动，往往会排除省外企业的加入，在加强"一省一国"政策引导的情况下，可能导致在境外出于本省企业或企业联盟利益的考虑而人为设置相关壁垒，进而影响我国企业在境外的合理布局。因此，在推进利用境外合作区、企业联盟等多种形式抱团出海的同时，应充分尊重企业的主体地位，避免使企业过度承担不必要的政府职能。

（五）构建完善的金融服务支持体系

要统筹安排和布局金融政策资源，完善包含政府补贴、政策性金融、商业资本等在内的综合金融支持体系，着力解决相关部门各自为战的现状。鼓励境内金融机构加快境外布局，为"走出去"企业提供更好的融资支持与服务指导，大力发展海外消费信贷等新型业务。加快推动开展"外保外贷"等新型融资方式，探索与境外金融机构联合，实现国内外金融机构对境外投资或工程承包企业进行共同担保，允许企业以境外资产、股权、土地开发权等抵押物担保贷款。推动国内股权基金和风险投资基金参与到海外项目投资中。

（六）强化行业协会的桥梁纽带作用

加强行业协会与金融机构、政府部门、外国驻华使馆等相关方面的沟通联系，配合商务部，为企业提供重点国家资源禀赋、营商环境、潜在项目、重大风险等各类信息。建立政府部门、企业、行业协会等围绕产能合作区域的相关信息的共享平台。加大行业协会对工程承包、法律税收、财会等方面的国际咨询服务支持力度，为我国企业"走出去"提供优质认证和咨询服务。不断强化行业协会的业内治理职能，有效杜绝和防止"走出去"过程中出现无序和恶性竞争。

（执笔人：吴涧生　曲凤杰　杜琼　金瑞庭　李大伟　季剑军）

调研报告五

推动企业"走出去"、积极开展国际产能合作

——海螺水泥"走出去"、开展国际产能合作的经验和启示

一、海螺水泥发展历程和"走出去"现状[①]

我国是水泥生产与消费大国。随着经济高速增长,水泥工业得到快速发展,2014年全国规模以上水泥产量达到历史峰值24.76亿吨,占世界水泥产量的60%以上。参考主要西方国家和地区人均水泥消费量情况可以发现,世界范围内主要国家水泥人均消费峰值在500~1000千克/年;而我国2014年人均水泥消费量达到1810千克/年高峰。由于宏观经济增长放缓和水泥需求萎缩,2015年我国水泥产量出现自1990年以来的首次下降,全年水泥产量23.48亿吨,比上年减少1.3亿吨,下降近5%。

经济进入新常态,国内产能富余问题日益突出。要加快"走出去"步伐,把握国际市场需求,积极开展国际产能合作,拓展产业发展新空间,打造产业发展新动力。海螺水泥是其中的先行者。

(一)走出大山,多种经营

海螺水泥前身是地处皖南山区的原宁国水泥厂。20世纪90年代初期,改革大潮将这个名不见经传的水泥厂变得生机勃勃。我国最早引进的两条日产4000吨新型干法水泥熟料生产线之一就落户于此。1995年,海螺水泥兼并铜陵水泥厂,凭借技术、管理、资金优势,通过10个月的努力,将这个长达13年的"胡子"工程画上了句号,投资也从原来的16亿元降到了13

---

① 本部分内容根据安徽海螺水泥股份有限公司提供资料整理。

亿元。接着，海螺水泥并购白马山水泥厂，创造了"安徽资产存量调整最成功的范例"。1996年，海螺集团成立。

（二）走向全国，做大做强

布局长三角。海螺水泥开创"T"形战略，将传统的水泥生产过程科学地分解为两个部分：在长江沿岸石灰石资源丰富的地区兴建和扩建熟料生产基地；在发达的沿海地区低成本收购具有市场潜力的小水泥厂，并将其改造成水泥粉磨站，就地配置生产水泥最终产品，形成了具有海螺特色的发展模式，成功解决了水泥企业做大所遇到的"运输成本高、销售区域受限"的瓶颈问题。

进入21世纪，海螺水泥借助产业结构调整的东风，迅速布局珠三角和中部地区。2001年起，短短5年间，海螺人以新建、并购改造等方式，先后在广东、广西、湖南等地建成了多个大型水泥厂，在优化区域水泥产业结构的同时，拓展了自身的市场版图。2008年，海螺水泥加速了向西部进军的步伐，先后在四川、重庆、陕西、贵州、甘肃等地建立子公司。通过10多年的快速发展，海螺的足迹已遍布我国20多个省区市，占据全国10%的水泥市场份额。2014年，其利润贡献率占据了行业利润的18%之多。2015年，中国水泥协会公布水泥上市公司综合实力排名，海螺水泥位列榜首。2016年1~4月，我国水泥全行业亏损24亿元，而海螺水泥利润达到25亿元。

（三）走出国门，创新空间

1997年10月海螺水泥在香港挂牌上市，开创了水泥行业在港上市的先河。2009年，海螺水泥出口水泥熟料732万吨，占我国出口水泥熟料的60%以上；2011~2015年合计出口2661万吨；历年累计出口达9190万吨。海螺出口水泥熟料产品销往近70个国家和地区，成为全球最大单一水泥品牌出口商，海螺品牌在国际市场上被广泛认同，为海螺水泥全球战略实施和产业国际化奠定了基础。

为实现产品、技术输出向资本输出的跨越，海螺集团将国际化战略列入公司五年发展规划，通过"十二五"期间的努力，已先后完成了对印度尼西亚、缅甸、柬埔寨、老挝、俄罗斯等"一带一路"周边国家的投资考察和规划布局。第一个海外项目——印度尼西亚南加海螺首条日产3200吨熟料生产线已于2014年11月投产运行，第二条生产线即将建成投产，印度尼西亚西巴、孔雀港、巴鲁、马诺斯、北苏等项目已开工或开展前期工作。在缅甸，与缅甸工业部合作的皎施日产5000吨水泥熟料生产线项目已经开工，巴安等项目正在开展前期工作。海螺集团还正式签署了老挝万象、琅勃拉邦以及柬埔寨马德望水泥项目合作协议；对俄罗斯车里雅宾斯克州、乌里扬诺夫斯克州水泥项目进行了考察和洽谈，不断丰富境外储备项目库。

二、企业开展国际产能合作面临的主要问题

（一）海外风险的规避和应对

（1）政治法律风险。海螺水泥的投资重点主要是东南亚等周边发展中国家，整体营商环境欠佳，部分国家甚至存在政局不稳的现象，东道国政府架构变化、一些政治势力的偏见和腐败将会直接影响相关合作项目的可持续性。海螺的实践表明，我国企业"走出去"要密切与当地合作方的沟通和合作，通过当地合作方的社会资源加强形势预判，提前采取规避措施。同时，对东道国法律要有深入的了解和研究，以规避法律风险所带来的"额外成本"。以柬埔寨为例，其法律规定，若外资占比超过50%，那么该公司将无法成为柬土地的所有者，故多数中资企业会选择出资少于50%，结果往往也就丧失了对合资企业的主导权。若对柬法律体系做进一步研究，其实出资过半的中资企业完全可以通过土地特许的方式来获得70年的土地使用权，而多数企业对上述法律例外条款并不了解。

（2）海外建设条件风险。从海螺水泥"走出去"情况来看，面临着东道国土地、水、电及道路等一系列发展条件制约。例如，东南亚国家普遍实行土地私有制，但由于个体利益诉求差异较大，征地时"漫天要价"现象时有发生，导致谈判代价不断增加。再如，一些东道国的道路运输标准也存在着较大差异，俄罗斯规定货车最大载重量不得高于50吨，且每年4~5月融雪季节货车上路必须要获得政府批件；而柬埔寨则规定货车最大承载量不得超过40吨。如果对上述情况缺乏了解，没有采取相应的措施，企业往往会遭到不必要麻烦和损失。

（3）汇率风险。目前，多数东南亚国家经济发展水平低，容易受到国际资本冲击，货币频繁出现大幅动荡，如果我国企业"走出去"缺乏对冲汇率波动的经验以及管控汇率风险的能力，往往会造成企业汇兑损失，并严重影响企业的投资收益和国际竞争力。

（4）税收风险。国外税收体系与国内不同，税基、标准和架构差异较大，具体税种如所得税、财产税和增值税等征收方式多种多样。以海螺水泥主要投资目的国印度尼西亚为例，其对外国矿产资源投资者股权转让征收较高所得税，若企业前期对相关政策缺乏了解，在实际运作过程中必将增加税收负担，进而影响企业活力。

（5）环保风险。近年来，随着投资目的国NGO等组织的兴起，中资企业在开展对外投资过程中越来越多地感受到来自环保的压力。从海螺水泥"走出去"的情况看，目前在一些东南亚国家开展绿地投资过程中，"项目环评"过程大大增加了企业的时间成本。具体说来，项目动工前，必须要经过"机构环评→公示→全民大会→协调会"等环节，甚至会出现多重反复，无形中弱化了企业的议价能力。对此企业要有足够的重视。

（6）人力资源风险。一方面，同海螺水泥"走出去"作比较，我国有不少企业面临着海外人才匮乏的问题，主要是缺少熟悉国际规则、具备国际投融资经验的财务和管理复合型人才，以及专业技术人才。另一方面，很多东道国，例如印度尼西亚、菲律宾等东南亚国家对非本国公民入境工作均实行用工配额制，不同期限内颁发的工作签证数量变化较大，给我国企业海外产能合作项目建设带来了一定不确定性。

（7）恶性竞争风险。随着越来越多的中资企业走出国门开展国际产能合作，在一些东道国或其中的一些局部地区已出现企业肆意压价等恶性竞争现象，特别是中国品牌和中资企业间的恶性竞争和相互"拆台"行为，在一定程度上影响了我国家整体形象和国际产能合作的可持续推进。

（二）国家相关政策的协调和落地

开展国际产能合作的主体是企业，应当以市场为导向，按照国际惯例和商业原则开展合作；但在制定规划和安排具体项目的过程中，一些部门和地方政府主导的色彩仍旧浓厚，市场的决定性作用尚未得到应有的尊重。

一些政府推动设立的产能合作基金，企业反映门槛太高，"可望不可及"，好的政策还需要有效落地的措施。国家部门间政策需要进一步协调。例如，我国外交部、公安部分别管理因公、因私护照，财政部制定有关财务制度。从海螺水泥"走出去"情况看，因目前有些东道国无法给因公护照持有者发放工作签证，类似海螺水泥这样的国企员工只能持因私护照出境参与项目建设，但按照财政部相关要求，国有企业是不能给持因私护照出境人员报销差旅费的。

此外，从政策层面推进国际产能合作，需要中央和地方各级政府的上下衔接、共同努力，才能取得好的预期效果。但由于受传统"运动式"项目管理模式影响，政出多门、分散管理和上下边界模糊等现象仍较普遍，难以形成合力，从而弱化了推进企业开展国际产能合作的政策效力。

（三）金融、咨询等服务体系建设和支持

开展国际产能合作需要有金融、保险、信息、咨询等一系列服务要素的支撑和保障。从海螺水泥"走出去"的情况看，企业进入海外相对陌生市场，特别需要深入了解东道国经济社会和市场行业发展的情况，但目前有关这方面的信息、咨询、法律、会计、财务、评估和投资中介等服务远不能满足企业"走出去"的现实需求。

在金融方面，我国企业海外发展项目很多采用"内保外贷"的融资方式，但许多民营企业由于缺乏国内担保资源，海外资产又不能作抵押担保，往往较难获得资金支持；中资银行海外分行以及国家层面的产能合作基金更多倾向于信用有担保的央企和地方国企，对于民营企业的支持力度较小，进而导致民营企业海外"融资难、融资贵"，一定程度上制约了企业开展国际产能合作的能力。

三、海螺水泥开展国际产能合作的经验和启示

（一）坚持开放发展理念，培育国际竞争与合作新优势

经济全球化是企业谋划发展所要面对的时代潮流。我国 30 多年的发展成就得益于对外开放，已成为世界第二经济大国、最大货物出口国、第二大对外直接投资国和最大外汇储备国。我国企业已开始从产品输出阶段向产业资本输出阶段转换，从引进海外跨国公司向培育和输出本土跨国公司演进。海螺水泥的经验表明，企业特别是具有国际化发展实力和前景的企业，亟须突破"本土企业、国内发展"的思维定式和路径依赖，坚持开放发展理念，充分利用国内外两个市场、两种资源，科学谋划国际化发展战略和举措，坚定不移"走出去"，实现企业发展转型升级。特别是水泥等产能富余行业的企业，国内发展已顶到天花板，严峻的现实倒逼供给侧改革，企业更需要全球视野，培育国际竞争与合作新优势，积极拓展国际发展空间。

（二）坚持在不平衡格局中，谋求国际合作的发展空间

经济不平衡及其位势差是产品、资源、生产要素国际流动的客观前提，也是国际产能合作的主要动因。某些行业在一国国内属于富余产能，但在其他一些国家则可能是短缺产能。利用这种不平衡输出产能，不仅可以缓解国内富余产能压力，使本国企业获得新的更大发展空间，而且可以满足产能输入国的需要，优势互补，实现共赢。如2014年印度尼西亚全国水泥消费量5991万吨，人均仅240公斤，水泥价格平均在85~100美元，高于世界平均水平。预计到2020年，印度尼西亚水泥需求量超过1.2亿吨。从供应情况来看，印度尼西亚已建成17家水泥企业，水泥产能6600万吨/年；在建的8家水泥企业新增水泥产能3260万吨，总产能将达到9860万吨/年，仍有很大缺口，水泥市场潜力较大。① 再如，缅甸约有6100万人口，经济和基础设施建设还处于起步阶段，经济发展潜力大。目前，缅甸国内水泥工业水平较为落后，仅有14家水泥工厂，熟料生产线规模多在日产1000吨以下；全国现有水泥供给量不足600万吨/年，远远不能适应经济发展的需要。海螺水泥正是从这种不平衡态势中谋求国际合作的市场空间和投资机会，凭借资本、技术和经营管理等优势，受到印度尼西亚和缅甸等国家有关方面的欢迎。

（三）坚持先进产能输出，开拓国际合作的市场和商机

在不平衡格局中输出产能，绝不意味着可以输出落后产能。海螺水泥坚持走技术进步的发展道路，通过引进消化、自主研发、集成创新，取得了众多的科技成果，形成了具有我国自主知识产权的日产5000吨新型干法生产线成套技术，打破了国外厂家多年的技术垄断。海螺水泥在铜陵、芜湖建成的3条全球规模最大、日产12000吨新型干法水泥熟料生产线，代表着当今世界水泥行业的先进水平。有强大的科技创新能力做支撑，在日趋激烈的跨国公司竞争中，海螺水泥坚持以先进技术为核心竞争力，将国际水泥行业领先的大型干法水泥生产线技术、烟尘处理技术、水泥窑低温余热发电技术、垃圾处理等节能环保新技术导入海外合作项目，保证国际合作项目高起点、高技术、高标准，从而赢得当地社会的认可与欢迎。

---

① 中华人民共和国驻印度尼西亚共和国大使馆经济商务参赞处。

(四)坚持结伴互利共赢,建立和发展良好的国际合作关系

国际产能合作需要有好伙伴结伴同行。特别是企业"走出去"伊始,进入陌生的国度,对当地市场、资源、社会、法律等缺乏深入了解,开展工作面临相当大的困难。因此,寻求和发展当地具有良好社会资源的合作伙伴是企业"走出去"的重要环节。

如香港昌兴公司是一家十分熟悉东南亚市场发展的国际企业,海螺水泥与其合作成立印度尼西亚南加里曼丹海螺水泥有限公司,该项目总体规划2条日产3200吨熟料生产线,年产310万吨水泥粉磨,建设2×35MW燃煤电站和12MW余热电站,以及相关的生产和生活辅助设施。由于双方发挥各自优势,密切合作,使项目得以顺利推进。一期工程2012年12月开工,已于2014年11月投运;二期工程2014年12月开工,将于2016年6月按期全部投运。

又如,海螺水泥在缅甸投资伊始,就联合缅甸MYINT投资集团公司组成联合体,实现海螺资本、技术与MYINT公司良好社会资源的强强联合,一举成功中标缅甸工业部第三重工集团下属皎施水泥项目,随后又取得缅甸国家MIC机构签发的投资许可证、海螺缅甸生产经营许可证及进出口许可证。在缅甸工业部、曼德勒省政府关心与当地社会支持下,海螺的缅甸投资项目和工程建设有序顺利推进。

(五)坚持履行企业社会责任,赢得国际合作的民心支持

企业社会责任是国际投资规则和标准中日益重要的内容,决定了企业"走出去"能否在海外立足的重大约束条件。海螺水泥在开展国际产能合作过程中,强调企业必须适应当地需求,履行社会责任。如海螺缅甸公司应当地社会所需,主动为皎施工业园区医院送去药品,缓解医院缺药难题;为当地资助修公路、捐资建寺庙,与当地居民结下了友谊。海螺缅甸公司先后两次组织环评、社评现场审查会议,邀请公司附近居民参加会议,解答居民提出的问题,消除了居民对投资项目是否污染当地环境的疑虑,融洽了跨国企业与当地居民的关系,由此使项目建设得到了当地社会各界的接纳和支持。

(六)坚持注重人才培养,造就企业"走出去"的精干团队

海螺水泥在确定"走出去"战略后,迅速开展了国际化经营、技术、管理团队建设工作,遴选基础好、素质强的人员,加强培养训练,组建起一

个个分赴海外合作项目的团队。

海螺水泥十分注重"干中学"的培养模式,让中青年骨干担当海外合作项目的关键岗位,边干边学,在实践中积累经验、增长才干。海螺水泥派往印度尼西亚、缅甸项目的团队规模仅数十人,但担负了项目考察、建设、生产、技术、设备、管理、公关等一整套职能,经过实地的专门培训和工作,许多人已成为复合业务的"多面手"。团队管理实行扁平化,按照项目进度集中力量解决系统环节上的每个问题,实现了高效率运作。海螺水泥还注重当地骨干员工的培养,随着项目的逐步推进,项目中国内派出的人员不断减少,海外项目生产管理团队本土化水平逐步提升。

四、促进企业开展国际产能合作的建议

(一)引导企业树立开放发展新理念

鼓励企业"走出去",抓住有利时机,推进国际产能合作,不断提升技术、质量和服务水平,增强整体素质和核心竞争力,开创企业发展新空间。鼓励企业创新合作模式,与东道国政府、企业和民间各层面建立和发展"合作伙伴"关系,互利共赢,共同发展。各级政府要加强统筹协调,制定发展规划,改革管理方式,提高便利化水平,完善支持政策,营造良好环境,为企业"走出去"创造有利条件。

(二)加强国际产能合作行业市场研究和信息平台建设

加强政府(驻外机构)、行业协会、企业、中介机构和高校、研究单位的协调,发挥各自优势,实现资源整合,深入开展国际产能合作区域和国别研究,特别是要有针对性地开展国际产能合作重点国家经济、社会环境包括市场、行业、政府土地和税收等政策,以及法律、环保、劳工等专题研究,形成《行业国际产能合作指引》等成果,帮助企业开展国际产能合作。要加强行业国际产能合作等信息服务平台建设,实现信息的共享。

(三)加快金融等服务"走出去"步伐

推动中资金融机构加快境外分支机构和服务网点布局,提高融资服务能力。加强政府层面与国际产能合作重点国家在资产处置、风险担保等方面的衔接与协调,提高国内金融机构对境外资产或权益的处置能力,支持"走

出去"企业以境外资产和股权、矿权等权益为抵押获得贷款,提高企业融资能力。进一步优化金融资源,抓紧设计包括对外援助、政府补贴、政策性金融、商业资本在内的能够满足产能合作企业现实需求的金融支持组合方案,降低企业"走出去"的融资成本。同时,鼓励国内开发性金融机构、丝路基金以及各个产能合作基金加大对地方合作项目和民营企业的融资支持,并适度降低投资收益和退出时间"硬门槛"。

(四)加强企业和企业间的自律、协调与合作

通过加强企业间协调和自律,处理好企业即期投资与长期收益的关系,围绕国际产能合作重点区域的市场需求与供给情况,开展协同性的区域开发。一是要加快国内企业的兼并重组,通过优胜劣汰,增强国内行业龙头企业的资源整合和配置能力,培育具有国际竞争力的跨国企业。二是发挥行业协会的沟通和协调作用,尽量避免中资企业在国际产能合作过程中的恶性竞争。

(执笔人:丁　刚　杜　琼　金瑞庭)

第四篇 附 件

附件一

关于开展国际产能合作的问卷调查

全球产业结构加速调整和中国经济发展进入新常态的背景下,中国政府提出了推进国际产能合作的重大倡议和重要举措,旨在促进中国优势产能对外合作和深化与有关国家的互利合作关系。为了解贵国及您本人对于开展双边和多边国际产能合作的意见和看法,我们专门开展本次问卷调查。请您如实填写相关信息,本调查结果和相关信息仅限于研究使用。问卷共有 35 个问题,大约需要 10 分钟完成,非常感谢您的参与和支持。

1. 您来自的国家是_____。
2. 您服务的单位是:
   □ 政府　　　　　　　　　　□ 企业
   □ 大学和研究机构　　　　　□ 行业协会
   □ 其他
3. 据您了解,贵国政府已经或将要采取的促进经济增长的主要措施包括:
   □ 加快铁路、公路、港口交通基础设施投资
   □ 加快电力等能源基础设施投资
   □ 出台促进制造业发展的战略计划
   □ 重视资源、能源的开发与输出的相关建设
   □ 其他（　　　）
4. 您认为,对贵国经济影响较大的外部机遇为:
   □ 欧盟的"容克"投资计划
   □ 美国主导的"TPP"
   □ 俄罗斯的"欧亚经济联盟"
   □ 中国倡导的"一带一路"建设与"国际产能合作"
   □ 其他（　　　）
5. 您认为,贵国经济发展与中国推进国际产能合作的利益诉求契合度为:

- [ ] 高
- [ ] 低
- [ ] 一般
- [ ] 几乎没有

6. 如有一定的契合度，主要体现在哪些方面？
- [ ] 产业技术
- [ ] 资金
- [ ] 装备产品贸易
- [ ] 基础设施等领域的工程建设需求
- [ ] 其他

7. 您认为与中国开展产能合作对贵国未来经济社会发展影响程度如何？
- [ ] 影响很大
- [ ] 影响较大
- [ ] 影响一般
- [ ] 基本无影响

8. 据您了解，贵国与中国合作的主要领域为：
- [ ] 制造业
- [ ] 工程承包
- [ ] 农业
- [ ] 矿产资源
- [ ] 其他

9. 您认为中国与贵国的产业与投资合作：
- [ ] 进展很快
- [ ] 进展缓慢
- [ ] 停滞
- [ ] 没有开展

10. 据您了解，中国与贵国双边合作中发挥重要作用的主体是：
- [ ] 政府
- [ ] 企业
- [ ] 非政府组织
- [ ] 行业协会
- [ ] 其他

11. 当前影响中国与贵国产业与投资合作的主要因素有：
- [ ] 贵国的营商环境有待改善
- [ ] 中国企业宣传力度弱
- [ ] 中国企业对东道国政策的了解有待加强
- [ ] 面临发达国家的跨国企业竞争
- [ ] 贵国企业和民众对中国企业认可度不高

12. 据您了解，中国企业在贵国运营过程中，做到了：
- [ ] 遵守贵国的法律法规，包括环境保护和劳工政策
- [ ] 解决当地工人就业，增加工人收入
- [ ] 促进了当地的产业发展和技术水平的提高
- [ ] 改善了当地的交通、能源等基础设施

☐ 促进了当地的教育、医疗卫生和社会文化事业的发展

13. 您认为中国企业的竞争力如何？
   ☐ 非常好　　　　　　　　☐ 比较好
   ☐ 一般　　　　　　　　　☐ 比较差

14. 您认为中国企业来贵国投资的主要目的是：
   ☐ 开拓市场　　　　　　　☐ 获得自然资源
   ☐ 培育品牌　　　　　　　☐ 获取技术和研发平台
   ☐ 提升管理水平　　　　　☐ 构建营销网络
   ☐ 吸收国际化人才　　　　☐ 降低零部件成本
   ☐ 供应链管理　　　　　　☐ 听从政府号召
   ☐ 其他，如有请列明：_____

15. 您认为贵国投资环境的主要优势是（请选择相关因素，并据它们对您的重要性进行排序）？
   A. 开放性和透明度
   B. 税收制度
   C. 劳动力市场（高素质、合理价格）
   D. 交通、通信和基础设施
   E. 高效率的金融和商务服务
   F. 其他（请注明）_____
   排序_____

16. 您认为贵国投资环境的主要劣势是（请选择相关因素，并据他们对你的重要性进行排序）？
   A. 法律法规过严，开放性和透明度不足
   B. 税收过高
   C. 劳动力成本过高
   D. 交通通信和基础设施不够完善
   E. 市场规模太小
   F. 其他（请注明）
   排序_____

17. 您认为未来本国具有投资潜力的领域可能是（最多选5个）：
   ☐ 租赁和商务服务业
   ☐ 批发和零售业
   ☐ 采矿业

- ☐ 交通运输/仓储和邮政业
- ☐ 传统制造业
- ☐ 先进制造业
- ☐ 建筑业
- ☐ 房地产业
- ☐ 电力/煤气及水的生产和供应业
- ☐ 农林牧渔业
- ☐ 住宿和餐饮业
- ☐ 居民服务和其他服务业
- ☐ 信息传输计算机服务和软件业
- ☐ 其他行业

18. 您认为相较美国、德国、日本等发达国家企业，中国企业和贵国合作的劣势是_____（多选，请排序）

   A. 所生产的产品和装备质量和技术水平仍然偏低
   B. 缺乏对当地法律法规和社会文化的了解
   C. 履行环保、公益等社会责任不到位
   D. 遵守国际通行商业运作理念和原则的程度不足
   E. 对东道国经济的拉动作用偏弱
   F. 其他_____

19. 您认为相较美国、德国、日本等发达国家企业，中国企业和贵国合作的优势是_____（多选、请排序）

   A. 所提供的产品和装备性价比更高
   B. 对东道国经济的拉动作用更强
   C. 更容易以平等互利心态和东道国开展合作
   D. 能够获得来自中国政府的大量支持
   E. 其他_____

20. 您认为导致中国企业投资失败的最常见原因是（可多选）：
   - ☐ 政府无法快速审批
   - ☐ 公司无法迅速做出决策
   - ☐ 公司未能得到准确咨询意见和正确建议
   - ☐ 竞标失败
   - ☐ 国际化人才不足或管理团队经验不足
   - ☐ 其他（请注明）_____

21. 您建议中国企业到贵国采取哪些对外投资方式?
   □ 设立自己的销售办事处
   □ 与当地公司建立非股权合作关系
   □ 与当地公司共同建立股份制合资企业
   □ 设立全新的独资公司
   □ 兼并/收购外国资产或公司
   □ 其他_____

22. 您更倾向于中国哪种类型的企业来贵国投资?
   A. 国有企业　　　B. 民营企业　　　C. 国企和民企合作投资

23. 请您对中国与贵国开展以下领域产能合作的需求状况进行排序_____
   A. 钢铁　　　　　B. 有色　　　　　C. 建材
   D. 铁路　　　　　E. 电力　　　　　F. 化工
   G. 轻纺　　　　　H. 汽车　　　　　I. 通信
   J. 工程机械　　　K. 航空航天　　　L. 船舶与海洋工程

24. 您认为,贵国在下列行业和中国开展合作的前景排序_____
   A. 钢铁　　　　　B. 有色　　　　　C. 建材
   D. 铁路　　　　　E. 电力　　　　　F. 化工
   G. 轻纺　　　　　H. 汽车　　　　　I. 通信
   J. 工程机械　　　K. 航空航天　　　L. 船舶与海洋工程

25. 在下列行业中,您本人最熟悉的行业是_____(单选)。
   A. 钢铁　　　　　B. 有色　　　　　C. 建材
   D. 铁路　　　　　E. 电力　　　　　F. 化工
   G. 轻纺　　　　　H. 汽车　　　　　I. 通信
   J. 工程机械　　　K. 航空航天　　　L. 船舶与海洋工程

26. 在您最熟悉的行业,您认为中国政府对中国和贵国开展合作的措施成效情况_____(单选)
   A. 很有效　　　　　　　　　　B. 比较有效
   C. 效果不明显　　　　　　　　D. 基本无效

27. 在您最熟悉的行业,若进一步推进贵国和中国的合作,请对下列中方机构的重要性排序_____
   A. 国家发展和改革委员会、财政部等重要宏观决策部门
   B. 外交部、大使馆等外事部门

C. 商务部等对外经济合作部门

D. 行业协会

E. 智库

F. 其他_____

28. 在您最熟悉的行业，请您对希望中国和贵国开展合作的方式排序_____

   A. 从中国进口相关产品

   B. 和贵国企业合资建设重大项目

   C. 由中国政府援助建设重大项目

   D. 由中国企业独资建设重大项目

   E. 联合建立技术研发中心

   F. 由中国企业和东道国企业联合在第三国开展重大项目

   G. 由中国企业和发达国家企业联合建设重大项目

   H. 其他_____

29. 在您最熟悉的行业，您觉得贵国和中国合作的优势是_____（请排序）

   A. 地理区位优势明显

   B. 国内市场潜力巨大

   C. 劳动力成本较低

   D. 相关资源丰富

   E. 投资环境优越

   F. 其他（请注明）_____

30. 您认为在与中国开展产能合作过程中遇到的最大障碍是什么？

   □ 对中国具体产能和合作政策情况不了解

   □ 中国技术、品牌、标准在贵国影响力较低

   □ 中国与贵国政治关系不够紧密

   □ 中国与贵国经贸合作滞后

   □ 金融等支撑政策不健全

   □ 文化、宗教及环境等问题造成

   □ 受其他国家干预影响

   □ 其他障碍（请注明）_____

31. 您对亚洲基础设施投资银行、金砖国家新开发银行和丝路基金等金融机构的业务领域以及运作模式了解吗？

☐ 非常了解 ☐ 了解
☐ 一般 ☐ 不了解

32. 您认为贵国与中国是否需要新建合作机制来支撑双边产能合作？

☐ 需要 ☐ 不需要

33. 您认为当前与贵国开展产能合作时政府主导还是市场主导更容易推动项目落实？

☐ 政府主导 ☐ 市场主导 ☐ 不清楚

34. 您认为与贵国开展产能合作是否可以与援助项目相结合？（若没有援助项目，可不填）

☐ 可以 ☐ 不可以

35. 您认为与贵国开展产能项目合作时使用人民币结算时机是否成熟？

☐ 成熟 ☐ 不成熟

附件二

Questionnaire of Conducting International Production Capacity Cooperation

With the acceleration of global industrial structure adjustment and China's economic development entering a new normal, the Chinese government has proposed to promote international production capacity cooperation, and aiming at boosting China's comparative advantage capacity cooperation with foreign countries and further deepening mutually beneficial cooperation with each other. In order to know your views on the bilateral and multilateral capacity cooperation, here we conduct this survey. Please answer the following questions carefully and authentically, the results and relevant information are for research use only. This questionnaire includes 35 questions and might take 10 minutes to fill out. Thank you very much for your cooperation.

1. Which country are you from? _____
2. What's your work unit?
   ☐ Government
   ☐ Enterprise
   ☐ University and research institution
   ☐ Industry association
   ☐ Others
3. In your knowledge, what are major measures taken by government in promoting economic growth in your country:
   ☐ Accelerate investment in transportation infrastructure (railways, roads and ports)
   ☐ Accelerate investment in energy infrastructure such as electric power
   ☐ Put forward strategic plans to encourage manufacturing development

☐ Place emphasis on the development and output of resources and energy as well as relevant construction
☐ Others (　　)

4. Do you think what your country's great external economic opportunity is:
☐ EU Juncker investment plan
☐ Trans – Pacific Partnership Agreement
☐ Eurasian Economic Union
☐ The Silk Road Economic Belt and the 21st – Century Maritime Silk Road Initiative and International Cooperation on Production Capacity
☐ Other

5. Do you think what extent the China's International Production Capacity cooperation can fit your demands of economic development?
☐ Higher　　　　　　　　　☐ Ordinary
☐ Lower　　　　　　　　　　☐ Nothing

6. If there are some fits, which area your country's demands are mainly on?
☐ Industrial Technology　　　☐ Funds
☐ Equipment products trade　☐ Infrastructure constructions
☐ Other

7. Do you think what extent the International Cooperation on Production Capacity will affect the future of your country's economic and social development?
☐ Most greatly　　　　　　　☐ Greatly
☐ Ordinarily　　　　　　　　☐ Little

8. In your knowledge, what are major areas in your production capacity cooperation with China.
☐ Manufacturing　　　　　　☐ Engineering Contracts
☐ Agriculture　　　　　　　　☐ Mineral Resources
☐ Other

9. Which situation do you think of the industrial and investment cooperation between China and your country?
☐ made a rapid progress　　　☐ made a small progress
☐ In stagnation　　　　　　　☐ Nothing

10. In your knowledge, which organization would play an important role in the industrial capacity cooperation between China and your country?

☐ Government ☐ Enterprises
☐ Industry Association ☐ NGO
☐ Other

11. What are the main factors affecting industrial and investment cooperation with Chinese enterprises?

☐ Imperfect business environment in host country

☐ Insufficient promotion of Chinese enterprises

☐ Lack of understanding of the policy of host country

☐ Face the competition from multinational companies in developed countries

☐ Lower recognition of Chinese enterprises

12. In your knowledge, the following have been done by Chinese enterprises in the operating process in your country?

☐ Follow laws and regulations in host country including requirements of environmental protection and labor policies

☐ Increase employment and income of local workers

☐ Improve local industrial development and technological level

☐ Enhance local transportation, energy and other infrastructure

☐ Promote local education, medical hygiene, social and cultural undertakings

13. What do you think of the competitiveness of Chinese enterprises?

☐ Very Good ☐ Good
☐ Ordinary ☐ Poor

14. The purposes for Chinese enterprises to invest in your country mainly are:

☐ Explore foreign markets

☐ Access to natural resources

☐ Develop brand

☐ Access to technology and R&D platform

☐ Raise the standard of management

☐ Set up marketing network

☐ Seek international talents

☐ Reduce cost of parts

☐ Supply chain management

☐ Respond to the call of government

Other, please specify if: _____

15. What do you think of the advantages of investment environment in your country (Please select the relevant factors which be sorted by priority)

    A. Openness and transparency

    B. Taxation System

    C. Labor market (high-qualified labors, reasonable price)

    D. Transport, communication and infrastructure

    E. Efficient financial and business services

    F. Other (please specify) _____

Sequence _____

16. What do you think of the disadvantages of investment environment in your country mainly are: (Please select the relevant factors which be sorted by priority)

    A. Overly strict laws and regulations and insufficient openness and transparency

    B. High taxation

    C. High labor cost

    D. Inadequate transportation and communication infrastructure

    E. Small market

    F. Other (please specify) _____

Sequence _____

17. What do you think of the potential of investment fields in your country (select less than five options).

- ☐ Leasing and Business Services
- ☐ Wholesale and Retail
- ☐ Mining industry
- ☐ Transportation/warehousing and postal services
- ☐ Traditional manufacturing
- ☐ Advanced manufacturing
- ☐ Building industry
- ☐ Real estate
- ☐ Electricity/gas and water production and supply
- ☐ Agriculture, forestry, animal husbandry and fishery
- ☐ Accommodation and catering

☐ Resident Services and Other Services
☐ Information transmission, computer services and software
☐ Other industry

18. Compared with the U. S. , Germany, Japan and other developed countries, what are the disadvantages in your industrial capacity cooperation with Chinese enterprises? _____ (Multiple choice, please sequence)

 A. The quality of equipment and their lower technical level
 B. The lack of understanding of local laws, regulations and social culture
 C. The deficiency of performing environmental protection, public welfare and other social responsibilities
 D. The insufficiency of complying with international business concepts and principles
 E. The weak in stimulating host country's economy
 F. Others

19. Compared with enterprises from the developed countries such as the U. S. , Germany, and Japan, the advantages of cooperating with Chinese enterprises lie in _____ (multiple choice, please prioritize them from greatest to least important)

 A. Provide more cost-effective products and equipment
 B. Stimulate your economic growth better
 C. Easier to cooperate with your country on a basis of equality and mutual benefits
 D. Be able to get lots of supports from Chinese government
 E. Others _____

20. What are the most common causes for the failure of Chinese enterprises' outbound investment (multiple choice).

 ☐ The government approve slowly
 ☐ Companies cannot make decision quickly
 ☐ Companies fail to get accurate advice and right suggestions
 ☐ Bid failure
 ☐ Lack of international talents or experienced management teams
 ☐ Others (Please specify) _____

21. In terms of Chinese enterprises to invest in your country, which way do

you prefer to?

☐ Establish sales offices
☐ Build non-equity cooperation with the local company
☐ Set up an equity joint venture with the local company
☐ Establish a new sole company
☐ Merge/acquire foreign assets or companies
☐ Others _____

22. As for investment in your country, which kinds of Chinese enterprises do you prefer to?

A. State-owned enterprises
B. Private enterprises
C. Co-investment of state-owned enterprises and private enterprises

23. Please sort the following industries from strong to weak in terms of your industrial cooperation demand with China. _____

A. Iron and steel	B. Non-ferrous
C. Building materials	D. Railway construction
E. Electricity	F. Chemical
G. Textile	H. Automobile
I. IT	J. Engineering machinery
K. Aircraft manufacturing	
L. Ships and Marine engineering equipment	

24. Please sort the following industries from high to low in terms of the cooperation prospects between China and your country. _____

A. Iron and steel	B. Non-ferrous
C. Building materials	D. Railway construction
E. Electricity	F. Chemical
G. Textile	H. Automobile
I. IT	J. Engineering machinery
K. Aircraft manufacturing	
L. Ships and Marine engineering equipment	

25. In following industries, which one is your most familiar with. _____

A. Iron and steel	B. Non-ferrous
C. Building materials	D. Railway construction

E. Electricity
F. Chemical
G. Textile
H. Automobile
I. IT
J. Engineering machinery
K. Aircraft manufacturing
L. Ships and Marine engineering equipment

26. In your most familiar industry, please give your judgment on the policies and measures by Chinese government in terms of encouraging bilateral industrial cooperation

A. Very effective
B. Effective
C. Ordinary
D. Not effective

27. In your most familiar industry, please sort the importance of the following institutions from high to low in terms of promotion of bilateral industrial cooperation _____

A. NDRC and the Ministry of Finance
B. The Ministry of Foreign Affairs as well as the Embassy
C. The Ministry of Commerce
D. Industry Association
E. Think tank (such as AMR)
F. Others _____

28. In your most familiar industry, please sort the following cooperation mode based on importance from high to low _____

A. Import the machinery equipment from China
B. Construct key projects through establishing a joint venture with Chinese enterprise in your country
C. Construct key projects through Chinese assistance
D. Construct a wholly China-owned enterprise
E. Cooperation on R&D
F. Establish a joint venture through Chinese enterprise with yours in a third country
G. Establish a joint venture through Chinese enterprise with the developed country such as U.S. in your homeland
H. Others _____

29. In your most familiar industry, what do you think of your advantages

in capacity cooperation with China _____
   A. Good location
   B. Big potential market
   C. Low labor cost
   D. Abundant resources
   E. Good business environment
   F. Others (please specify) _____

30. What do you think of the biggest obstacle in the industrial capacity cooperation with China?
   ☐ Not familiar with China's specific capacity and the policies of industrial cooperation
   ☐ The low influence of China's technology, brand and standard on your country
   ☐ The loose contact in the political relationship between China and your country
   ☐ The lag of economic and trade cooperation between China and your country
   ☐ The lack of financial and other support policies
   ☐ Problems in the fields of culture, religion and environment, etc
   ☐ Interference by other countries
   ☐ Others (please specify _____)

31. As of financial institutions such as AIIB (Asian Infrastructure Investment Bank), BRICS Development Bank and Silk Road Fund, are you familiar with their business area and operation mode?
   ☐ Know very well
   ☐ Know
   ☐ Heard about them but don't know very well
   ☐ Never heard about them

32. Do you think it is necessary to establish new cooperative mechanism between China and your country to support bilateral capacity cooperation?
   ☐ Necessary   ☐ Unnecessary

33. Which do you think is most likely to the implementation of projects in current bilateral capacity cooperation: by government or by market?

☐ Government dominance
☐ Market dominance
☐ Not clear

34. Do you think the bilateral capacity cooperation with your country could be combined with aid projects? (Please skip to next question if there is no aid projects implemented in your country)

☐ Possible ☐ Impossible

35. Do you think whether it is mature or not in adopting RMB settlement in the bilateral capacity project cooperation with your country?

☐ Mature ☐ Not yet

附件三

中国和印度尼西亚国际产能合作思路、重点和对策

一、中国和印度尼西亚国际产能合作面临主要问题

（一）双方推进双边合作的能力不足

一是国家综合实力不足。20世纪40年代美国GDP总量占全球的40%，黄金储备占全球的接近60%，其军事、科技水平均居世界顶级地位，因此能够有效地实施"马歇尔计划"，在主动拓展外部发展空间的同时，实现自身对抗共产主义体系的目标。日本为推进日元输出，在80年代初推行了"黑字环流"计划，当时日本的GDP为全球第二位，且科技水平居于世界前列，拥有一大批核心竞争力极强的跨国公司。

我国的"一带一路"战略虽然从目标和手段上和马歇尔计划、"黑字环流"计划有明显区别，但同样是为了主动拓展对外发展空间，因此也需要强大的国家综合实力作后盾。2014年，我国GDP总量仅占全球的13%，与20世纪40年代的美国有明显差距，也并不明显优于20世纪80年代的日本；在人均GDP、科技、管理等方面，我国也均逊色于当年的美国和日本。在军事实力上，我国更是远远没有达到美国当年的霸主地位。

印度尼西亚作为发展中经济体，其发展基础和当前经济实力更无法和20世纪40年代的西欧国家相比。当时的西欧国家虽然在第二次世界大战中遭受重创，但其技术、管理、体制、人力资本的基础犹在，只要有资金注入就可在短期内恢复生产能力。而印度尼西亚人均GDP不到4000美元，也未建立一套有竞争力的工业体系，且存在大量的贫困人口，2013年世界银行营商便利性指数仅排名第114位，腐败程度则排在第106位，海关通关效率

指数也只排名第 74 位,其综合实力能否支撑其和我国开展全面合作也存在较大疑问。①

二是政府能力不足。长期以来,我国各级政府实施重大战略的优势主要集中于集中调度国内资源。但"一带一路"战略是我国少有的主动拓展对外开放空间的战略,必须要求各级政府能够有效调动国内外资源,特别是调动对方的积极性,共同进行合作建设,这种实施模式对我国政府的能力客观上提出了新的要求。特别是相当一部分政府官员国际化视野较窄,甚至尚不熟悉国际运作规则,面对发展水平更低、规则更加无序的发展中国家往往不知道如何着手推进合作。印度尼西亚整体发展水平相对滞后,其官员的综合能力整体上很可能落后于我国,加之和我国政治体制不同,政府调动社会资源的能力较我国弱,也严重制约了印度尼西亚政府推动"一带一路"建设的能力。

三是企业能力不足。近年来,虽然我国境外投资快速增长,但缺乏有实力、能够全球经营和布局的跨国企业。从"所有权优势"看,我国企业多处于国际价值链低端,没有掌握核心技术及品牌、营销渠道等,对全球资源的配置力和掌控力不足,虽然相较印度尼西亚优势明显,但大多数企业尚不具备以我国为中心整合我国和印度尼西亚两国资源、构建双赢的跨国价值链的能力。从防范风险能力看,我国企业往往对东道国投资环境缺乏认识和研究,对各类风险不能准确判断和识别,与当地政府、各类组织、金融机构、民众打交道时经验不足,盲目投资导致失败的项目屡见不鲜。2015 年印度尼西亚只有两家国有企业(印度尼西亚石油和印度尼西亚电力)位居世界 500 强,虽然也拥有 Adaro(煤炭)、国际阿斯特拉(重型机械、森工)、Sampoerna(烟草)等一批较大的企业,但整体企业综合竞争力很弱,也未完全形成自主的工业体系,企业主动参与全球分工的能力严重不足。

(二)中国印度尼西亚双边合作的现行模式有待进一步完善

我国推动和印度尼西亚和其他发展中国家合作有多种模式,其中一种较为常用的模式如下:一是由中央政府出面,谋求和对方政府签订战略合作协议和备忘录;二是中央政府、地方政府、企业、开发性金融机构等单位通过沟通,设定推动的项目清单;三是积极推动实施相关重点项目。这一模式能够有效地发挥我国的制度优势,也能够有效地将抽象化的原则和具体的项目

---

① 商务部,"走出去"公共服务平台,http://fec.mofcom.gov.cn/article/gbdqzn/.

有机结合，在历史实践中有过诸多成功的经验，未来推进我国与印度尼西亚合作中仍应继续采用。

但也要看到，在具体实施这一模式的过程中，也暴露出一些不足。一是政府在双边合作具体项目中的责任并不完全清晰。政府对于战略性和商业性项目的支持措施是不同的，对前者应予以全力支持甚至主导，对后者则应致力于创造良好的环境。在具体操作中，政府有时并不能真正了解到项目是否真正具有战略性，往往导致而一些商业性项目则遭受过多的政府直接干预，甚至成为政府的"面子工程"，这种情况在我国对外合作中普遍存在。如我国在中东某国的某项基础设施建设工程本应属商业行为范畴，但我国企业在实施工程时发现施工困难过大，本有意终止项目，但由于该项目被列入了《双边合作协议》，对方政府向我国中央政府施压，要求我方必须完成该项目。在中央政府的努力下，该企业调动了各方力量，最终圆满完成了该项目，但遭受巨额亏损，诱导其在从事该国其他基础设施项目时为节省成本并未过度注重工程质量，最终严重影响了中方企业在该国的形象。同时，一些需要政府支持力度较大的准商业项目或非商业项目，特别是战略价值明显的项目往往是由政府提出，但却要求企业按照商业模式进行运作，导致项目运行面临诸多困难，个别项目甚至被迫停滞。如一些援助类基础设施建设项目往往采用优惠贷款和招标模式结合进行，报价是中标的一个重要甚至主要参考因素。然而，援助项目的最主要目的不是为了降低项目建设成本，而是通过援助实现"民心相通"，为商业合作创造良好的环境。显然，报价最低的我国企业不一定是最能实现"民心相通"的企业。二是客观上加剧了企业的"公关"行为。出于对政府的公信力，企业，特别是国有企业倾向于认为，项目一旦列入政府合作清单就可以得到政府的大力支持，因此风险会大幅度下降。这使得很多企业倾向于公关和游说政府将自己的项目列入协议中去。然而，跨国合作的困难和风险事实上要明显大于签署协议，很多协议中的项目最终由于缺乏事实可行性或未能实施，或强行实施造成了损失。三是很多商业项目若政府干预过多，容易导致国际社会产生不必要的疑虑，被当地民众和合作方认定为"政府行为"，也为西方敌对势力传播"中国威胁论"提供借口。如我国在中东某国建立的小商品市场项目应属于商业性项目范畴，但在实施过程中也有政府推动因素。目前该国小商品市场中出现了由该国企业在我国国内采购的伪劣产品，这本属市场行为，但该国部分民众和学者则认为该项目为我国政府推动，因此伪劣产品的背后有政府的意图存在，加剧了对我国的误解。

（三）印度尼西亚国内商业法律环境较差和两国事中事后监管能力较弱制约经贸合作开展

客观而言，我国在事前对于项目的审核是很规范和严格的，然而对于项目实施事中事后的监管力度相对较弱。其中，由于发展阶段、监管能力等方面的制约，我国对于企业境外合作的事中事后监管相对更为薄弱，审计委曾公开称相当一部分海外国有资产并未经过严格审计。印度尼西亚等新兴市场国家法律环境和市场环境同样不够完善，内部腐败现象严重，政府部门效率很低，也很难实现对外国投资者具体行为的严格监管。这客观上使得我国企业在境外合作过程中更加难以避免和各种违法或违背当地习俗的行为"划清界限"，或自身有违法行为，或有意或无意地支持了当地企业或政府的违法行为。我国企业不具备监管东道国在合作中实施强行拆迁、破坏环境等行为的能力和权限，有时为过度追求商业利益甚至支持或推动这些行为，或和政府高层采取一些"灰色"的合作，往往引发巨大社会矛盾。一旦其该高层的相关利益集团倒台，我国企业往往会成为东道国国内社会矛盾转移的对象，严重影响经贸合作开展，甚至损害我国国际形象。

（四）来自美日等发达国家的干扰和竞争不容忽视

印度尼西亚和美国、日本等有着长期的合作。由于印度尼西亚是穆斯林世界人口最多的国家，且多属于温和穆斯林，美国加强和印度尼西亚的合作有利于改善其在穆斯林世界的形象，也有利推进其反恐战略。2010年，美国和印度尼西亚签署了全面伙伴关系协议，希望加强和印度尼西亚在贸易、投资、教育、能源等全方位的合作。日本在第二次世界大战时期占领过印度尼西亚，战后通过援助、投资、贸易等诸多手段，和印度尼西亚也签署了多项合作协议，近年来双方合作已经拓展到军事、安全和区域治理等领域。

美日等经济体对印度尼西亚合作对我国与印度尼西亚合作的影响和干扰不容忽视。首先，从国家战略上看，美日等发达国家处于遏制中国的战略目的，在加强和印度尼西亚合作的同时肯定会有意无意地带动印度尼西亚远离中国。作为印度尼西亚自身而言，虽然不会完全听从美、日两国的号令行事，但在各国之间保持平衡无疑最有利于实现其自身利益最大化，这必然对我国与印度尼西亚的合作有消极影响。近年来，印度尼西亚一方面积极支持"一带一路"战略，另一方面又驱逐中国渔船，甚至放出风声和日本进行联合军演，均是印度尼西亚平衡战略鲜明的体现。美日等国企业是我国企业强劲的竞争对手。其次，从经济层面看，发达国家特别是日本在印度尼西亚已经有了数十年的经济合作基础，且集中在各类消费品领域。凭借其质量和技术优势，印度尼西亚民众对日本产品已经有了充分的认可度，如20世纪90年代日本汽车在印度尼西亚的市场占有率一度超过90%，现在仍处于绝对优势地位。日、美品牌必然是我国品牌进入印度尼西亚市场的重要商业竞争对手，近期中日"争夺"印度尼西亚高铁项目事件就是一个典型的案例。最后，美日等发达国家在开展国际合作中已经形成了一套符合其利益诉求的商业规则和技术标准体系。印度尼西亚目前已基本接受了美日等国所提出的商业规则和技术标准，必然会对商业环境尚不完善、商业规则和技术标准不同于美日的我国开展和印度尼西亚商业合作带来一定的负面影响。

二、中国和印度尼西亚产能合作的定位

（一）维护海上运输通道安全的重要战略平台

印度尼西亚和我国在维护马六甲海峡稳定上立场基本一致，均反对域外力量过多干预马六甲海峡相关事务。但印度尼西亚受自身综合国力和军事实力限制，在维护马六甲海峡局势稳定上能力严重不足，客观上存在和我国合作的诉求。鉴于在未来相当长一段时间内，马六甲海峡仍将是我国主要的海上运输通道，我国应积极谋求和印度尼西亚共同建立维护马六甲海峡航运通道安全的长效机制，并以此为基础推进南中国海航运安全领域的国际合作，使中国与印度尼西亚的合作成为维护我国海上运输通道安全的重要战略平台。

（二）推进国际产能合作的示范区

印度尼西亚凭借其经济规模、地理区位和要素禀赋的优势，是"一带一路"中少数和我国在农业、劳动密集型行业、能源行业、重工业、基础设施建设等全产业领域均有非常好的前景的大型经济体。近年来，印度尼西亚一直是我国在亚洲除香港特别行政区之外的第一大投资地和在东盟的第一大工程承包目的地，相关项目涵盖石油、电力、矿产、橡胶、水果、纺织、电信、机械等多个领域。因此，我国和印度尼西亚之间产业合作作为我国"一带一路"框架下推进国际产能合作的核心区域，成为我国"一带一路"框架下开展国际产业合作的重要示范。

(三) 我国推进国际海洋合作的先导区

海洋合作是中国"共建海上丝绸之路"战略和印度尼西亚"海上战略支点"战略的共同重要组成部分。我国在海洋养殖、船舶工业、海上风力发电、海洋油气资源开发等海洋经济领域具有较强的实力，和印度尼西亚的合作空间非常广阔；而在海事仲裁、海洋环境保护、禁止非法捕鱼、打击海盗等海洋治理领域，我国和印度尼西亚在根本上不存在理念冲突，且均希望建立一套稳定的治理机制，双方合作诉求强烈。因此，中国和印度尼西亚的海洋合作作为我国推进国际海洋合作的先导工程，并以此为基础推动南海周边各国乃至其他国家共同建立海洋治理机制，为全球海洋治理发挥建设性作用。

(四) 在重大全球区域治理问题形成"亚洲合力"的重要抓手

在气候变化、污染物减排、森林保护、国际货币体系改革等重大全球和区域治理问题上，我国和印度尼西亚的共识明显大于分歧。在南海领土争端、传染病防治、禁毒等区域治理问题上，印度尼西亚的态度在东盟各国中也较为积极。我国和印度尼西亚同为 G20 成员国，两国长期以来在国际事务中发挥积极作用。两国若能够有效加强在重大全球和区域治理问题上的合作，将有力推动周边区域其他国家参与，从而形成"亚洲合力"，推进相关治理问题的解决。

三、中国和印度尼西亚产能合作的主要领域

印度尼西亚凭借巨大的人口规模、丰富的资源禀赋和较强的经济实力，和我国的双边合作领域十分广泛。其中，由于印度尼西亚在投资环境、国内市场规模和发展战略契合方面相较大多数沿线国家具有独特优势，因此在能源、电力、钢铁、有色等基础工业领域的国际产能合作是中国和印度尼西亚合作的首要重点。同时，印度尼西亚独特的地理区位和海洋经济的巨大潜力决定了海洋合作必将是中国和印度尼西亚产能合作的重要亮点，中国和印度尼西亚基础设施互联互通的重点将在共同建设港口、高铁、公路等基础设施有效提升印度尼西亚作为全球贸易中转枢纽的能力，并共同维护马六甲海峡周边海域安全。此外，中国和印度尼西亚两国在农业、旅游、文化、教育、科技等领域均有巨大的合作潜力，两国在全球经济治理层面的合作空间巨大。

（一）加强基础设施互联互通合作

中国和印度尼西亚之间的基础设施互联互通合作，应着力于从扩大东亚经济圈内部、东亚经济圈和欧洲、中东、非洲等地的经贸合作出发，主要运用商业化和准商业化的模式，解决印度尼西亚发展海运物流所面临的基础设施建设滞后问题，积极推动重点港口、重点空港、连接港口和主要经济区的公铁路以及信息基础设施建设，加密海上航线和空中航线，形成便捷高效的中国和印度尼西亚立体化交通运输网络。

1. 加强港口国际合作

积极推动国内大型港口和印度尼西亚丹戎不碌港等重要港口开展合作，加密海上航线。积极谋求和印度尼西亚"海洋支点"愿景计划的对接，积极参与印度尼西亚港口，特别是马六甲海峡沿线港口的建设和经营，支持各大港口和印度尼西亚港口共建友好港口和临港物流园区，加强港口信息共享和技术合作，争取以我国和印度尼西亚主要港口为基础推动建立"一带一路"沿线港口联盟。统筹考虑民用经济和国防需求，切实考虑与印度尼西亚自身诉求对接，选择合适港口深度参与港口运营、航道维护、航线安全保障，建立重点针对马六甲海峡的海外民众综合保障基地和为反恐、护航、维和服务的潜在军事支撑保障基地。积极拓展国内重要港口物流、金融、商贸等服务功能，建立2~3个亚太地区安全、高效、便捷的国际航运服务中心，并向印度尼西亚港口市场辐射。将天津、上海、宁波、广州、深圳等大港建设成世界级港口，完善以主要港口、主要物流园区和内陆港为支撑的通道措施及其集疏运体系建设，加强与港口后方综合运输大通道和物流网络联系，为推进重要港口和印度尼西亚重要港口合作奠定基础。协调国内各方力量，加强国内铁路、公路等基础设施建设，最终建成东北经营口、大连等港口，西北、华北各省经连云港、天津等港口，西南、华中、华南各省经上海、厦门、深圳等港口通往印度尼西亚的陆海联运通道。

2. 推进航空机场合作

支持广州、深圳、上海等有条件的机场积极开通对印度尼西亚第三、第四、第五及更多航权，加密或开通面向印度尼西亚主要城市，特别是港口城市的国际客货运航线，推动其实施过境免签政策。支持三大航空公司在印度尼西亚建立营运分布参与运营印度尼西亚重要城市和东南亚其他重要城市的国际航线。支持企业按照商业化原则参与印度尼西亚机场和临空产业园区建设。提升国内关键机场航空综合保障服务能力，支持航空物流、物资补给、仓储管理、保税园区等航空配套服务业建设，为发展和印度尼西亚及其他东南亚国家的航空物流提供支撑。

3. 积极参与印度尼西亚陆上高速铁路和公路建设

支持企业通过 PPP 等新型模式参与印度尼西亚陆上高速铁路、高等级公路项目建设和运营。发挥亚投行、丝路基金等开发性融资工具优势，积极推动战略意义较强的重要项目建设并尝试参与运营。适当发挥援助资金作用，在高铁、公路等领域实施 1~2 个示范性样板工程，提升我国高铁、工程机械、信号控制系统等优势产品在印度尼西亚的知名度，并推进我国和印度尼西亚两国技术标准体系的对接，支撑印度尼西亚国内基础设施建设项目使用我国设备和我国标准。和印度尼西亚共同推动建立联通我国重要港口和印度尼西亚经济走廊的陆海联合运输通道。

4. 推进信息基础设施互联互通

探索建设以连接我国和印度尼西亚主要经济区域，辐射周边东南亚国家的区域海底光缆，在苏拉威西、努沙登加拉、巴布亚和马鲁古等印度尼西亚经济发展潜力较大地区设立登陆站。积极支持亚太 2 号海底光缆、东南亚及日本海底光缆等已投入运营的海底光缆的技术升级。积极参与印度尼西亚境内各岛屿之间的区域性海缆建设和印度尼西亚境内爪哇、苏门答腊、苏拉维西等大岛陆缆建设，支持我国知名通信技术企业和印度尼西亚在优化升级骨干网络、改造提升城区光纤网络、大数据中心建设等领域加强合作，带动中国信息技术和标准"走出去"。

（二）提升双边产能合作水平

第一，提升经贸合作层次。鼓励有实力的企业增加对印度尼西亚投资，支持中国优势企业投资印度尼西亚的制造业、交通、通信等领域，积极参与渔业、林业、农业、电力、能源、矿产、农产品等方面的深度合作与开发。推动双方企业在纺织、钢铁、水泥等领域开展投资合作，通过优势互补提升相关产业竞争力。特别要深化双方能源投资合作，中国在能源工程建设、运行管理、设备制造以及技术、资金方面具备较强的市场竞争力，印度尼西亚在能源资源开发利用和市场拓展方面具有较大的空间。由国家开发银行与印度尼西亚国有企业部牵头,签署共同支持中国优质企业与印度尼西亚国有企业的合作谅解备忘录。鼓励有实力的企业积极参与中国和印度尼西亚综合产业园区建设,支持中国企业积极参与印度尼西亚"六大经济走廊"和互联互通建设。

第二,提升农业双边投资合作水平。开展多层次、多渠道、宽领域的农业交流与合作,加强在杂交水稻种植、经济作物开发、农业技术交流、动物疫病防控、食品安全等领域合作,开展养殖技术合作示范区,实施新品种选育及产业化工程,建立双边合作机制,规划布局一批粮食、经济作物等种植基地,加强跨境农业产业化,扩大农产品相互出口。依托当地农业优势,探讨建立农业合作产业园区和水稻合作生产园区、橡胶生产加工园区、农产品产销加工储备运输基地。加强农业技术、人才交流合作。开展水产养殖技术研发和水产养殖产业合作,兼顾远洋捕捞产业合作,加强渔业加工技术合作交流和产业合作,开发深加工渔产品,提高产业附加值。在当地建立农副产品加工企业,发展配套产业,满足当地与周边国家需求。支持有实力的企业开展农业综合开发经营,采取租赁承包、办农场等形式,发展农产品仓储物流,加强两国检验检疫合作,促进两国农产品贸易顺利发展。

第三,重点引导重化工产业产能合作,延长深化当地产业链。积极推进国内钢铁、有色、石化、煤化工、水泥等重化工产业赴印度尼西亚开展国际产能合作。抓住印度尼西亚资源产业政策调整的契机,有针对性地推进国内相关大型重化工企业采取合资、独资、并购等形式,在印度尼西亚设立大型工厂,并带动大型成套设备的出口,形成产业转移基地。严格遵守印度尼西亚当地环境保护法规,和印度尼西亚共同发展钢铁制品、有色金属合金制品、特种橡胶、精细化工产品等高附加值中下游产品。加快从原材料粗加工向精深加工、配套加工转变,延长产业链,与印度尼西亚共同建设一批"煤炭开采—煤电、液化煤—高端化工材料"、"石化开采—炼化—石化产品深加工"、"有色金属开采—冶炼—有色金属合金—高端合金材料"和"铁矿石开采—钢铁冶炼——特种钢铁合金—高端钢铁制品"等大型全产业链产业集群,形成一批重化工产业示范园区和基地。充分运用循环经济理念,在印度尼西亚投资建立大型新型建材、平板玻璃等清洁产业基地,支持印度尼西亚城镇化进程。

第四,推动其他制造业双边合作。充分面向印度尼西亚国内需求,和印度尼西亚共同建设电力装备、重化矿冶、工程机械专用设备、农业机械等为主的装备制造基地,推动中国装备技术、装备标准、装备品牌走出去。积极利用印度尼西亚劳动力资源优势，大力鼓励我国服装、玩具、鞋帽等知名企业在印度尼西亚设立外向型加工组装基地，积极引导联想、华为等信息技术龙头企业在印度尼西亚建立笔记本电脑、移动互联网设备、智能手机等模块化程度较高产品的加工组装基地，建立我国从事研发、设计和营销、印度尼西亚从事加工制造的新型东亚生产网络格局。积极支持汽车电子信息制造、支持汽车、家电等耐用消费品产业的龙头企业到印度尼西亚建设生产基地、营销中心，拓展东南亚市场。

（三）加强能源资源开发合作

印度尼西亚能源资源丰富，两国在能源资源领域合作有着很好的前景。在合作中，应充分把握我国经济发展新常态，立足我国合理能源资源需求，全面对接印度尼西亚经济发展战略，从推动印度尼西亚经济长期可持续发展和保证我国能源资源稳定两个层面，以商业合作为主要方式，以建立资源深加工利用基地为重点，面向全球市场需求，妥善推进能源资源开发合作。

充分把握印度尼西亚国内电力供求关系较为紧张的有利时机，鼓励我国国内龙头企业赴印度尼西亚建设火电、水电等电力生产基地和承包电力工程。支持两国企业就印度尼西亚第一期1000万千瓦燃煤电站租赁运营开展合作，鼓励中国企业积极参与印度尼西亚下一阶段3500万千瓦电站建设。积极促进输电和配电设施领域的合作，积极探讨在电网规划、建设、运营和维护方面合作。顺应印度尼西亚电力企业民营化的趋势，重视并抓住民营企业电站建设招标项目，改变以往多与政府和国家电力公司合作模式。重视可再生和新能源电站类型的投资与合作，积极响应印度尼西亚政府的政策号召，加快发展可再生和新能源发电，支持我国国内核能、水电、太阳能、风能等龙头企业在印度尼西亚建立核电装备、光伏装备、风电装备制造基地和能源供应基地，实施若干核电、水电、光伏发电、风力发电、生物质发电等典型示范项目。

（四）气候变化与节能环保领域合作

加强和印度尼西亚在气候变化领域的合作，建立应对气候变化高层沟通机制。强化在节能环保技术、低碳技术等领域的创新合作，尝试共同引进和研发先进技术。选择热带雨林保护、珊瑚礁保护等兼具中国特色和印度尼西亚特色的节能环保领域实施战略性合作协议，推动相关领域区域层面和全球层面的合作。实施若干重点节能示范项目，共建若干节能环保示范城市和若干节能环保产业基地。在节能环保技术、标准和规范领域加强对接，扩大节能环保产品贸易规模。鼓励我国节能环保知名企业赴印度尼西亚建立营运分部，提供高水平节能环保方案。

（五）推进海洋合作

作为岛国，印度尼西亚对海洋渔业、海洋工程、海洋运输等海洋经济领域极为重视，也迫切希望加强在海事、海洋科技、海洋保护等海洋治理领域的竞争力和话语权。我国近海养殖技术、海洋工程建设、海洋运输等领域的实力较强，和印度尼西亚合作空间广阔。我国整体科技研发基础强于印度尼西亚，但印度尼西亚在珊瑚礁资源保护和利用、热带风暴预防等海洋科技领域也有一定研究基础，双方开展科技合作的愿望十分强烈。在海洋治理方面，我国和印度尼西亚共识明显大于分歧，已经拥有海上合作委员会、中国和印度尼西亚海上合作基金等较为完善的合作机制，完全具备协力推动南中国海乃至南太平洋地区建立协调统一的海洋治理体系的潜力。

1. 海洋资源开发

用好中国—东盟海上合作基金等政策工具，以印度尼西亚为重点加快推进中国—东盟现代海洋渔业技术合作及产业化示范项目。加强双边渔业交流，在良种繁育、养殖生产、饲料渔药、疫病防治、产品加工、质量检测、标准对接、技术培训、人员资格认证等方面进行全面合作。推动在印度尼西亚建立深水网箱养殖基地。推进两国在渔业科技方面的技术研发合作，建立一批实验室和产业化推广中心。鼓励中国和印度尼西亚两国共建远洋渔业船队和后勤补给基地，推动在印度尼西亚合适港口建立集补给、仓储、加工、销售为一体的远洋渔业基地。鼓励双方企业参与对方海洋渔业专用港口建设并取得运营权。加强对两国领海的资源勘探力度，支持两国企业共同开展印度尼西亚一批海洋石油、锰结核等矿产资源开发项目。

2. 海洋经济

依托我国上海、广东、大连等地的船舶和海洋装备工程基地，充分运用智能制造技术，提升船舶、深海机器人、海上平台等大型海洋工程装备的生产能力和技术水平，扩大对印度尼西亚出口。支持各大船舶和海洋装备生产企业在印度尼西亚设立海洋工程装备生产基地。支持我国优势工程承包企业参与印度尼西亚海洋工程建设，和印度尼西亚合作共同实施一到两个重大海洋工程项目。鼓励我国企业和印度尼西亚共同开展海洋交通运输、海洋生物制药、海洋旅游等产业领域的合作，在印度尼西亚沿海建立一批海洋经济示范园区，作为海洋经济合作的重要平台。

3. 海洋科技

积极推动中国—东盟海洋合作中心、中国和印度尼西亚海洋与气候中心及联合海洋观测站、中国—东南亚海洋气象联合观测等重大科技合作项目，加快推进和印度尼西亚共建海洋科技实验室。在广州、湛江、宁波等地设立一批国家海洋高技术产业基地，作为对印度尼西亚海洋科技合作的重要平台。推动举办中国—印度尼西亚、中国—东盟海洋经济博览会、海洋科技博览会，推广海洋科技成果在两国应用。在我国和印度尼西亚的沿海地区共建一批海洋科技成果高效转化示范区。鼓励和支持中国科学院海洋研究所、青岛海洋大学、广东海洋大学等研究机构和高校和印度尼西亚开展国际海洋科技合作。

4. 海事

与印度尼西亚合作在南海海域建设海洋灾害综合观测与评估基地。和印度尼西亚共同建立赤潮、风暴潮、海浪、海啸预警机制及海洋灾害应急反应机制。积极推动建立中国—印度尼西亚岸基海洋观测信息网络。与印度尼西亚继续加强在海上搜救领域的合作，尝试与印度尼西亚共同创办南太平洋国际海上搜救基金，共同推进《1979年国际海上搜救公约》1998年修正案的进一步完善，提升跨境海上搜救效率。加大对马六甲航行支援基金的支持力度，与印度尼西亚共同推动安全浮标、灯塔维修等航行安全领域的合作。积极推动建立航行安全突发事件应对合作机制。与印度尼西亚及其他马六甲海峡沿岸国家共同加强在打击海盗等海上安全领域的合作，尝试建立中国—东盟南海共同巡逻机制。

5. 海洋生态环境保护

加快建设中国—印度尼西亚近海海洋生态系统保护联合研究中心，合作建设海洋生态观测站。开展陆源污染物控制检测和海洋生物多样性保护，促进海洋湿地与生物海岸生态系统的保护和修复。与印度尼西亚建立海洋污染联合防治机制，积极推进南海海洋污染控制工程。共同加强珍惜、濒危海洋生物的保护，严格限制非法捕捞，联合开展渔业增养殖、增殖放流、建立人工鱼礁等活动，推动渔业资源可持续利用。

四、加强双边政策沟通和协调

我国和印度尼西亚同为 G20、世行、IMF、APEC、亚投行等全球性和区域性组织的重要成员，双边政策沟通协调既有利于两国经济的长期可持续发展，更有利于提升发展中国家在全球和区域治理中的话语权。双方应切实寻找利益契合点，在气候变化、金融安全防范等重大全球治理上加强合作，并率先建立双边宏观政策协调机制，为亚太地区的全面宏观政策协调机制的建立奠定基础。

（一）加强宏观政策协调

充分发挥两国政府间协调委员会的作用，在产业政策、税收政策、投资政策等领域切实消除"边境后壁垒"，推进经贸合作便利化。共同积极落实 G20 峰会有关承诺，为全球和亚太地区经济增长做出重要贡献。加强两国在货币政策上的协调，共同积极推动构建亚太地区金融安全网络。在"10＋1"宏观政策协调机制下，积极推动建立我国和印度尼西亚财政、货币、贸易等政策协调机制，率先实现两国宏观政策协调制度化。

（二）共同推进全球治理重大问题解决

基于 2015 年 3 月《中华人民共和国和印度尼西亚共和国关于加强两国全面战略伙伴关系的联合声明》中的精神，进一步加强在气候变化、多哈回合谈判、能源和粮食安全、国际金融机构改革等重大全球性问题上的沟通协调。在 G20、亚欧会议、IMF、世界银行等全球治理框架内选择森林保护、海洋资源保护等两国话语权较强的议题共同提出联合话题和行动计划，探索共同提出联合国、IMF、世界银行等重要机构改革的相关提案。

（三）合作应对区域治理问题

在亚投行、亚行等多边金融组织框架下和印度尼西亚加强合作，共同建设区域开发性金融体系。在 APEC 框架下共同推动亚太自贸区建设，落实 APEC《十年期互联互通蓝图》、《经济创新发展、改革与增长共识》等会议成果。和印度尼西亚共同推进中国—东盟区域合作机制的进一步完善，共同维护东亚和平繁荣。结合落实《南海各方行为宣言》后续行动，和印度尼西亚共同推进制定"南海行为准则"。积极加强在反恐、传染病防治等区域治理问题的合作。发挥万隆会议在发展中国家的影响力，和印度尼西亚共同推进亚非合作。

（执笔人：曲凤杰 李大伟）

附件四

中国与坦桑尼亚国际产能合作前景展望[*]

一、坦桑尼亚国情简介

（一）地理与人口

坦桑尼亚位于非洲东部、赤道以南，由坦噶尼喀（大陆）和桑给巴尔（岛）两部分组成，领土总面积为94.5万多平方公里（其中桑给巴尔2657平方公里）。北与肯尼亚和乌干达交界，南与赞比亚、马拉维、莫桑比克接壤，西与卢旺达、布隆迪和刚果（金）为邻，东濒印度洋。

达累斯萨拉姆（Dar es Salaam）是坦桑尼亚第一大城市和东非重要港口，是全国经济、文化中心，人口436万（2012年人口普查），年平均气温25.8℃。多多马是国家官方的政治首都，尚在建设中。

东部沿海地区和内陆的部分低地属热带草原气候，西部内陆高原属热带山地气候，大部分地区平均气温21℃~25℃。桑给巴尔的20多个岛屿属热带海洋性气候，终年湿热，年平均气温26℃。

坦桑尼亚拥有可耕地4400万公顷；拥有森林和林地面积共3350万公顷；拥有6.4万平方公里的印度洋领海水域，22.3万平方公里的印度洋专属经济区水域以及5.8万平方公里的淡水湖面，海水和淡水捕捞的潜力巨大。坦桑尼亚矿产资源丰富，现已查明的主要矿产包括黄金、金刚石、铁、镍、铀、磷酸盐、煤以及各种宝石，总量居非洲第5位。坦桑尼亚的天然气

---

[*] 本部分的数据文中未标注的均来源于商务部国别报告（http://countryreport.mofcom.gov.cn/）、商务部"走出去"公共服务平台（http://fec.mofcom.gov.cn/article/gbdqzn/）和坦桑尼亚国家统计局和坦桑尼亚中央银行。

资源储量也非常巨大，根据坦桑尼亚官方公布的数据，目前已探明的天然气储量达 45 万亿立方米，预计总储量至少可达 200 万亿立方米。此外，坦桑尼亚旅游资源丰富，拥有维多利亚湖、坦噶尼喀湖和马拉维湖非洲三大湖泊、非洲第一高峰乞力马扎罗山和多个天然野生动物园。

总人口 53470000（2015 年），其中桑给巴尔 130 万，分属 126 个民族，人口超过 100 万的有苏库马、尼亚姆维奇、查加、赫赫、马康迪和哈亚族。另有一些阿拉伯人、印巴人和欧洲人后裔。城市人口占 26%，农村人口占 74%。人口年均增长率约 2.7%，人均寿命 55 岁。

坦桑尼亚崇尚信仰自由，以基督教、伊斯兰教和原始拜物教三大教派为主，坦噶尼喀（大陆）居民中 35% 信奉天主教和基督教，其中天主教信徒人数最多，45% 信奉伊斯兰教，其余信奉原始拜物教；桑给巴尔 95% 以上的居民信奉伊斯兰教。

（二）历史与政治

坦桑尼亚是古人类发源地之一。1886 年坦噶尼喀大陆划为德国势力范围，1890 年桑给巴尔沦为英国"保护国"，1917 年 11 月全境被英国控制。第一次世界大战后，沦为英国委任统治地。第二次世界大战后，联合国决议将坦噶尼喀大陆改为英国"托管地"。坦、桑人民经过长期的斗争，先后于 1961 年 12 月 9 日和 1963 年 1 月 12 日宣布独立。1964 年 4 月 26 日组成坦噶尼喀和桑给巴尔联合共和国，10 月 29 日改国名为坦桑尼亚联合共和国。

1992 年 12 月桑给巴尔政府擅自加入伊斯兰会议组织，遭联合政府强烈反对，遂并于 1993 年被迫退出。此后，联合政府、桑给巴尔政府与桑反对党开展了一系列斗争和谈判。2010 年初，桑岛革命党与主要反对党公联阵就组建桑岛团结政府达成一致。同年 11 月，桑大选顺利举行，桑岛民族团结政府成立。

坦桑尼亚联合政府实行总统制。2015 年 10 月，革命党（Chama Cha Mapinduzi, CCM）候选人马古富力（John Magufuli）当选坦桑尼亚新一届总统。宪法规定了多党派政治体制，目前坦桑尼亚全国约有 20 个注册政党。历史上作为执政党的坦桑尼亚革命党综合实力雄厚，远超反对党，近年来反对党发展迅猛，在城市的支持率上升明显。

坦桑尼亚奉行不结盟和睦邻友好的外交政策，主张在互不干涉内政和相互尊重主权的基础上与各国发展友好合作关系。致力于推进世界的发展、和平和稳定，通过各种地区组织和国际组织与其他国家开展合作，是南部非洲发展共同体（SADC）、东非共同体（EAC）以及非洲联盟（AU）的成员。坦桑尼亚是联合国及其专业机构世界银行、国际货币基金组织以及世界贸易组织（WTO）等国际组织的活跃成员。

（三）经济

1. 经济制度变迁

坦桑尼亚从20世纪70年代以来，经历了三个经济发展阶段。

（1）1970～1985年。乌贾马社会主义（Ujamaa Socialism）时期，以国有经济和计划经济为特色。由第一届总统朱利叶斯·坎巴拉吉·尼雷尔（Julius Kambarage Nyerere，1922年3月～1999年10月14日）提出的乌贾马社会主义制度，在独立初期，有助于建立一个团结、独立的国家。但是这个阶段经济持续低迷，平均GDP增长率为3%，低于撒哈拉以南的非洲国家平均水平，通货膨胀率接近20%，高于撒哈拉以南的非洲国家平均水平。

（2）1986～1995年。经济复苏和局部改革时期，以经济开放和自由化为特色。1986年，经济恢复计划（Economic Recovery Program）启动，商品价格和汇率改为由市场调节，经济活动的限制逐渐取消，国有企业和政府干预逐渐收缩。这一阶段，经济仍然处于低迷和不稳定的状态，通胀率一度达到30%。

（3）1996以来。宏观经济稳定和经济体制改革时期，以私有化的继续进行和改革深入发展为特色。改革的成效在这一时期显示出来，GDP增速不断上升，在2000年之后基本保持在7%左右，通货膨胀率降至个位数，人均可支配收入增加了一半。2005年，坦桑尼亚推出"国家增长和减贫战略（MKUZA）"，推进了改革的进一步深化。

2. 宏观经济概况

坦桑尼亚经济以农牧业为主，结构单一、基础薄弱、发展水平低下，是联合国公布的48个世界上最不发达国家和地区之一。全国约有34%的人口处于贫困状态。

近5年来，坦桑尼亚GDP年均增长率约7%，世界银行等国际机构预计坦桑尼亚GDP未来几年仍将保持在7%左右。2013/2014年财年，坦桑尼亚GDP约438亿美元，增长率7%，人均GDP约768美元。

2013/2014年财年，农业、工业和服务业对GDP贡献率分别是21.7%、

22%和51.1%。坦桑尼亚是一个农业国,农业是坦桑尼亚的经济支柱,以种植业、养殖业、林业、渔业、牧业为主体。农业人口占总人口80%。农业生产技术不发达,水利和交通等基础设施较差。主要农作物有玉米、小麦、稻米、高粱、小米、木薯等。粮食除自给自足外,还有少量的出口。主要经济作物有咖啡、棉花、剑麻、腰果、丁香、茶叶、烟叶、除虫菊等。工业以农产品加工和进口替代型轻工业为主,包括纺织、食品加工、皮革、制鞋、轧钢、铝材加工、水泥、造纸、轮胎、化肥、炼油、汽车装配和农具制造等。坦桑尼亚工业产值约占国内生产总值的22%。坦桑尼亚旅游业潜力巨大,2014年,截至11月,坦桑尼亚旅游行业创造外汇收入19亿美元,占GDP的3.4%。

2013/2014年财年,国家预算收入70亿美元,预算支出101.28亿美元,预算赤字占GDP的7%。

2014年,坦桑尼亚外债余额约140亿美元,占GDP的比重35.24%。坦桑尼亚贷款主要来自美国、欧盟、日本、印度和中国等。

2015年,坦桑尼亚全国通货膨胀率约为6%。

2012年标普、穆迪和惠誉三家评级机构将坦桑尼亚主权债务等级评为B级。表明坦桑尼亚缺少理想投资的品种,还本付息,或长期履行合同中其他条款的保证极小。表1为2009/2010~2013/2014财年坦桑尼亚主要经济指标统计,表2为坦桑尼亚2009/2010~2013/2014财年各行业占国民生产总值比重,表3为2012~2014年坦桑尼亚服务产品分类。

表1 2009/2010~2013/2014财年坦桑尼亚主要经济指标统计

经济指标	2009/2010财年	2010/2011财年	2011/2012财年	2012/2013财年	2013/2014财年
GDP（亿美元）	222.5	224	259.5	279.37	438
人均GDP（亿美元）	525	543	565	635	768
实际GDP增长率（%）	6.0	6.5	6.4	6.9	7
通货膨胀率（%）	12.1	7.2	17.8	11.5	7.6
商品出口（亿美元）	31.0	48.9	55.27	53.77	56.75
商品进口（亿美元）	57.8	80.1	106.2	104.82	113.47
经常账户余额（亿美元）	-17.5	-22.09	-43.28	-27.26	-47.9
国际储备（亿美元）	35.5	36.87	37.9	43.60	46.34
外债余额（亿美元）	82.0	75.76	103.5	120.89	140.21
内债余额（亿美元）	20.09	23.64	26.47	35.25	39.61

续表

经济指标	2009/2010 财年	2010/2011 财年	2011/2012 财年	2012/2013 财年	2013/2014 财年
外债占GDP百分百	35.8	40.6	39.9	42.5	32
债务总额占GDP百分比	44.6	50.5	50.1	50.23	41
汇率（先令/1美元）	1379.4	1579.7	1568.9	1600.29	1650

注：时间截止日期为2014年6月30日。
资料来源：坦桑尼亚中央银行。

表2　坦桑尼亚2009/2010～2013/2014财年各行业占国民生产总值比重　　单位：%

行业	2009/2010 财年	2010/2011 财年	2011/2012 财年	2012/2013 财年	2013/2014 财年
一、农业及渔业	23.3	22.7	22.1	21.6	21.7
渔业	1.5	1.4	1.3	1.3	5.9
二、工业和建筑业	21.4	21.6	21.7	21.8	22
1. 矿业和采石业	2.5	2.4	2.3	2.3	2.3
2. 制造业	9.5	9.6	9.7	9.9	10
3. 电力等	2.1	2.1	2.0	2.0	2.2
4. 建筑	6.8	7.0	7.2	7.3	7.5
三、服务业	48.3	48.8	49.5	49.9	51.1
1. 贸易与维修	14.3	14.5	14.7	14.8	15.2
2. 酒店与餐饮	2.3	2.3	2.2	2.2	—
3. 交通+通信	7.8	8.2	8.5	9	10.1
4. 其他服务业	23.9	23.9	24.0	24.0	25.8
5. 产品税收	6.7	6.7	6.7	6.7	—

注：其他服务业包括金融中介、公共管理、房地产、教育、卫生以及其他社会和个人服务业。
资料来源：坦桑尼亚国家统计局、坦桑尼亚银行。

表3　2012～2014年坦桑尼亚服务产品分类　　单位：百万美元

服务业	2012年	2013年	2014年
旅游	1666.5	1880.4	1950.1
运输	631.0	800.8	853.6
其他	422.7	520.4	560.4

资料来源：坦桑尼亚中央银行。

3. 经济政策和规划

1999 年姆卡帕政府制定了《坦桑尼亚国家发展愿景 2025》（The National Development Vision 2025，以下简称《愿景 2025》），明确了未来 25 年的经济发展目标。2011 年，政府首次制订并向议会呈报了《愿景 2025》第一个 5 年发展规划（2011/2012～2015/2016 财年），经议会审议通过后开始实施。《愿景 2025》确立了坦桑尼亚 2025 年实现人均收入 3000 美元、成为中等收入国家的发展战略目标。

第一个 5 年发展规划的指导思想是"释放坦桑尼亚发展潜力"，主要目标包括：消除阻碍经济增长的障碍；增强国力，实现最理想的经济增长，尽快减少贫困；培养有效利用机会的能力，充分利用本国、地区一体化及全球化机会；创造更多就业机会，解决青年就业问题。第一个 5 年发展规划确立了 4 个战略支柱：（1）维护当前经济稳定局势，巩固已有成绩。（2）利用资源，发展经济。优先发展绿色农业、畜牧业、渔业及利用本国原材料和自然资源发展工业。（3）有效利用本国地理位置潜力，将坦桑尼亚打造成大湖区经济、贸易和服务"领头羊"。（4）开发人力资源，扩大科技应用，提高经济服务、政府、社会活动的效益和效率。

第一个 5 年发展规划确定了 6 个优先发展领域的目标为农业、基础设施、工业、旅游、人力资源和信息通讯，规定了优先发展领域，制定了加速经济发展、创造就业和工业化的经济发展战略。其中，基础设施方面的发展规划有：

（1）港口：为了进一步发展水运交通，未来 5 年计划投入 6 亿美元用于达累斯萨拉姆港口扩建以及提升水运服务的质量和效率，并保持水路运输同其他交通方式的互联互通。

（2）铁路：未来 5 年计划投入约 13 亿美元用于维修、改造已有铁路线路，开发公路走廊；连接战略经济区（包括农业和矿业）。鼓励内资和外资开发铁路显现的社会经济潜力。

（3）道路交通：计划投资 44 亿美元改建和新建 5204 公里的公路，形成全部的主干道公路走廊，同时解决达累斯萨拉姆和其他主要城市的拥堵问题。

4. 对外经贸关系

（1）贸易关系。

坦桑尼亚是世贸组织成员，同时也是东非共同体和东南部非洲共同市场成员。2014 年,坦桑尼亚对外贸易总额为 224.357 亿美元,其中出口 88.125 亿美元,进口 136.232 亿美元。

由于经济实力较弱,坦桑尼亚商品对周边国家市场有效竞争力一般,东非共同体区域内进出口额占坦桑尼亚进出口额的 5% 和 3% 左右,其中与肯尼亚的进出口占区域内贸易比分别为 85.4% 和 54.2%。由于历史原因,印度是坦桑尼亚传统贸易伙伴。2015 年,印度正式向坦桑尼亚完全开放市场,印坦双边贸易额增长较快。表 4 为 2012~2014 年坦桑尼亚对外贸易额,表 5 为 2013/2014 财年坦桑尼亚主要贸易伙伴。

表 4　　　　　　　2012~2014 年坦桑尼亚对外贸易额　　　　单位:百万美元

进出口类别	2012 年	2013 年	2014 年	增速
货物出口	5889.2	5258.1	5448.4	3.6%
货物进口	10319.1	11029.1	10917.8	-1.0%
差额	-4429.9	-5771.1	-5469.4	-5.2%
服务出口	2786.4	3201.7	3364.1	5.1%
服务进口	2359.9	2488.5	2705.4	8.7%
差额	427.5	713.2	658.8	-7.6%
出口总额	8675.6	8459.7	8812.5	4.2%
进口总额	12678	13517.6	13623.2	0.8%
差额	-4002.4	-5057.9	-4810.6	-4.9%

资料来源:坦桑尼亚中央银行。

表 5　　　　　　2013/2014 财年坦桑尼亚主要贸易伙伴

进口来源地	占进口总额比例	出口目的地	占出口总额比例
印度	18.4%	南非	17.3%
瑞士	12.9%	印度	17.0%
中国	12.7%	瑞士	9.2%
阿联酋	9.5%	中国	7.0%
南非	5.8%	刚果(金)	5.4%
日本	4.1%	肯尼亚	5.2%
肯尼亚	2.7%	日本	5.0%
英国	2.2%	德国	3.6%
美国	1.9%	赞比亚	2.1%
沙特阿拉伯	1.8%	比利时	2.0%
其他	27.9%	其他	26.2%

资料来源:坦桑尼亚中央银行。

(2) 吸收外资。

据联合国贸发会议发布的 2015 年《世界投资报告》显示，2014 年，坦桑尼亚吸收外资流量为 21.4 亿美元；截至 2014 年底，坦桑尼亚吸收外资存量为 170.1 亿美元。外资主要集中在矿业、旅游业、农业、制造业和通讯业等领域。坦桑尼亚政府鼓励外商更多投资于农业、教育、医疗，以及公路、铁路、机场和旅馆建设等项目。表 6 为 2009~2014 年坦桑尼亚吸收外资流量。

表 6　　　　　2009~2014 年坦桑尼亚吸收外资流量　　　　单位：百万美元

年份	2009	2010	2011	2012	2013	2014
吸收外资流量	953	1813	1229	1800	2131	2142

资料来源：UNCTAD, FDI – MNE Information System, FDI database。

目前，中国、英国、印度、肯尼亚、南非等是坦桑尼亚主要的外资来源地，其中来自中国、南非、印度等新兴经济体的投资较为活跃。

(3) 外国援助。

外国援助在坦桑尼亚国民经济中占有重要地位，近年来坦桑尼亚每年接受外援 9 亿美元左右，其中发展伙伴（Development Partners）通过总体预算支持（General Budget Support）等方式向坦桑尼亚提供援助。主要发展伙伴有英国、印度、南非、荷兰、肯尼亚、美国、加拿大、意大利、德国和国际货币基金组织、世界银行、欧盟、非洲开发银行等。坦桑尼亚是国际货币基金组织和世界银行已批准的符合重债穷国倡议援助条件的国家。

(4) 优惠政策框架。

坦桑尼亚政府吸引外资的最惠领域包括农业及农产品加工业、出口导向型工业、制造业、采矿业、基础设施建设和能源投资、旅游及相关产业。目前，部分进口商品以及用于出口的商品和服务免交增值税。投资于最惠领域的资本货物免交进口关税，其中农业项目除建筑物外免征原材料和资本货物进口关税。

二、中坦双边关系

（一）中坦外交关系

中坦关系已从传统友好转型升级到互利共赢的全面合作伙伴关系。

1. 双边关系历史

中国于 1961 年 12 月 9 日与坦噶尼喀建交、1963 年 12 月 11 日与桑给巴尔建交。1964 年 4 月 26 日，坦噶尼喀与桑给巴尔联合，中国自然延续与二者的外交关系，将 1964 年 4 月 26 日联合日定为与坦桑尼亚联合共和国建交日。

建交以来，两国关系友好密切，人员往来频繁。中国源源不断地为坦桑尼亚提供了大量物资、装备和技术支持。并通过军事援助，帮助坦桑尼亚建立了自己的军队，使其有能力保家卫国，在 1978 年乌干达阿明入侵坦桑尼亚时，成功地保卫了国土。

近年来，两国高层交往密切。2013 年 3 月，习近平就任国家主席后首次访问非洲，并首站对坦桑尼亚进行国事访问。在两国元首见证下，中坦两国正式签署中坦投资保护协定。此后，中坦高层领导人互访不断，并签订了多项双边协议，涉及能源、输变电、出口工业区、房地产和科技等领域。

在非洲晴雨表（Afrobarometer）2014 年进行的一项研究中，40% 左右的坦桑尼亚公民认为中国在坦桑尼亚的影响力最大，其他的国家依次为美国 31%、南非 6%、英国 5%、印度 1% 及国际组织 1%；且 70% 的受访者认为积极影响为主。这一调查从一个角度证明了中国与坦桑尼亚的友好关系。

2. 坦赞铁路

坦赞铁路是中坦友谊的见证。坦赞铁路是中国 20 世纪在非洲最大的援建项目，也是迄今中国最大的援外成套项目之一。1965 年，坦桑尼亚总统尼雷尔在出访中国时提出希望中方援建连接东部口岸和内陆地区及赞比亚的铁路。虽然当时的中国并不富裕，百废待兴，人均 GDP 仅 100 美元，全国外汇储备只有 1.66 亿美元，但是在了解到这条铁路对非洲兄弟国家发展的重要政治和经济意义后，中国老一辈领导人仍毅然决定上马援建坦赞铁路工程。

由于跨越著名的东非大裂谷，坦赞铁路需穿越高山、峡谷、急流、原始森林，全线工程浩大，技术复杂，施工条件异常困难。为此，中国曾提供无息贷款 9.88 亿元人民币，发运各种设备材料近 100 万吨，派遣工程技术人员近 5 万人次，在工程修建及后来技术合作中，中方有 66 人为之献出生命。

坦赞铁路建成初期，对南部非洲特别是赞比亚的经济发展发挥了重要作用。中国援建坦赞铁路，也在发展中国家和非洲引起巨大反响，在 1971 年中国顺利恢复联合国合法席位中起了重要作用。

坦赞铁路曾实现最高年运量127万吨。然而，由于公路运输的发展，赞比亚同南非的政治经济关系转暖等客观原因，以及行政机构腐败，管理体制不畅，劳动效率低下等原因，坦赞铁路目前面临运力不足、客车晚点严重、轨道情况差等问题，亏损严重。

2016年5月9日至12日，在达累斯萨拉姆举行的中国、坦桑尼亚、赞比亚三方会谈上，对坦赞铁路私有化，由中国接手坦赞铁路的管理和运营的方案进行了讨论，明确了三国同意中方投入技术和资金振兴坦赞铁路的共识。一旦该方案启动，这将是中国在非洲第一次直接运营一个铁路项目。

（二）中坦经贸关系

1. 中坦贸易

据中国海关统计，2015年，中坦双边进出口贸易总额为46.60亿美元，同比增长8.9%。其中，中方出口42.82亿美元，同比增长11.4%；中方进口3.78亿美元，同比减少13.1%。

近年来，中国对坦桑尼亚出口商品主要类别包括：①手机、小电器等电子家电产品；②机械器具及零件；③汽车配件；④建筑材料；⑤鞋靴、服装等日用百货。中国从坦桑尼亚进口商品主要类别包括：①矿产品；②芝麻、腰果、棉花等农产品；③渔类产品；④香料及其制品；⑤生皮（毛皮除外）及皮革等。表7为2010~2015年中坦双边贸易统计。

表7　2010~2015年中坦双边贸易统计　　　　　单位：亿美元

年度	贸易总额	增幅（%）	出口坦桑尼亚	增幅（%）	中国进口	增幅（%）
2010	16.53	48.90	12.51	36.90	4.01	104.50
2011	21.50	29.50	16.62	32.60	4.88	20.00
2012	24.69	15.20	20.90	26.40	3.79	-22.60
2013	36.91	49.48	31.39	50.20	5.52	45.51
2014	43.26	17.10	38.90	23.80	4.36	-21.00
2015	46.60	8.90	42.82	11.40	3.78	-13.1

资料来源：中国海关。

2. 对坦投资

2013年，中国成为坦桑尼亚第二大外资来源国，仅次于英国。据中国商务部统计，2014年中国对坦桑尼亚直接投资流量1.67亿美元。截至2015

年底，中国在坦桑尼亚直接投资达 66 亿美元。

3. 承包劳务

据中国商务部统计，2014 年中国企业在坦桑尼亚新签承包工程合同 91 份，新签合同额 13.02 亿美元，完成营业额 20.70 亿美元；当年派出各类劳务人员 3265 人，年末在坦桑尼亚劳务人员 5619 人。

三、中坦国际产能合作前景展望

中非"三网一化"合作为中坦合作创造了条件。中国将继续把基础设施建设放在对非合作的重要位置，与非洲合作打造非洲高速铁路网络、高速公路网络、区域航空网络。中方愿为此提供金融、人员、技术支持。2015年 1 月，中国与非盟签署推动非洲"三网一化"建设谅解备忘录。目前，正在与非盟委员会结合《非洲 2063 议程》共同研究《中非铁路合作行动计划（2016~2020）》，梳理中非铁路合作项目，推动港铁联运项目和互联互通铁路、公路项目取得积极进展。铁路项目的建设将构筑非洲"四纵六横"铁路网。中国政府还积极引导中资企业参与非洲"三纵六横"公路网建设，支持非洲降低成本，为工业化发展创造基础条件。此外，航空合作更拉近了中非距离。

中国紧密结合非洲工业化的诉求，将坦桑尼亚、埃塞俄比亚和肯尼亚等作为非洲产能合作的示范承接地。国家发改委已经与坦桑尼亚建立了产能合作协调机制。2015 年 8 月，举办了中非产能合作论坛。此外，国家发改委会同有关部门推进中方企业以港口和铁路为依托，建设自贸区、经济特区和产业合作区。招商集团正抓紧坦桑尼亚巴加莫约临港工业区项目，打造坦桑尼亚枢纽港口，构造产能合作重要承接地。中方愿意积极鼓励中国企业赴非洲开展产能与投资合作，并为中非合作提供有力政策和金融支持。

中国与坦桑尼亚产能合作优势明显，合作空间广阔。下面从区位、要素、市场、产业、产能需求和消纳等方面对双方国际产能合作的优势进行分析，并提出可能存在的风险。

（一）区位分析

坦桑尼亚其地理位置重要，交通便利，物流发展潜力巨大，有达累斯萨拉姆港、坦赞铁路、中央铁路与广大中、东、南部非洲内陆国家连接。作为唯一一个既是南共体成员国，又是东非共同体成员国的坦桑尼亚，具备进一步向周边国家辐射的良好条件，因而坦桑尼亚市场有其战略意义。

（二）要素分析

坦桑尼亚土地、资源、劳动力要素成本低廉，同时缺少资金、技术和人才，基础设施薄弱，与中国形成了优势互补。适宜开展成本型合作和资源型合作，降低产业成本，提高产业国际竞争力。

1. 土地

不同于很多人对非洲贫瘠干旱的印象，坦桑尼亚拥有70%以上的绿地覆盖率，没有一寸沙漠，并且坦桑尼亚的土地基本都是肥沃的良田。坦桑尼亚土地和房屋市场发展不完善，各城市间、城市与乡村间土地及房屋出售和租用价格差距悬殊，郊区和乡村土地租金低廉。

2. 资源

坦桑尼亚矿产资源丰富，尤其是近年来发现的天然气资源，探明储量54万亿立方英尺，预计总储量至少可达200万亿立方英尺，有望逐步形成天然气工业产业链，并为坦桑尼亚中远期经济发展注入活力。

坦桑尼亚粮食自给自足，丰年有余；经济作物咖啡、棉花、剑麻、腰果、丁香、茶叶、烟叶、除虫菊等产量丰富，为农作物加工行业提供了充足的原材料。

此外，旅游资源丰富，潜力巨大。

3. 劳动力

坦桑尼亚劳动力人口充足，大约80%坦桑尼亚人口是农业人口，35岁以下人口占70%以上。劳动力年轻化程度高，就业需求高。普遍为低学历、低技术人员，普通工人月薪约为16万先令（折合人民币约624元）。

坦桑尼亚政府重视发展教育事业，成人扫盲率达90.4%，是非洲文盲率最低的国家之一。

4. 技术

坦桑尼亚科技水平滞后，高端科技产品主要依赖进口，并面临着人才匮乏和资金紧张等困难。但坦桑尼亚政府正逐渐重视科学技术发展，希望通过引进先进科学技术来带动当地的经济发展。政府决心在资金紧缺的状况下，通过引进外国科技来代替进口外国的高端产品，并鼓励外国政府提供科学技术援助。2002年10月，国际货币基金组织将其在非洲的第一个技术援助中心——东非技援中心设在坦桑尼亚，负责向其提供财政、税收、金融等方面技术支持。

中国进入工业化中期，将技术成熟的产业向经济发展水平较低的低梯度国家进行转移，有利于平摊产业的"沉没成本"，获取海外投资收益，用于国内技术创新和研发，促进本国产业技术提升。

5. 环境

政治环境：政治稳定，治安良好。坦、桑的联合问题已基本解决，根据一项来自非洲"晴雨表"的研究报告，84%的坦桑尼亚人不支持坦桑联合政府解体。2015年大选顺利举行，短期内出现大规模政权更迭和骚乱暴动的可能性较小。

政策环境：坦桑尼亚长期奉行与中国友好的政策，对外来投资持欢迎和开放态度，其投资领域几乎不设限。同时政府一直致力于改善投资环境，增进合作、推动发展、促进繁荣。坦桑尼亚虽然实行外汇管制，但政策较为宽松，金融管理部门对外汇兑换业务持开放态度，项目下的外汇可实现自由兑换，所以银行和钱庄都可以从事本国货币（先令）和外汇业务。

（三）市场分析

1. 坦桑尼亚国内市场

坦桑尼亚是东非经济发展最快的国家之一。2005年以来，坦桑尼亚经济增长率长期保持在7%左右，未来几年，经济增长预计仍将保持在同等水平。2015年以来，通胀率基本维持在6%上下。坦桑尼亚先令对世界主要货币贬值幅度较大。人口增速快，35岁以下国民占到总人数的70%。年轻人消费能力较强，未来几年内将有效拉动坦桑尼亚经济增长。

此外，坦桑尼亚基础设施落后，工业化程度较低，在铁路、通信、建筑等诸多领域与我国的产能合作潜力都十分巨大。

2. 第三方市场

坦桑尼亚所处的两个共同体内部成员间贸易便利，基本免税，而且正在朝着统一关税、统一商检、统一标准等方向发展。同时，坦桑尼亚与印度贸易额增长较快，2014年与印度的双边贸易额达37亿美元，坦桑尼亚对印度出口第一次突破10亿美元大关，约13亿美元，增长70%。此外，坦桑尼亚已经与美国、欧盟等达成了开放市场的有关协定，在坦桑尼亚投资所生产的产品，可以免关税，快捷地出口到欧美。与坦桑尼亚进行产能合作，可以成为打开东非国家、印度以及欧美等市场的切入点。

3. 中国市场

由于坦桑尼亚自身经济不发达，国际竞争力有限，不管是坦桑尼亚国内市场，还是以坦桑尼亚为切入点的第三方市场，都比较有限。中坦产能合作，将产品返回国内销售，也是一种做法，有利于资源优化配置和国内产业结构升级。

（四）产业分析

1. 农业

坦桑尼亚是非洲为数不多的几个粮食能自给自足的国家，而且政府高度重视农业发展。农业是坦桑尼亚吸引外资的最优惠领域。2009年6月，坦桑尼亚总统基奎特提出"农业第一"的发展理念，将农业预算提高到财政预算的10%。2011年1月，坦桑尼亚政府提出"南方农业发展走廊"的规划蓝图，将坦桑尼亚几乎一半的土地划归到了走廊范畴，以吸引外资到坦桑尼亚投资农业开发、种植及加工。

中国是世界上最大的消费市场。坦桑剑麻、棉花、腰果、木薯、花卉、丁香、水果、蜂蜜、屠宰加工等都有很好的投资前景。通过大规模土地开发、机械化耕作、良好的田间管理和育苗技术，坦桑尼亚农业可大有作为。

2. 工业

坦桑尼亚基础设施薄弱，工业化程度很低，中国在工业化过程中积累的经验、技术，与非洲国家的契合度非常强。通过产能合作，把一大批国内的富余产能转移到包括坦桑尼亚在内的非洲国家，能够有力地推动当地工业化进程。既能提供大量就业岗位，极大地解决当地就业问题，也能促进坦对外出口，实现贸易平衡，带动坦桑尼亚中小企业发展，并促进农业、旅游、矿业以及海洋产品的开发。

几个中国企业参与投资建设的特大项目，包括巴加莫约经济特区项目、坦赞铁路维修改造项目、天然气输气管道项目、煤铁电一体化项目、天然气发电项目、输变电项目、多个综合工业园区和房地产开发项目等，都是产业链较长的产业合作典范，有利于带动国内技术、装备、零部件和中间产品的出口，扩大产业内贸易，深化产业垂直分工关系，促进我国产业结构升级。

3. 服务业

坦桑尼亚旅游资源相当丰富，但是受制于落后的基础设施，尚未得到应有的开发。面向旅游行业的基础设施建设，空间也十分广大。

（五）产能需求和消纳分析

产能合作的特殊性，在于"政府介入优势"。在对象国方面，政府意愿是否强烈，很大程度上决定了产能合作的空间和难易程度。对于坦桑尼亚来说，处于工业化进程初级阶段，产能需求量大；政策重点发展经济，希望在2025年成为中等发展国家；双边关系基础良好，互利共赢的全面合作伙伴关系内涵不断丰富，合作意愿强烈。

从中国的角度，与坦桑尼亚的产能合作，有利于消纳优势产业。可以结合非洲的需要，把中国大量的富余产业转移出来，实现产业对接，帮助坦桑尼亚等非洲国家"筑巢引凤"，带动其经济发展，同时带动国内产业结构升级。

（六）风险分析

坦桑尼亚国内市场较小，国际竞争力差，在研究具体的项目时，要充分考虑国内和国际市场需求和对产能的接收能力。虽然坦桑尼亚在非洲国家中，属于政治比较稳定，经济发展较快的国家，但是政治体制不成熟，民众素质普遍较低，不排除在特殊情况下出现大规模动荡的可能性。应充分调研和评估风险后，决定投资规模和合作方式。在重大项目上，可能面临超支、投资大、跨度长、不确定因素多的问题，建议有关部门组织实地调查，尊重市场经济规律，设计合理的运量和资金投入，切忌"大干快上"。

在合作方式上，可以借鉴日本对非洲投资战略，建立政府与企业的联合体，共同投资、共担风险。日本将各大财团的产业、金融和商社捆绑，在对非洲投资中形成"集团作战"。日本政府与企业互相协调，前者为后者提供保障，后者为前者冲锋陷阵。

包括坦桑尼亚在内的不发达国家的管理运营能力往往也很弱，因而仅仅制造装备、输出产品是不够的，坦赞铁路的运营失败就是前车之鉴。产能合作是产业的输出，是能力的输出。是把我们的产业整体输出到不同的国家去，同时帮助这些国家建立更加完整的工业体系、制造能力。如果后期运营不善，很可能收不到最初规划的经济、政治和社会效益，无法取得"双赢"局面。在美国、英国、日本、印度等其他援助国家、发展伙伴的竞争和对比之下，反而可能事倍功半，效率不高。

另外，政府的介入虽然可以降低企业海外经营的风险，避免和减少企业盲目恶性竞争，提高企业竞争力，但同时也增加了寻租和资源错配的风险，降低国际产能合作的综合收益。在法律体系和行政体制尚不完善的坦桑尼亚，更应注意规避这一风险。

通过上述分析可以看出，中坦产能合作基础优良，领域广阔，对接程度高，前景比较乐观。在铁路交通、能源、通信、农产品加工和建筑等领域都有较大产能合作和产业对接空间，有望成为中非合作的新典范和新标杆，引领中非务实合作向前发展。

（执笔人：曲凤杰）

附件五

中印产能与投资合作的现状及前景*

2008全球金融危机后,中国和印度成为世界经济复苏引擎,并且是全球经济规模较大增长最快的主要经济体。当前,中印都在培育经济新增长点,致力于长期可持续发展。莫迪政府上任以来,着力提振制造业,欲在未来将制造业年增长率提高到12%~14%,GDP中制造业占比从16%提供到25%,截至2022年创造1亿个就业岗位。中印加快能源、钢铁、化工、机械、轻工等领域合作,有助于将我国在资本、技术、产能上的巨大优势,与印度发展制造业和基础设施建设需求相结合,推动中印经济增长、扩大就业,促进地区繁荣稳定。

一、主要特点

(一)经贸合作稳定发展,我国是印度第一大贸易伙伴

中国和印度均为世界文明古国,也同为世界上最大发展中国家、新兴经济体和"金砖四国"成员,两国在发展过程中存在诸多相似之处,在双边经贸合作方面具有很大发展潜力和前景。建国后的中印贸易始于1951年,之后发展缓慢,20世纪90年代起,两国贸易额开始以年均超过30%左右的速度递增,并一直保持持续稳定发展态势。2000年,两国贸易额为29.14亿美元,到2014年已增长了23倍,达到706.5亿美元,2015年,这一数字增至716.4亿美元,我国取代阿联酋和美国,成为印度第一大贸易伙伴。

---

* 本部分文中数据均来源于商务部国别报告(http://countryreport.mofcom.gov.cn/)和商务部"走出去"公共服务平台(http://fec.mofcom.gov.cn/article/gbdqzn/)。

（二）对印贸易顺差持续扩大，贸易结构不断优化

自1997年始，中国对印度贸易开始出现顺差，2000~2012年间，除2003~2005三年我国对印度有贸易逆差外，其他年份均保持稳定较快增长态势，对印贸易顺差从2000年的2.07亿美元增至2012年的289亿美元，2014年，我国对印度贸易顺差为380亿美元，2015年，对印贸易顺差已达448.7亿美元。近年来，我国除了对印出口纺织、食品、有机化合物外，附加值较高的工业制成品，如通信和机电设备、化工产品等，也成为出口的重要组成部分。印度对我国出口产品，主要为资源和劳动密集型产品，2014年，棉花、铜及制品和矿物燃料等，在对我国的出口产品中占比83.39%，其他，诸如计算机软件、制药、金融管理等领域的出口，印度也具有一定优势。2014年，我国确定在印度建立汽车和电力设备两个工业园区和开展铁路等战略性合作，意味着两国产能合作不断夯实，贸易内涵渐趋丰富，贸易结构趋于优化。

（三）投资规模不断扩大，投资领域趋向多元化

2000年以来，我国对印度直接投资迅速增长，2006年后，对印度投资增长势头更为迅猛，到2013年的7年时间里，我国对印度各个领域直接投资增长了约37倍。2014年，我国企业对印度投资总额为2.43亿美元，比2013年增长12.5%，同时期，我国对亚洲其他国家投资增幅仅为8.9%。截至2014年底，中国对印度投资存量达11.84亿美元。2015年，我国对印度的直接投资（不包括再投资）已猛增至8亿7000万美元左右，预计2015~2018年，我国对印度的投资将达50亿~100亿美元。另外，2014年，印度企业对华投资总额达到5075万美元，比2013年猛增87.6%，在中国投资存量达5.64亿美元。

中印经济合作不断深化，推动投资领域合作日益扩大。2014年，中印两国在经贸投资领域签署了12项合作协议，内容涉及产业园区、铁路、信贷、租赁等多个领域，我国累计对印投融资金额达130亿美元。2015年，中印两国企业在上海签署20多项、总金额高达220亿美元的合作协议，内容涉及能源、贸易、金融与工业园区等领域，同年，中印两国还在太阳能、风能以及其他可再生能源投资领域取得了重大进展，投资领域显现出多元化特征。

（四）并购交易近来集中在电子商务领域

多年来，印度公司和中国公司都已经在对方国家设立了许多子公司，熟

悉东道国的企业、市场环境、投资前景。在中国的印度公司有但不限于：Infosys、NIIT、Raymond、Reliance、Jubilant、LupinLtd、State Bank of India、Tata、Jindal、Ranbaxy、FICCI；在印度的中国公司有但不限于：华为、Jiangsu、中兴、海尔、联想、上海电气、小米、阿里巴巴、首钢、吉利。中印间并购交易近来一直围绕电子商务领域。如2016年，携程以1.8亿美元投资印度的MakeMyTrip，2015年阿里巴巴和蚂蚁金服以5亿美元投资印度PayTMMobileSolutionsPvt. Ltd.，同年，软银集团、阿里巴巴、富士康以5亿美元投资印度的Snapdeal。同年，蚂蚁金服以2亿美元投资印度的One97CommunicationsLimited，表明中印产能合作主体早已相识并熟悉，合作主体基础良好。

与两国全球贸易总量相比，两国之间的双边贸易的占比并不大。2014年，印度的全球商品贸易总额为7850亿美元，中国只占其中的9.2%。同年，中国的全球商品贸易总额为4.301万亿美元，印度只占其中的1.7%。2000~2015年9月，对印度投资额前5国家分别是毛里求斯（34%）、新加坡（14%）、英国（8%）、日本（7%）、荷兰（5%），中印虽为近邻，但中国在印度投资并未成为印外资主要构成。中印之间存在的贸易结构失衡，投资合作有限，可能制约中印产能合作深化。

二、中印产能与投资合作前瞻

（一）推进中印产能合作具有必要性和可能性

印度亟须中国资金和技术。自从莫迪出任总理以来，政府一直进行各种改革尝试发展印度经济，印度"十二五"规划已将基础设施建设、制造业、旅游业、影视文化业等列为重点发展领域。大多数外商直接投资行业无须审批，包括制造业、铁路、基建、制药、发电和工程承包等，某些行业如国防、零售、电信、医药等行业的外商投资受到事前审批限制。极少数行业例如不动产、烟草是禁止外商投资行业。正如印度总理莫迪所言，对于印度，就业和技能发展是首要任务。印度政府已经实行一些相关的政策，并且设立了产业集群以扶持制造业。

政府推出了各种政策措施，例如"印度制造进行时""数字化印度""技能印度"及"创业印度"政策旨在推动制造业发展和提供就业机会。

两国经济互补互利性强。当前，已经进入工业化发展中期的我国，经济总量规模大,装备水平不断提高,目前已处于全球产业链中端。印度由于诸多原因,工业化水平与我国相比仍有一定差距,印度政府急于改变现状,急需寻求在电力、道路等基础设施和制造业领域合作,以帮助提升其工业化水平,实现莫迪政府的经济改革计划。中印两国根据经济结构互补性开展多方面合作,减轻经济下行压力是共同需要和可行的。

培育拉动经济增长新动力。产能过剩像是中国经济"堰塞湖",危机四伏。大量积蓄的产能造成了资源浪费和效率低下,由产能过剩带来的各种问题正在逐步显现,产能输出成为化解产能过剩,促进产业升级和拉动经济的有效措施。印度新政府关于增长议程集中在制造业和基础设施建设,未来5年里,投资支出预计相较过去5年增加一倍。此外,私营投资参与基建领域有所增加,预计将进一步增长。2025年前,印度中央政府计划将制造业占GDP的比重从目前的16%增加到25%~30%,并由此创造超过9000万个工作岗位。中印在制造业和基础设施建设领域可以加强产能合作,推动各自经济增长。鼓励中国企业赴印度建工业园区,带动一批企业进驻,可以解决就业,增加税收,促进印度经济增长。中国因资金、技术、装备等出口产生的外需,拉动经济增长。

(二)合作与竞争伴随中印合作全过程

中印均为地区大国,在发展战略上具有契合点,但推动合作的进程充满不确定性。"一带一路"战略是我国当前重要的经济发展战略,实施印度洋战略,打通海上丝绸之路,对于我国长远发展意义重大。就当前看,印度作为海上丝绸之路必经之国,考虑到其自身在印度洋和亚洲的影响力,以及印度渴望通过"香料之路计划"和"季风计划"扩大自身在印度洋的影响力,一定程度上,已经成为"一带一路"倡议的较大阻力之一,对开展产能合作或可出现若即若离的倾向。

印度经济环境和政府治理有待提升。印度投资环境欠佳:一是基础设施建设落后,交通不便、能源短缺、电力供应不稳等;二是贫困和民众受教育程度较低,很多领域难以形成先进的专业技术队伍,这一问题短时间内难以有效解决;三是政府机构办事效率普遍低下,投资企业在印度办理各种手续耗费周期长;四是印度对外贸易常年处于逆差状态,经济运行不确定因素较多;五是政治、宗教、帮派等均可能对合同执行产生负面影响。

"龙象纷争"可能为投资印度带来阻力。同样作为世界上最大发展中国家之一和新兴经济体,中印两国在很多方面存在相似之处,也在政治、经济、文化的很多方面存在差异和竞争。中印两国之间缺乏互信,一旦为某种政治势力,例如"中国威胁论"、地区领导权之争以及各大国在东亚区域利益博弈引发的纷争,都可能为中印合作带来不确定性影响,影响两国间的经济合作。

(三)发展潜力巨大,合作前景广阔

莫迪政府欢迎外资投资印度汽车和组件、航空、生物技术、化学、建筑、国防制造、电力机械、电子系统、食品加工、IT产业和IT产业相关、皮革、媒体与娱乐、矿业、石油和天然气、制药、港口、铁路、再生能源、道路和高速公路、纺织品、火力发电、旅游和酒店管理、社会福利。中印两国在贸易领域各有优势,印度在IT软件、矿产品、医药制品、珠宝等领域具有一定优势,我国在电力、电信、道路等基础设施建设领域以及食品加工、工程机械等制造领域更胜一筹,虽然两国在某些领域存在竞争,但总体而言,两国产业结构仍具有互补性,且互补大于竞争,两国均有广泛投资机会,发展潜力巨大,合作前景广阔。

总体思路是:以两国前期合作项目取得的成果为基础和动力,深化各领域投资与合作,以双边贸易为纽带,以投资促进贸易结构改善为方向,加快印度基础设施建设和制造业发展,通过企业合作和对接发展战略,提升双方产能与投资合作的规模与水平。

(1)城市基础设施。近来印度对基建领域的外商直接投资政策有所放宽,关于最低建成区域面积的要求和对资本金的要求已经废除,并放宽退出机制。在2015年8月发布的初步清单中,已有98个城市被选为了智能城市。德国(3个城市),美国(3个城市),西班牙(1个城市),新加坡(1个城市),日本和法国等国家(昌迪加尔,那格浦尔和本地治理),已经开始合作开发智能城市。中国企业应对智慧城市以及"钻石四边形"高速铁路计划跟踪推进,获得合作商机。

(2)能源领域。未来4~5年中,印度在发电、配电、能源输送领域,以及能源设备领域等都需要大幅投资。印度政府已经对国家太阳能任务做出修订,目标在2022年前,生产100000兆瓦电力,此前停滞的水电项目也将重启,2022年前,风能发电产量将由目前的2万兆瓦增加到6万兆瓦。印度太阳能光伏产业具有重大增长潜力和投资机会。市场环境、财政支持以及不受限制的交易机会对很多海外投资具有很大吸引力。未来5~10年,大约有293家来自印度国内外的企业承诺,将在太阳能、风能、迷你水力能源以及生物质能源领域建造发电厂，总计发电量可达到 266000 兆瓦，总投资规模将需要 3100 亿至 3500 亿美元。中国相关能源企业要及时把握商机，寻找投资合作机会。

（3）港口。2020 年前，该行业可以再吸纳至少 2 家公司，增加容量达到 1.5 亿吨。从行业层面看，主要基础设施已经建设完成，无须更多新港口，主要是进行二次收购和最终收购，未来 5 年内，与港口项目相关的投资总额将超过 100 亿美元。

（4）机场。目前，印度主要的 10 个机场承运了市场 85% 的乘客。其中只有 4 家目前采用 PPP 模式，因此尚有空间对其余机场采用 PPP 运营模式。印度政府预计，2020 年前，需要大约 500 座建立在棕地及绿地之上的机场。2012 年至 2017 年间的预期投资额达 121 亿美元，其中 93 亿美元来自于非政府企业。印度将要开发的机场包括：位于 NaviMumbai 和 Goa 的绿地机场、位于 Delhi 和 Gujarat 的新机场、AAI 的一些棕地机场以及 50 座低成本的机场。政府决定在 Kolkata、Chennai、Jaipur 和 Ahmedabad 地区的机场签订管理合同，Nagpur 地区将被发展成货运枢纽。根据 Delhi 和 Bangalore 地区公布的消息看，Hyderabad 的现有机场将会在不久将来进行扩建。

（5）铁路现代化建设。印度铁路现代化建设预计需要 1640 亿美元投资。其中 3/4 投资额将在未来 3~5 年内到位。铁路基础设施、高速铁路以及市郊铁路的建设项目中，境外直接投资允许占投资总额的 100%。主要包括轨道和桥梁（3300 亿印度卢比）、信号系统（2500 亿印度卢比）、铁路车辆（7250 亿印度卢比）、PPP 模式的初期投入（1.27 万亿印度卢比）。印度政府投建地铁的政策涉及所有人口超过 200 万的城市，因此在未来 5~10 年内有一系列的地铁建设项目。未来几年建造地铁需要花费超过 500 亿美元。铁路车辆约 60 亿美元。

（6）公路建设。由于建设阶段障碍得到解决，许多公私合营模式（PPP）公路将投入运营。大约 2 万公里的国道 PPP 项目可以在 2016 年投入使用。政府对各领域基础设施的支出中，公路的招标（招标总额的 59%）和合同签订，越来越转向工程总承包合同类型。印度政府计划在 2016 年推出 100 个 PPP 模式的高速公路项目。2015~2016 年，国道建设的准备金增加，包括高速路相关项目、"黄金四边形"高速公路拓宽。六车道项目和"国家高速公路发展项目"双车道高速公路项目。

综上所述，印度制造业和基础设施市场需求旺盛、投资环境逐步改善、劳动力技术水平不断提升，为中印开展产能与投资合作创造了需求和实现条件。

三、推进中印产能与投资合作的几点建议

(一) 真诚务实合作极为重要

发展经济、增加就业、改善民生是中印政府永恒不变的追求。中印在各自国家发展战略、地区利益以及全球治理层面,既有共同利益也存在摩擦和分歧。作为陆地上相邻、发展阶段相似的两个地区发展大国,在追求自身发展同时,谋求地区利益最大化似应成为中印正向合作的理念和基石。中国倡议的"一带一路"、国际产能合作的本质是合作,内容和形式可以共同研究推进。只要有利于中印经济持续稳定发展,有利于周边国家的长治久安,都可能成为中印产能合作的现实模板。只要真诚、互信、务实合作,中印必将迎来制造业和基础设施合作的新高潮。

(二) 加快重点项目建设,拓展经贸发展的新领域

加快推动产能和投资合作重点项目建设,是事关中印经贸能否实现互利共赢的重要举措,推动重点项目建设,需要中印政府在相关政策制定、经营环境维护、利益保障等诸多方面做好各项工作。同时,消除贸易保护主义,破除贸易壁垒,才能更好地促进中印两国企业的合作交流。创造有利于两国经济发展的利好政策,拓展两国经贸发展的新领域和合作空间,促进贸易结构多元化,在平等互利基础上,进一步扩大贸易范围,对于两个新兴大国是共赢和多赢之举。

(三) 加强金融领域合作

中印贸易的深入发展,需要强大的金融服务支持。一方面,可建立中印货币互换机制,完善中印贸易结算体系,增强两国区域内货币的流动性,同时,积极发挥人民币日趋国际化的重要作用,推动人民币结算业务,降低汇率浮动带来的风险;另一方面,促进两国金融领域的交流对话,积极开展两国金融市场合作,建立和完善金融风险防范体系,推动开发性金融和商业性金融共同发展,创新金融服务产品,拓宽融资渠道,为产业资本+金融资本走出去创造条件。

(四) 建立和完善保障措施,激发两国经贸合作新活力

应尽快建立和完善与两国经贸合作紧密相关的各类保障措施,比如劳

务、签证、平等的经营环境、非歧视性原则、投资者权益等，为两国经贸交流合作创建一个和谐的经济环境，不断激发两国在各领域合作的新活力，扩大合作基础，共谋互利共赢。

（五）灵活推动，体现本土化特色

中印企业要善于发现商机的盈利点，找准机制建设的突破点。应支持两国民间企业家去交流去沟通去发现务实合作机会，不要先将"一带一路"与中印合作"捆绑式"推进，减少阻力和猜忌。当前，加强中印在电力（特别是火力电站）、公路和铁路等行业合作是可行的。关键是将调研做得扎实和深入，确保中国企业在当地的投资安全。

（六）轻资产和重资产项目并重推进

国际合作从来都不仅是经济问题，深受政治、历史、民族、宗教和文化的影响。中印在打造"重资产"项目合作时，还要打造一批能够理直气壮推销的轻资产项目，如现代农业、中国餐饮、民俗文化、中医药等，通过资源的整合与转化，能够严丝合缝地对接印度国内需求，在"必需品"上做足文章，才能为产能合作创造社会和民意基础。这就需要能够站在印度的历史、文化、宗教等特性因素上分析问题，正视差异，找到双方重合的共鸣区间，谋求价值协同，才能在各自保持原有个性基础上，建立起产能与投资合作共赢的发展模式。

参考文献：

1. 金瑞庭：《当前印度经济形势及推进中印经贸合作的政策建议》，载《中国物价》2016年第3期。
2. 杜秀红：《"一带一路"背景下的中印货物贸易结构分析：2002~2014年》，载《审计与经济研究》2015年第6期。
3. 张文倩：《浅析中印经贸合作》，载《商》2015年第13期。
4. 徐啸琼、蔡冬梅：《中印贸易的竞争性与互补性研究》，载《重庆工商大学学报》（社会科学版）2016年第1期。

（执笔人：关秀丽）

附件六

中英产能与投资合作：方向、重点及建议[*]

在世界经济增长总体放缓背景下，中英两国经贸及投资合作持续发展。英国已成为欧盟内第二大对中国投资国、中国在欧盟内第二大贸易伙伴和投资目的国，中国则是英国在欧盟外第二大贸易伙伴。当前，英国政府制定了基础设施改造升级、打造"英格兰北部经济中心"、"英国工业2050战略"等宏大计划，与中国提出的"一带一路"倡议、"中国制造2025"、"互联网+"等有很多战略契合点，为中英开展产能与投资合作创造了氛围和空间。

一、全面战略伙伴关系助力中英产能与投资合作取得显著成就

中英提升为"全面战略伙伴关系"以来，双边经贸和投资合作不断深入，中英金融合作持续深化，领跑其他欧洲国家对华合作进一步做实。

（一）经贸合作进入新时代

2004年是中英经贸合作转折点。中英提升为"全面战略伙伴关系"10多年来，双边经贸关系迅速发展，成为推动本国经济增长，产业转型升级的重要动力。2004年中英货物贸易额仅为197亿美元，2014年达808.7亿美元，10年间增长了3倍多。2015年中英货物贸易额小幅回落2.9%，达785.4亿美元，基本保持稳定发展态势。英国稳居中国在欧盟内第二大贸易伙伴地位，中国则是英国欧盟外第二大贸易伙伴。2015年10月，习近平总书记访问英国对中英经贸合作产生重大影响，双方企业签署了30余项、总

---

[*] 本部分文中数据均来源于商务部国别报告（http://countryreport.mofcom.gov.cn/）和商务部"走出去"公共服务平台（http://fec.mofcom.gov.cn/article/gbdqzn/）。

金额达 400 多亿英镑的经贸协议，开创两国合作新格局，中英经贸发展步入新阶段。2014 年中英双边贸易额首次突破 800 亿美元，中国自英国进口额 5 年内增长了两倍。双向投资增长迅猛。过去 3 年，中国对英国投资年均增长 71.7%。2014 年，英国对中国投资同比增长 87.6%，增速位居欧盟大国首位。

（二）对英贸易顺差逐年增大，贸易结构持续优化

1998 年以来，我国对英国一直保持贸易顺差状态，2014 年，中国对英贸易顺差总额达 220 多亿英镑，2015 年，我国对英国依然保持巨额贸易顺差。相反，英国近年来对外贸易持续大幅逆差，2015 年对外贸易逆差为 347 亿英镑，为 2010 年以来最大逆差。另外，我国对英国的出口贸易结构开始发生变化，除了出口传统的纺织服装、杂项加工产品、办公设备等之外，对英出口产品的技术含量和附加值不断提高，如机电产品出口量逐步增大，中国已成为英国机电产品最大进口来源地。与此同时，中英贸易结构持续优化，汽车、航空、通信、动力等高附加值产品在双边贸易中比重逐步提升，如汽车方面，中国已超越英国本土，成为捷豹—路虎汽车的最大消费市场。贸易结构不断优化，表明中英产业结构升级初见成效，产能合作位势不断提升。

（三）投资规模逐步扩大，投资行业日趋多元

当前，英国已成为我国在欧盟内第一大投资目的国，占中国对欧投资总额的 30%，已有超过 500 家中国企业落户英国。2010~2015 年，我国对英国投资以年均 85% 左右的速度在增长。2013~2014 年，我国对英国投资达到了 130 亿美元，投资总额超过去 30 年的总和。截至 2014 年底，中国在英国投资存量已达 400 多亿美元。2015 年上半年，中国在英国完成并购和绿地投资 11 起，金额达 14 亿美元。近期，受到英国"脱欧"的影响，中国企业对英国的投资可能会有所调整和波动，但总体看来，对英国投资仍然较为稳定。英国对中国投资也大幅增长，截至 2014 年底，英国对我国累计直接投资近 200 亿美元，投资项目超过 7000 个，英国成为欧盟内第二大对华直接投资国。

中国对英国投资显现出"点多面广"特征，贸易、运输、电信、高端制造、基础设施、机场、水务、品牌等领域都有涉及，投资行业日趋多元化，产业链条不断延伸。2015 年，中广核耗费 60 亿英镑投资英国 30 年来首个核电项目，持股 33.5%，进一步扩大了在英国投资领域。

(四) 金融市场互联互通基础良好

伦敦是世界金融中心之一，是世界经济血液循环的一个重要泵站。无论是作为人民币离岸交易中心，还是今后通过实现"伦沪通"，伦敦希望在中国金融市场发展中扮演重要角色。加强同伦敦的金融合作，是互利双赢甚至多赢的选项。近年来，两国签署了双边本币互换协议，中国在伦敦设立人民币清算银行，英国成为亚洲以外首个获批人民币合格境外机构投资者初始额度的国家、首个发行人民币主权债券的西方国家、首个将人民币纳入外汇储备的主要发达国家。

英国拥有亚洲之外最大的人民币离岸清算中心。伦敦早在2012年就正式启动了"人民币业务中心计划"。经过几年发展，伦敦已经成为最具活力和最重要的人民币交易中心和离岸人民币市场之一。2014年，伦敦的人民币外汇交易规模同比增长143%，人民币存款规模达到200亿元，同比增长37%。以12月份人民币对英镑平均汇率折算，2015年底，英国人民币存款数量相较于2014年底增长了120.94%。中英金融合作基础良好，为开展产能与投资合作创造了必要条件。

二、中英产能与投资合作前景广阔

(一) 挑战是客观存在的

从经济层面看：一是产业升级滞后，产能与投资合作层次受到制约。2014年，英国对华出口贸易额为140.8亿英镑，中国是英国第七大货物出口市场，即便如此，自英国货物进口额占中国货物进口总额的比重也不到1%，占英国货物出口总额的比重不到5%。2015年，英国与中国的双边货物贸易额为910.3亿美元，增加0.3%，其中，英国对中国出口277.1亿美元，增长5.1%，占英国出口总额的5.9%，增长0.8个百分点。尽管随着中国经济发展和产业结构转型升级，中国对英国出口产品的技术含量和附加值不断提高，但从过去几年中英贸易数据看，双边贸易结构并没发生根本性改变，原因在于产业升级滞后，这为中英产能与投资合作埋下了隐患。二是英国对中国贸易逆差逐年增大，不利于双边贸易可持续发展。根据英国国家统计局数据，1998年以来，英国对中国贸易一直呈现逆差状态，2014年英国对中国贸易逆差总额达220多亿英镑。对中国贸易赤字持续扩大，不利于中英贸易持续发展。在双边贸易中，中国对英国表现为较大规模贸易顺差，也不利于英国离岸人民币中心建设。持续顺差导致人民币通过贸易结算流入英国渠道不畅，离岸人民币市场流动性受到影响。三是双方产业竞争日益增强，贸易摩擦也会增多。在供给侧结构性改革和全面产业升级背景下，中国鼓励精密设备、生物科技等战略新兴产业发展。我国很多新兴产业，在英国都有多年的发展历史和成熟技术，未来几年，一些产业可能和英国的优势领域发生重合，与英国的类似产业形成激烈竞争，发生贸易摩擦的概率可能增多。不同于传统贸易中简单的财货交易，高端产业合作与对接更加复杂，随着中英经贸关系不断升级，竞争和合作将会越来越多地交织在一起。从社会文化的学习与融合角度看，中国企业本地化经验不足，也将给产能与投资合作带来挑战。

（二）有利条件及利益汇合点更需要彰显

英国是国际资本青睐的首选地。根据世行报告，英国是投资最便利的地区之一。与美国和德国比，英国投资成本不高。如曼彻斯特的综合投资成本平均比柏林低10%，比美国低10%。英国企业所得税2015年调低至20%。英国服务业占整个GDP的79%，企业来英国投资可以享受世界上最优质的咨询、法律及公关服务，等等。这些服务对开展产能与投资合作，确保企业生产与百姓生活互为表里，对外贸易与本地经济相互连接至关重要。

引进外资成为英国发展经济改善民生的首要任务。近年来，英国在基础设施建设上的投资缺口巨大，已积累大量"基建赤字"，并在天然气、电力等方面暴露出短缺困境，其出台不久的《国家基础建设规划》表明了投资基础设施建设的决心。英国在能源、铁路方面的发展，已显现出某些滞后性，具有投资合作的发展空间。当前全球经济普遍遭遇下行压力，英国提出"英格兰北部经济中心"和"英国工业2050战略"等宏大计划，都是期望走出经济下行压力，进一步改善民生的重要举措，由此衍生的各种产能与投资合作发展需求，成为推动中英产能与投资合作的必要氛围和有利条件。

中国需要推动优势产能"走出去"参与国际分工，提升在全球价值链中的位势。经过多年发展，我国在基础设施建设领域积累了丰富经验，基建已成为我国的一张名片，且目前正向高端发展。高铁、核能等发展已较为成熟。英国在基础建设领域投资需求强烈，迫切希望中方企业投资这一领域，改善其在基础建设领域的滞后状况。中方在装备制造和资金方面具有优势，英方在技术创新、管理经验和金融服务方面具有优势，可互补发展。我国现代服务业发展相对滞后,可以充分借鉴英国现代服务业先进经验,拓宽合作发展空间。

中英产能与投资合作,必将推动中英合作转型升级:由工程施工向项目总承包发展;由工程承包向投资运营发展;由低端产业向高端产业发展;由一般商品贸易向产能与投资合作发展。从合作模式看,双边或者三方甚至多方合作可能成为中英产能与投资合作的重要形式。欣克利角核电站项目是中英法三方合作的产物,中英企业合作在非洲国家拓展项目取得了成功,表明中英两国共同努力提升在全球价值链的位势已悄然发生。

(三) 客观看待英国"脱欧"对中英合作的影响

对中英双边层面的影响微乎其微。双边贸易方面,英国是中国在欧盟内第二大贸易伙伴,中国是英国在欧盟外第二大贸易伙伴。2015年,中英贸易额785.4亿美元,在我国进出口总额中占比约2%。2015年,英国对中国直接投资规模为10.8亿美元,占比为0.8%。截至2015年8月底,我国对英国投资合同金额420亿美元,实际投资总额121亿美元,占我国对外投资总额比重为10.3%。

在制造业直接投资领域,我国企业不大可能将英国作为生产基地和进入欧盟的跳板。金融服务领域,五大国有银行均在伦敦设立了分行或子银行,但业务开展较为初步,主要以批发为主,包括公司存款、银团贷款、双边贷款、贸易融资、国际结算、外汇清算、外汇交易等。此外,多家中资银行进入伦敦黄金的定价圈子。

中资机构相当长时期内没有类似国际大投行那样,坐镇英伦、深入欧盟国家开展业务的需求。英国原来就是非欧元区国家,中资机构在欧盟国家开展传统商业银行业务仍需采取设立分支机构的方式进入。此外,在离岸业务方面,卢森堡等提供的监管环境宽松程度,未必逊于伦敦金融城。

(四) 方向及重点

促进中英实体经济深度融合,推动双边贸易投资稳定持续增长,是中英金融合作进而推动产能与投资合作不断深化的根本之路。未来10年,中国对外投资持续增长,有关机构测算将超过1.25万亿美元,两国企业既可以加强双边合作,更可以加强在发展中国家的三方合作,把全球价值链的上、中、下游结合起来,共享发展机遇。英国支持"一带一路"建设,是西方第一个加入亚投行的国家,与中国在第三方市场合作开局良好。随着国内企业不断推进结构调整，企业投资开始向技术、品牌和服务领域延伸，英国企业在高科技、新能源、服务业等领域具有优势，两者互补优势明显，合作是水到渠成。习近平总书记2015年10月访问英国后，中英双方签署了诸多领域的经贸合作协议，致力于为两国经贸往来创造良好环境，必将为两国在贸易投资、房地产、金融、创新、绿色发展及社会服务保障等领域合作提供更多新机遇。

（1）基础设施建设：我国在基础设施建设领域的技术已经较为成熟和完善，而且过去已经投资了英国的机场、水务和空港城等一些基础设施建设项目，积累了一些在英国本土发展的经验，可以继续发挥自身优势，利用英国政府提出的经济振兴计划，创造更多的发展合作机遇。

（2）高新技术：英国企业在信息技术、生物科学、可再生能源、低碳环保等领域具有技术优势，"十三五"规划提出了绿色发展理念，中国可以在以上领域与英国开展合作，增加相应领域的技术和设备进口，带动企业技术升级，增强创新和自主研发能力。高铁技术方面，中国拥有优势，可与英国开展合作，改变英国当前铁路建设普遍滞后局面。

（3）金融：提升两国金融合作水平，实现人民币和英镑直接交易，在英国设立人民币清算银行，中资银行年内在英国开设分行。推进两国金融领域合作，需要促进两国实体经济的深度融合，促进双边贸易投资稳定持续增长，这是不断深化两国金融合作的根本目的。

（4）能源：利用2015年与英国BP签署的石油和天然气领域大单的机遇，引进国际先进技术与经验，与BP合作共同勘探开发中国页岩气，进一步拓展油品零售业务和加大我国页岩气开采产量，为中国能源安全提供保障。同时，利用我国核能发展优势，积极推进与英国开展核能和新能源方面的合作，进一步参与在英国核能和新能源方面的建设。

三、建议

互利共赢、协同创造价值是产能与投资合作的内在要求，将FDI与贸易、人力资本交流结合起来，致力于各国发展能力建设是产能与投资合作区别于传统贸易和投资联系的关键所在，联合融资是确保项目落地，促进技术、资金、产能转移的重要保障。以此衡量，中英合作还处于起步阶段，不可避免具有规模小、问题多、风险大等特征，需要在今后实践中务实加以解决。

（一）细化经济发展契合点，加快地方产能合作对接

中英两国产业结构互补性强，共同倡导开放市场的理念也较为接近，推进自由贸易、扩大双向投资的意愿相同。找到两国经贸发展的对接点后，加强发展战略和产业政策对接，建立发展长效机制，为对方提供相关政策信息和良好投资环境，同时深化两国地方间经贸与产能合作，确保合作务实灵活高效。

（二）推动中英贸易投资结构转型升级

除传统贸易外，积极推动与英国在基础设施建设、核电、高铁等领域开展深入合作，推动这些标志性合作尽快落地落实，扩大中英货物贸易规模，提升贸易层次，改进贸易结构。英国在服务贸易方面有明显优势，建议增加进口英国服务，不断优化和升级贸易结构，减少中国对英国贸易顺差。

（三）加快重点项目建设，开辟合作新领域

加快推动中英两国在基础设施建设、能源、高新技术、金融等重点领域的项目建设。投资英国高端制造、品牌网络、研发中心、酒店地产等多个领域，延伸产业链条，提升投资价值。"十三五"期间，中英两国应把握在创新、区域化、城镇化、绿色发展及社会服务保障等领域的合作机遇。

（四）深入推进中英双方新兴产业合作

习近平总书记在中英工商峰会上提出"要深入推进双方新兴产业合作，开展中国七大战略性新兴产业同英国八大技术和战略产业的互利合作"。未来，中英双方将在生命科学、卫星应用、新能源、新一代信息技术、新能源汽车等领域开展合作，这对中英双方拓展经贸新领域具有重要意义。

（五）加快金融领域合作

加快与英国的金融领域合作，利用伦敦作为传统的国际金融中心的优势和地位，推动人民币离岸市场建设，提升人民币在欧洲的地位，加快人民币国际化进程。今后，中英两国可加强在国际货币基金组织、世界银行、亚投行的合作，积极推进国际货币金融体系改革，努力提升英镑和人民币的国际地位，促进国际货币多元化发展。两国加强金融交流，也有助于降低经贸合作带来的金融风险，减少损失。

（六）加快中英 BIT 谈判，降低投资风险

加快中英 BIT 谈判，减少贸易和投资保护是中英开展产能与投资合作的必要条件。近些年来，中国企业赴欧投资常常遇到诸如"质量准入"的门槛限制。一方面中国企业需要提升品质标准，但同时，所在国家需要为外资进入提供稳定可预期的制度环境。随着中国在英国基础设施投资增长迅猛，中资企业面临的风险也在增大。根据英国机构发布的报告，预计中国在英国基础设施建设投资将于 2025 年突破 1000 亿英镑，其中能源领域的基础设施建设项目将成为中国公司投资的最大目标。对于投资量大、投资回报周期长的基础设施投资来说，东道国政府审批环节和规划的透明性、具有稳定的制度预期十分重要。

（七）尽早承认中国企业的市场经济地位，以互信建立良好的贸易投资环境

中英两国合作的基础是政治互信，没有互信，任何合作都将是无本之木。中英应该不断完善促进两国经贸发展的政策措施，保障投资者权益，妥善解决中英贸易摩擦，保护良好的经贸投资发展环境，巩固中英经贸发展成果。当前，英国亟须尽早承认中国企业的市场经济地位，为中英贸易投资产能合作扫清人为障碍。同时，区别于欧洲议会，假借炒作中国的"市场经济"地位这个伪命题来行贸易保护主义、逆全球化潮流之实。

参考文献：

1. 刘毅、刘慧芳：《中英贸易合作对我国经济发展的影响》，载《山东社会科学》2016 年第 4 期。
2. 申丽丽：《中英贸易的比较优势及互补性研究》，载《中国市场》2015 年第 33 期。
3. 中国驻英国大使馆经济处网站。
4. EIU 网站。
5. 张岸元、曹玉瑾：《英国"脱欧"短期冲击有限中期影响复杂》，载《上海证券报》2016 年 7 月 8 日。

（执笔人：关秀丽）

附件七

中哈产能与投资合作现状、
制约条件及策略选择[*]

一、当前中哈双边经贸和投资合作的主要特点

(一)双边贸易总量"低开高走",我国是哈第一大贸易伙伴

自1992年1月3日正式建交以来,我国和哈萨克斯坦的双边贸易呈现出逐步扩大的趋势。1992年,两国贸易额仅有3.68亿美元,2007年突破百亿关口,到2014年已经增长至224.38亿美元,22年间增加近60倍,年均增长率达40.81%。2015年1~5月,两国贸易额已达58.59亿美元,其中对哈萨克斯坦出口32.87亿美元,从哈萨克斯坦进口25.72亿美元。目前,我国是哈萨克斯坦第一大贸易伙伴,为哈萨克斯坦第二大出口市场和第一大进口来源地。

(二)贸易逆差转为顺差,贸易结构呈现新变化

1992年,我国对哈萨克斯坦贸易逆差额为0.86亿美元,2006年扩大至11.44亿美元,2013年继续增至35亿美元。得益于对哈萨克斯坦出口额的快速增长,2014年由对哈萨克斯坦贸易逆差转为顺差,顺差额达29.86美元。与此同时,中哈两国贸易结构也在发生新变化。在我国对哈萨克斯坦的出口中,除传统纺织品、原材料和玩具等劳动密集型产品外,高附加值产品如机电产品的比重正在逐年上升,并成为对哈萨克斯坦出口的新增长点。

---

[*] 本部分文中数据均来源于商务部国别报告(http://countryreport.mofcom.gov.cn/)和商务部"走出去"公共服务平台(http://fec.mofcom.gov.cn/article/gbdqzn/)。

2014年，我国对哈萨克斯坦机电产品的出口额31.63亿美元，位居第一大类出口产品，占出口总额约42.5%。而哈萨克斯坦对我国的出口中，机电产品和植物产品出口额增长较快，2014年分别同比105.6%和73.9%。

（三）投资规模增长迅速，投资领域走向"多元纵深"

随着一系列经贸合作协议的陆续生效，我国进入了对哈萨克斯坦投资快速增长的"黄金十年"。从流量来看，2005年到2013年，我国对哈萨克斯坦投资额由0.95亿美元上升至8.11亿美元，增长近9倍。从存量来看，2005~2013年，我国对哈萨克斯坦投资额由2.45亿美元增加至69.57亿美元，增长近28倍。从承包工程和劳务合作来看，2013年我国与哈萨克斯坦新签合同279份，新签工程承包合同额58.7亿美元，当年完成营业额68.8亿美元，均显著高于其他中亚四国。目前，我国位列荷兰、美国和瑞士之后，成为哈萨克斯坦第四大外资来源国。另外，截至2013年底，哈萨克斯坦对我国各类投资总额达23.98亿美元，直接投资项目230个，实际使用金额6763万美元，在中亚五国位居前列。

随着我国对哈萨克斯坦开展投资和经济技术合作意愿的逐步增强，各领域的投资合作不断得到拓展和深化，投资资金呈现出由低端技术部门向中高端技术部门流动的趋势。过去我国对哈萨克斯坦的投资领域主要集中在矿产资源方面，目前逐渐扩展至基础设施、农副产品加工、电信服务、餐饮和贸易等综合领域，呈现出"立体发展、多层推进"的新局面。

（四）投资主体结构加速优化，发展前景趋向广阔

在我国对哈萨克斯坦投资规模不断扩大的同时，投资主体结构也在持续优化，主要表现为经营主体队伍的发展壮大，特别是在哈企业的骨干作用逐步得到了有效发挥。仅2014年经商务部核准的在哈萨克斯坦投资企业就有55家，分别较2013年和2012年增加16家和20家。其中，代表性的有中石油负责的中哈原油管道项目和阿克纠宾项目，中石化负责的FIOC和中亚项目等。应该说，企业主体地位的确立，不仅有利于我国进一步开拓重点技术、产品和服务的"哈国市场"，而且对于我国企业参与跨国生产、采购以及建立"中哈产业价值链"也具有重要的支撑作用。

（五）投资方式渐趋活跃，直接投资"量质齐升"

从过去20多年来看，我国对哈萨克斯坦投资方式表现出明显的多样化

和复杂化趋势。一方面，从表现形式来看，我国对哈萨克斯坦主要以直接投资为主，代表性项目有阿克套沥青厂、巴甫洛达尔电解铝厂和马伊纳克水电站。在此基础之上，优惠贷款和无息贷款等方式也逐渐开始发挥重要作用。另一方面，从具体进入方式来看，目前在哈萨克斯坦常见的有合资成立企业、创建新企业、购买当地企业股票以及承包工程项目等多种途径，呈现出"遍地开花"的新格局。

二、推进中哈产能和投资合作的基本思路

（一）新时期推进中哈产能和投资合作需考虑的三大因素

1. 因素一：哈萨克斯坦产能和投资合作的主要诉求

2014年以来，哈萨克斯坦大力实施"光明之路"新经济政策，并将交通基础设施、工业发展、能源合作以及社会文化等视为重点发展领域。结合上述政策，可以将当前哈萨克斯坦有关产能和投资合作的主要诉求归纳如下：一是深化哈中基础设施互联互通，加快推进重点项目实施；二是加强哈中重点产业合作，构筑一体化全产业新链条；三是拓展哈中非资源领域合作，助推产业结构升级改造；四是推进哈中高新技术合作，实施工业创新发展规划。

2. 因素二：中哈产能和投资合作的驱动因素

驱动一：源于两国经济结构和要素禀赋的互补性和互利性。目前，我国已经进入工业化中期，经济体量大，有200多种工业品产量居世界首位，且装备水平处于全球产业链的中端。而哈萨克斯坦正处于加速推进工业化的阶段，对于钢铁、水泥、平板玻璃、高铁技术等中高水平产能有较高现实需求，迫切期望能够通过与我国的产能合作提升其全球价值链水平，并进而实现其新经济政策目标。中哈两国产能和投资合作符合互补性产业结构演变的一般规律和产业分工转移的内在逻辑，是当前形势下国际间加强合作共同应对经济下行压力的有效途径，有利于实现两国优势产品优进优出，有利于减少贸易保护主义，有利于为中哈经济深度合作注入新动力。

驱动二：源于两国拉动经济增长的内生动力。产能过剩是当前我国经济运行过程中的突出问题和核心矛盾，带有显著的"中国式"特征，结果不

仅会使得企业经营困难、政府财政收入下降，而且还存在着过剩产业资金链断裂引发系统性经济金融风险的可能性。因此，"输出产能"并与目标国实现共赢发展是当前我国实施"走出去"战略的重要一环。对于哈萨克斯坦而言，过去主要依赖原材料出口来发展经济的模式已经难以为继，而与我国进行产能合作，不仅能够以较低的价格获得较高质量的工业生产线和装备产品来满足其国内经济发展需要，而且从根本上有利于其开辟经济发展新思路，推动产业向知识密集、技术密集、资本密集、高附加值和高收益的新兴产业转型。

3. 因素三：中哈产能和投资合作的制约条件

制约条件一："外生机制的"排他性"，内生机制的"滞后性"。从外生合作机制来看，目前中哈两国共同参与的合作机制主要有两个：一是亚洲相互协作信任措施会议（简称亚信会议），宗旨在于加强亚洲国家之间合作，并增强信任；二是中国起主导作用的上海合作组织，核心任务是加强安全合作，并打击"三股势力"。但是，从实际运行情况来看，上述两个机制并没有有效促进中哈两国在贸易和投资合作领域的突破。相反，由于机制的"封闭性"与"排他性"，造成了两国在产能和投资合作方面的"碎片化"以及"低效率化"，一定程度上给中哈利益共同体和命运共同体的构建"设置"了较大的挑战。从内生机制来看，虽然近些年哈萨克斯坦经济发展速度较快，也于2015年7月加入了WTO，但其内生的市场机制不健全性所导致的要素资源的无效配置和市场信号扭曲的现象仍然层出不穷，距离法制性、开放性、竞争性、平等性为基本特征的成熟市场经济环境尚有较大距离，阻碍了两国之间产能和投资合作的顺利进行。

制约条件二："沉疴宿疾"改革空间小，"后发优势"发挥难度大。
从目前哈萨克斯坦的经济发展现状来看，苏联时期所遗留的经济层面的"沉疴宿疾"并未得到有效解决，产业结构主要还是以能源资源出口为主，而农业为主体、基础设施建设滞后、工业技术落伍的现状在短时间内难以得到根本改观，较大程度上对中哈两国产能和投资合作形成了制约。具体到外资政策方面，目前哈萨克斯坦普遍存在着政府效率低下，办理签证、注册企业、审理审批、劳务许可手续复杂等问题，哈萨克斯坦官方所声称的"国民待遇"并未在现实的外资投资活动中得到体现。特别是哈萨克斯坦有关吸引外资的《投资法》《税法》《新税法》等法律，实际操作中频繁修改，随意性大，连续性和稳定性都较差。外资政策的"朝令夕改"和操作内容的"朝秦暮楚"不仅严重降低了其政府的公信力,而且无形中加大了我国企业参与产能和投资合作的不确定性。

制约条件三:"域外势力"不容忽视,"狭隘民族主义"不可小觑。随着我国逐步扩大在哈萨克斯坦的产能和投资合作,部分民族主义人士的质疑和负面声音得到明显放大。其中,"中国威胁论"是最为典型的狭隘经验主义式"腔调",在此借口之下,部分"恐中"人士不断夸大我国在哈萨克斯坦的"政治存在"和"经济利益",期望能够通过"外交博弈"来获取更多的主动权,成为制约两国产能和投资合作的现实阻力。

(二) 新时期推进中哈产能和投资合作的基本思路

1. 主要思路

以两国早期收获项目和前景项目清单为基础,以投资合作为引擎,以双边贸易为纽带,以基础设施合作和装备制造合作为优先级,通过发展战略对接,使双方产能和投资合作迈向更大规模、更优结构和更高水平,打造国际产能合作的"中亚样本"。

2. 合作重点领域与推进方式

一方面,契合哈萨克斯坦产能需求,推动交通、能源、电力、信息、高新技术和农业六大重点领域合作。

(1) 交通:发挥我国在交通设计、道路施工和装备供应等方面的综合优势,加快建设贯穿两国的"双西"交通走廊,着重推动"霍尔果斯—东大门"经济特区建设,打造中哈海陆联运的便捷通道。

(2) 能源:发挥我国在能源资源方面的竞争优势,加紧推进中哈天然气管道建设。在哈萨克斯坦市场需求大、资源条件好的市州,加强能源资源开发和产业投资,重点开展油气上下游精深加工,延伸产业链。同时,结合目前国内钢铁和有色行业结构调整的现状,鼓励企业以成套设备出口、投资、收购、承包工程等方式在哈萨克斯坦建设炼铁、炼钢、钢材等钢铁生产基地。

(3) 电力:加大电力企业"入哈"力度,积极研究在哈萨克斯坦建设大型煤电一体化基地和可再生能源基地,合作建设以高效电力输送技术和智能电网为支撑、连接"两国多地"的电力通道。

(4) 信息:发挥我国大型通信和网络设备制造企业的国际竞争优势,

鼓励电信运营企业、互联网企业采取兼并收购、投资建设、设施运营等方式"入哈"。同时,加强与哈萨克电信公司的合作,合作建设以互联网技术和新一代移动通信技术为依托、融合大数据和云计算的中哈信息通道。

（5）高新技术：发挥我国高铁技术的比较优势,强化铁路设计研发、技术支持和运营维护的重要支撑作用,加快建设阿斯塔纳至阿拉木图高铁。考虑到目前哈国的实际情况,目前可采用PPP模式加以推进。进一步扩大和深化与哈萨克斯坦在核能领域的互利合作,鼓励中广核等核电运营商和建造商利用品牌、技术和市场优势在"入哈"参与核电站建设。此外,加快整合优势资源,推动与哈萨克斯坦在航空航天装备方面的合作,带动国产飞机和装备出口。目前,可探索设立中哈合资航空运营企业,打造面向中亚的区域航空中心。

（6）农业：结合目前在哈萨克斯坦重大农业项目,加大农用机械的市场开拓力度,促使中哈农业贸易由产业间向产业内发展。

另一方面,遵循市场经济发展规律,实行"企业＋社会＋政府"三者良性互动的推进方式。

目前,应遵循"企业主导、商业运作、社会参与、政府推动"的原则,通过公私合营（PPP）、特许经营权以及合资的方式进行相关项目的合作。企业方面,应尽快在哈萨克斯坦实行本地化经营,做到资本运作本地化、产品制造本地化、营销方式本地化和人力资源本地化。政府方面,应在《中哈产能合作会议纪要》的基础上,尽快商讨签署中哈投资协定和避免双重征税协定,着力降低交易成本,提高服务效率,为企业"入哈"提供良好的营商环境。

三、推进中哈产能和投资合作的对策建议

（一）加快两国发展战略对接,助推产能投资合作"提质升级"

共建"一带一路"是新时期我国深化对外开放的总方略,也是谋求与周边国家和平共处、平等互利和合作共赢的具体举措;"光明之路"新经济政策是当前哈萨克斯坦致力于国内基础设施建设,保障经济持续发展和社会稳定的重要发展计划。两大战略之间内涵契合、诉求互补。新时期,推进两国产能和投资合作的首要任务就是要加快两大战略之间的对接,使两者相互促进、共同发力,核心任务是要加强政策层面的沟通协调,建立全方位对话

机制，尽快推动中哈产能合作框架协议和企业间合作协议"落地"，加快签署新版《鼓励和保护相互投资协定》，助推产能和投资合作由量到质全面升级，实现共同发展繁荣。

（二）推进重点项目建设，打造共同发展新引擎

发挥中哈经济互补性优势，巩固传统领域合作，扩大非资源领域合作，大力推动产能和投资合作重点项目建设。当前的核心工作是要以互联互通领域合作为龙头，以重大项目为抓手，以社会投资为突破口，加快制定产能投资合作重点项目的高层次专项发展规划，将投资环境、经济效益、贸易规则、产业安全、能源政策、知识产权和环境保护等内容有机融合在一起，同时破除合作壁垒、拓展合作空间，共谋合作共赢之道。

（三）发挥合作机制优势，拓展深化合作空间

进一步完善以上合组织、亚信会议为主、双边区域合作为辅的经济合作格局，积极推动双边合作机制化、制度化建设。重点是要发挥好亚洲基础设施投资银行、中国—欧亚经济合作基金、丝绸之路基金等平台在产能和投资合作中的建设性作用，同时创造政策条件，与哈国密切配合，用好中哈产能合作委员会的平台作用，以期取得更多的早期收获，让实实在在的合作成果助力各自经济发展，并为中哈关系持续深入发展注入强劲动力。

（四）加强金融领域合作，提高面向哈萨克斯坦市场能力

围绕目前两国产能投资合作的重点项目，着力发挥政策性银行和开发性金融机构的先导性作用，积极拓展基金、信贷、保险三条融资渠道。用好中哈 300 亿美元产能合作专项基金，积极稳妥推进合作项目建设，为相关国家开展产业产能合作提供示范；对于哈萨克斯坦亟须的产能设备，可以探索设立金融租赁公司为其提供租赁服务；同时，逐步健全中长期出口信用保险机制，积极鼓励企业向哈国输出产能。此外，还需大力发挥人民币国际化的积极作用，不断扩大与哈萨克斯坦货币互换及本币结算规模，鼓励对哈萨克斯坦投资、对哈萨克斯坦承包工程、对哈萨克斯坦大型成套设备出口、对哈萨克斯坦大宗商品贸易等使用人民币计价结算，降低"入哈"的货币错配风险。

（五）创新政策协调方式，释放制度变革新活力

关键是要创新两国产能合作方式方法，因地因业因企施策，灵活采取贸

易、投资、园区建设、技术合作等多种方式,着力将中哈产能合作打造成优势互补的新典范。同时,尽快出台在税收、标准、劳务、签证、投资者权益保障等方面的相关配套措施,为两国产能和投资合作提供全方位支持和综合保障,真正做到"1+1>2"。

(执笔人:金瑞庭)

附件八

我国电力项目国际产能合作

电力项目的国际产能合作包括多种形式。从电力来源看,包括火电、水电等传统发电;核电;以太阳能、风能为主的新能源发电。此外,除发电厂外,还包括输变电网及其设备。从产能合作方式看,包括发电、电网等各类设备装备出口和技术出口;对境外发电厂、电网公司等电力企业的直接投资,包括绿地投资和并购投资,以及后续的运营过程;对境外电厂项目建设的工程承包。显见,电力项目国际产能合作不但包含的内容复杂,而且各种合作方式之间关联密切,既可以是单独的设备出口,也可以境外直接投资设厂为核心,带动电力装备和技术出口,以及带动设计和工程承包。

一、我国电力领域有很强的竞争优势

经过改革开放30多年的发展,目前我国电力行业已具备相当强的国际竞争优势。

第一,从规模和产能看,2013年我国装机容量达到12.4亿千瓦,超过了美国位居世界第一,电网规模近年来也持续保持世界首位,而发电设备产量更是在全球独占鳌头,据统计目前占全球比重超过60%,同时也要看到,电力装备也属于国内产能过剩的行业。[①]

第二,从装备质量和技术看,我国的电源、电网的设备制造水平、技术标准等,都处于国际先进水平,大容量、高参数、环保型的发电机组快速增长,电网覆盖面和现代化程度不断提高。在电源装备方面,百万千瓦超超临界燃煤凝汽式汽轮发电机组、百万千瓦空冷发电机组等装备能够自主设计制造,达到世界领先水平;大型水轮发电机组实现了自主研发、设计和制造,

---

[①] 张国宝:《中国电力出去》,载《广西电业》2014年第10期。

以三峡工程为标志,水电设备达到世界先进水平;百万千瓦级核电站实现了"自主设计、自主制造、自主建设、自主运营";掌握了多兆瓦级风力发电机组整机及关键部件的设计、制造、实验技术,风电设备国产化率超过70%。在输电方面,世界最高输电电压等级的1000千伏交流和±800千伏直流输电设备已实现全面国产化。更为重要的是,我国电力设备具有优良的性能和价格优势、性价比优越,在国际市场上有很高的认可度。

第三,从电力项目管理和服务看,我国积累了大型电网、大型火电、水电、核电、风电、太阳能发电的设计、建设、运营、管理经验,可以运用到境外项目中。此外,我国也具有电力项目强大的支撑体系,例如我国资金充裕、外储存量较高、在境外设有金融机构,可以为投资巨大、建设营运周期长的电力项目提供融资安排。

二、我国电力国际产能合作现状

近年来,我国电力项目的国际产能合作取得迅速发展,其中电力设备装备出口是产能合作最传统和目前所占比重最大的方式,而其他产能合作方式近年来增长很快,逐步涉及从工程承包、项目投资、运营管理到技术咨询等各领域。

1. 电力合作类型

产能合作主要以火电、水电和输变电为主,核电以及风电等新能源发电所占比重较低,但增长前景较大。2014年,我国企业境外火电项目签约额占全部签约额的比重是49.3%,水电项目为24.2%,输变电项目为19.0%,相比之下,太阳能项目仅占2.8%,风电项目为3.7%,其他发电项目为1.0%。[①] 与此同时,电力出口装备的技术水平、产品结构不断提升。例如火电方面,300兆瓦、600兆瓦等级的大型燃煤机组已实现批量出口,拥有自主知识产权的600兆瓦超临界机组也已实现出口;水电方面,我国水电设备出口逐步由传统的亚洲向非洲、南美延伸,单机容量世界最大的75兆瓦贯流机组已开始批量出口。核电方面,虽然目前我国只有向巴基斯坦实现机组出口,但目前拥有自主知识产权的百万千瓦级核电机组开始与阿根廷、罗马尼亚、南非等国家谈判签约,尤其是我国核电企业与法国合作参与的英国

---

① 中国电力企业"走出去"业绩显著前景可期,中国电力网。

欣克利角核电站建设、出口华龙一号堆型，标志着我国核电开始进入发达国家市场。在风能、太阳能等新能源方面，尽管出口较晚，但目前风电设备中1.5兆瓦和2兆瓦机组已批量出口，5兆瓦机组已在境外示范性投运，而我国光伏组件已成为世界各国太阳能电站建设的首选，2014年出口光伏产品达到222亿美元。输变电方面，我国输变电设备适应性良好，特别适用于发展中国家的薄弱网架结构、满足它们的实际需要。

2. 电力合作方式

首先是出口电力设备装备。这仍是最主要的合作方式，参与者多为我国中小企业，虽然出口设备的技术越来越先进，但其带动的产业不多，也不是电力行业的利润高端，对整个产业也不能形成控制作用，因此是在产能合作中属于一种较低层次的合作方式。

其次是工程承包。电力工程承包由专业类企业、设备类企业、运营类企业承担。其中专业类企业以工程总承包为主，也从事特许经营、设备制造等，2011年我国电力体制改革成立了中国电建和中国能建，它们成为我国境外电力工程承包的龙头；设备类企业以电力设备制造起步实现多元化、延伸产业链，形成设备＋工程总承包的业务模式，近年来在国际市场开拓工程承包业务；运营类企业则以五大发电集团、国家电网、南方电网为主，涉足包括工程承包、电厂电网投资运营等电力多个子行业。近年来，我国一些大型电力设计企业也向下游延伸，开展工程承包服务，实现以设计带动承包。电力工程承包对企业的综合要求较高，一般只有大企业或集团才能承接，同时工程承包还可以带动装备、技术等出口，对整个行业带动作用强，在产能合作中属于中等层次的合作方式。

最后是境外投资。境外电力项目投资主要是对境外电源点和电网的投资，是近年来增长较快的产能合作方式，它不但对国内整个电力产业链"走出去"可以起到牵动作用，而且对境外电力市场有较大的影响力和控制力，在国际产能合作中位于较高层次。其中，绿地投资方式或BOT（建设—运营—转让）方式不但能带动我国电力装备、技术、服务出口乃至标准走出去，而且也可以带动我国对外工程承包，主要投资对象是电力基础设施相对短缺的发展中国家以及新能源发电领域；并购投资则可较快进入境外市场、直接获得特许经营权，主要投资对象是发达国家。境外投资涉及设计、建设、营运各环节，对人才、资金、体制都有较高要求，也是产能合作中风险最大的，因此只有大型企业和集团才具有这个实力。

此外，从产能合作的地域分布看，新兴市场和发展中国家是我国对外合作的主体，"一带一路"战略实施后，我国与沿线国家的产能合作逐步升温。这是因为，一方面这些国家面临巨大的电力需求缺口，国内电力产能薄弱、技术落后，同时缺乏融资能力，对电力项目价格敏感，另一方面我国出现了电力产能相对过剩，急需在国际市场上拓展或转移产能，同时我国电力设备、技术、服务等的性价比很高，与发展中国家形成了高度互补的关系。

三、电力国际产能合作的主要问题

第一，电力设备出口。一是各国环保和安全压力越来越大，对火电装备的环保技术、水电核电的安全要求提高；二是部分国家出于产业保护等考虑，对电力装备制定本地化要求，这就要求企业不能简单出口，而必须以境外投资设厂的方式才能进入境外市场；三是各国电力设备和运营标准不一，设备出口和工程建设必须要符合当地标准，进行本地化改造。

第二，电力工程承包。一是国内企业之间的恶性竞争，对国内竞争对手恶意挤压，扰乱了正常的市场秩序，不但损害了我国整体利益，甚至也损害了我国企业的海外声誉。二是国内工程承包公司之间很少进行资源共享，缺乏有效交流和合作，造成资源浪费。三是承包上下游企业缺乏合作，限制了工程总承包开展，国际电力工程一般包括设计、采购和施工，但我国电力施工企业和设计、工程咨询企业间缺少交流合作，工程承包公司也缺乏相应的综合能力和经验。四是近年来部分国家尤其是发展中国家土地价格等上涨，承包的建设成本不断上升。

第三，境外电力投资。一是投资周期长风险大，电力投资是投资国与东道国长期合作的项目，整个投资周期需要数十年，增加了各类长期风险。二是缺乏国际化人才，境外投资不但需要技术和管理的专业知识，而且要掌握当地语言和文化，以及国际法律、惯例和国际工程标准，而目前电力企业非常缺乏这类综合性人才。三是很多国家对电力行业监管严格，制定严格的审查制度，增大我国企业适应当地的难度。

（执笔人：陈长缨）

附件九

我国钢铁行业国际产能合作的现状、问题及政策建议

一、我国钢铁行业开展国际产能合作存在的问题

当前，总供给与总需求的矛盾已经上升为我国经济运行第一位的矛盾，也严重影响我国钢铁行业的健康发展。钢铁总需求不足，导致钢铁产能利用率大幅下降，产能过剩问题凸显，造成严重的资源浪费。开展钢铁国际产能合作有利于缓解当前需求不足的主要矛盾，同时也是化解产能过剩和拓展需求空间的客观需要。开展钢铁行业国际产能合作可以获得更廉价的要素投入，有助于突破国内需求瓶颈，更好地在全球配置资源，进一步增强国际竞争力。

"一带一路"战略下推进钢铁产能国际合作，主要有两种实现形式：产品出口、产能走出去。"一带一路"沿线国家正大力发展工业，出于国际收支平衡考虑，这些国家加大力度推进钢铁等产品的"进口替代"政策。在这种背景下，我国"一带一路"产能合作逐渐向产能转移方式过渡，已有部分企业提前介入，从而加速了中国钢铁产能的全球化布局。

从区域布局看，中国钢铁企业纷纷在中亚、东南亚等地区投资建厂。"一带一路"沿线的部分地区原料资源丰富，如越南富集了大量的铁矿石、煤炭资源，哈萨克斯坦的铁矿资源探明储量91亿吨，位列世界第6。近年来，"一带一路"沿线国家开发热度逐渐升温，我国钢铁企业开始对外投资设厂。随着钢铁企业境外投资经验日丰，"一带一路"战略持续推进，我国钢铁企业境外建厂的趋势将进一步持续。但是，我国钢铁行业国际产能合作也存在一些明显的问题。

（一）产品国际市场占有率虽高，但高端产品深加工能力不足

钢材深加工是钢铁行业发展的必由之路，我国钢材生产处于供大于求的阶段，结构性矛盾表现为：先进产能与落后产能并存；高端产品产能不足与低端产品过剩并存；产业集中度很差。侧重上游资源投资，产能合作不足。中国钢企的国际化水平较低，产业的对外投资多以控制原料为目的，中下游"走出去"不足；国内钢铁行业的粗放型发展与同质化竞争制约了钢企的"走出去"能力。

（二）传统的"走出去"模式以获取矿产资源为主要目的，缺乏产业链条的整体布局

过去10多年随着我国经济高速发展，钢铁产能扩张，我国钢铁企业"走出去"的思路多是通过获取铁矿石资源，保障铁矿石供应为目的。过去主要集中在澳大利亚、加拿大、南美洲等矿产资源丰富的国家和地区，近年来逐渐转向非洲和东南亚，越来越多的中国矿业企业走入几内亚、南非、印度尼西亚、菲律宾、缅甸等国家进行投资和并购。这类海外投资多为获取铁矿石资源，缺乏冶炼、加工、销售等产业链条上的整体布局。

（三）"走出去"的钢铁企业国际竞争力偏弱，投资失败率较高

发达国家的矿业巨头早在半个世纪甚至更早之前就已经实施全球化资源战略，全球矿产资源和矿产品市场早已形成垄断格局。中国企业直到21世纪才逐步开始"走出去"，更多是在矿石品位较低、地质条件比较复杂、储量规模没有优势以及基础设施非常落后的高风险地区进行投资，且存在诸如投资行为盲目、对投资国政治经济形势分析不足、项目经济性分析与国际资本运作能力欠缺、管理不善等问题，这导致了很多海外投资成效不佳，投资成功率低。

（四）钢铁企业开展国际产能合作的能力和经验不足

大部分钢铁企业"走出去"在运作模式、评估调查、法律法规、税务、融资并购等方面缺乏高素质的国际企业运营管理人才及管理经验。由于在信息获取、技术、管理、人才等方面存在的问题导致企业"走出去"面临很大风险。

二、钢铁行业企业实现国际产能合作的基本思路

以"共建、共享、共赢"为理念,利用我国钢铁产业所积累的规模、技术和经验优势,立足长远,放眼国际,与当地结成紧密的利益共同体,共同打造钢铁产业的国际竞争力。要有明确的方向。"一带一路"沿线国家复杂多样,钢铁企业"走出去"要突出重点、明确目标、瞄准重点方向、重点国家、重点项目、重点品种,以市场潜力较大、投资环境较好的东南亚和中亚等地区为首要目标,积极推动"一带一路"建设取得新的更大成效。

(一)对接当地需求,化解国内过剩产能

对接当地需求。以"一带一路"为代表的广大发展中国家,在基础设施建设和产业承接升级上有着迫切需求。部分国家期望中国企业去当地投资建厂和完善基础设施建设,"国际产能合作"契合了这些国家的需求。

谨慎选择投资东道国。从文化和历史角度看,中国与"一带一路"沿线国家和地区有着悠久的外交历史和较深的文化渊源,也存在着较大的民族文化和历史认知差异。从经济水平看,中国钢铁产能输出的市场机会,基本都是发展程度较低的"第三世界"国家。据统计,"一带一路"沿线的65个国家中,有35个国家人均GDP仅达3000美元标准。因此,评估相关国家投资风险,谨慎选择投资东道国,应作为"一带一路"产能国际合作的首要任务。一是对当地投资有足够的风险调查。跟踪研究东道国政府、当地非政府组织或者地方反对势力的实时动态并展开科学评估,若存在我国企业难以控制和化解的潜在风险,应当理性决策。二是优先与亚投行、丝路基金等知名金融机构合作。与知名投资机构开展联合投资,形成独立的投资地风险评估分析,可以有效降低我国企业对外投资的风险。据分析,目前缅甸、老挝等东盟国家的基础设施投资风险较高,而苏丹、叙利亚、也门、利比亚等中东北非地区的政府信贷风险较高。三是凭借国家间合作和磋商机制,提高对投资东道国的责任约束。目前,我国已与130多个国家和地区签署了投资保护协定,企业应优先投资于已与我国签订了双边投资保护协定的国家和地区。同时,充分利用"一带一路"战略对国内的相关鼓励政策,结合双边合作产业园区政策,利用项目投资契机,推动东道国开辟专门园区,对接中国产业资本投资活动。

（二）企业联合抱团出海，实现企业间优势互补

一是联合生产与联合销售。大小钢企联合在东道国设厂进行产能输出，提高产能输出效率；中国企业与东道国当地企业联合生产，规避当地营商风险；中国企业与东道国当地销售物流企业联合销售，构建物联网系统。二是与产业链下游企业合作组团出海。钢铁行业是重要的中游行业。上游原料以铁矿石为主，而下游行业中机械和房地产需求较大。整条产业链的传导作用自下而上，即下游需求影响钢铁产量，进而影响对于上游原料的需求。我们建议钢铁企业可以结合东道国的实际情况，与国内大型下游企业抱团出海，实现全产业链层面的国际产能合作。三是与金融企业共同出海。在"走出去"过程中金融企业提供金融支持、金融协调等金融服务；利用金融企业经验，钢企实操融资租赁业务。

（三）以国际直接投资为主，契约式技术及工程合约为辅

国际产能合作有以下三种方式，分别是直接投资、契约合作和产品输出。直接投资：通过直接投资的方式在东道国新设企业或并购企业，便捷有效；契约合作：通过契约式合作协议与当地合作方就具体项目进行合作，稳定不足；产品输出：通过外贸将产品直接销售至目标国客户，层次较低，受限较大。建议当前在促进钢铁贸易平稳增长的同时，以国际直接投资为主，契约式技术及工程合约为辅。

在国际产能过程中，谨慎选择投资方案。一是以股权分散来破解政治风险。对于"一带一路"沿线国家的大规模项目投资，国有企业应避免采用独资形式，尽可能选择与国内大型民营企业、东道国企业、全球跨国公司、知名产业投资基金合资合作，实现投资主体的多元化，淡化投资主体的主权特征。其中，选择与东道国企业合作，有助于将投资与东道国利益捆绑在一起，构建利益共同体。选择与跨国公司、投资基金合作，则有利共担风险，同时有助于借鉴和汲取国际领先企业的投资经验。二是以治理本地化解决管理风险。应避免出现以往中国企业"走出去"所形成的"中国城"孤岛现象，实行员工的本地化。提高本地员工对项目的认同感，并逐步完成管理层的本地化，尤其注重和引导有来中国经历的中青年进入到管理层队伍，从而保障项目的顺利执行。三是以"一揽子"方案化解环保风险。首先，在投资项目的具体场址选择上，应根据投建地的气候气象特征，谨慎选择场地，从而降低粉尘、废气对主要城市的污染。在项目附属的环保设施投建运营

上，应吸纳国内优秀的环保解决方案提供商、东道国本地企业、国际知名环保企业的力量，集中智慧做好环保工作。经过多年发展，我国钢铁企业已经具备了相当成熟的节能降耗和治理"三废"经验，要吸取国内钢铁产业发展过程中的经验教训，严格执行环保设施建设的"三同时"制度（2015年1月开始施行的《环境保护法》规定，"建设项目中防治污染的设施，应当与主体工程同时设计、同时施工、同时投产使用"）等国内行之有效的管理办法，将"一带一路"战略推动下的项目环保标准提高到东道国法律要求的标准之上，树立中国企业的良好投资形象。

（四）统筹政府、企业、金融、中介各方力量

中国钢铁行业"走出去"，拓展国际发展空间不是单个企业间的竞争，而是以综合国力为代表的全方位的竞争。因此，为了让钢铁行业更好地"走出去"，我们需要组建包含政府、企业、金融机构、咨询服务中介等全方位多角度的"联合舰队"。

一是政府应在"一带一路"战略的基础上，进一步做好顶层设计、搭建平台、制定"走出去"的配套制度和规划等前期准备；同时，强化对外投资方面的服务职能；此外，尤其要加强科学引导，通过建立健全引导体系，帮助企业预防和规避境外投资风险。二是钢铁企业应强化项目落地实施的主体意识，紧紧抓住"一带一路"这一难得的历史机遇，在政府引导下充分发挥自身优势积极"走出去"，努力成为"一带一路"建设的重要参与者和有力推动者；同时要在"走出去"的过程中，完善企业自身的对外战略，提高国际竞争力和社会责任感，树立中国企业在海外的形象和品牌。三是金融机构的支持是钢铁企业避开自身投资、融资额度大、期限长的制约而能够"走出去"的关键。金融机构应在贷款、融资和投资风险防范方面，进一步提供合理的支持和服务；企业投资者也要深化对金融服务的认识和管理，提前做好投融资规划。四是咨询服务中介可以为钢铁企业"走出去"提供法律、保险、资产评估、培训咨询等方面的服务，保证"走出去"战略长期、持续、深入地贯彻实施。

三、对加快钢铁行业国际产能合作的建议

"一带一路"战略为处于困境亟须拓展发展空间的钢铁工业提供了难得的机遇，钢铁企业积极"走出去"开展国际产能合作则是对"一带一路"

战略的具体落实，是化解钢铁过剩产能的有效措施，两者互相促进，充分衔接。为此提出以下建议：

第一，建立完善促进产能合作体制机制与支持服务体系。要制定相应的促进与支持政策措施。包括：对公司开展海外投资与合作项目可以给予所得税优惠和关税优惠鼓励；制定相应的金融、保险促进与支持政策措施；制定相应的外贸与外援促进与支持政策措施；积极动员各方力量，搭建以政府为主体的跨国产能合作的情报平台与情报网络体系；研究建立跨国产能合作重大项目库，向相关企业提供境外项目信息。

第二，积极利用外部力量，实现合作共赢。要坚持合作共赢理念，重视与当地有实力的企业、经验谙熟的国际公司、相关金融机构等合作，部分规避政治风险、法律风险、经济风险、外汇风险、治安风险等。要增强企业社会责任意识，提高本土采购力度，尽可能地雇用当地员工，带动当地中小企业和配套产业发展，争取当地民众与社会势力的支持。加强与相关国际组织合作，优先与亚洲基础设施投资银行、金砖国家银行和丝路基金等知名金融机构合作。同时，加大对海外项目安全、质量、环保等因素的投入力度，使企业声誉、信誉通过良好的安全记录和高质量的项目标准而得到提升。

第三，创新商业运行模式。建设高水平的境外经贸合作区。建议我国与相关国家进一步完善双边或多边合作框架，将税收、金融、产业、科技、人才、技术标准等方面列为政策协调的重点，争取促成一批含金量高、可操作性强的优惠政策，使高水平海外产业园区成为特殊政策的优先实施平台。总结提高中马"两国双园"① 建设经验，积极推进"两国双园"模式，以及"两国多园"和"多国多园"模式。

第四，增强企业国际竞争力。打铁还需自身硬，企业要在跨国产能合作获得生存和发展机会，关键是要增强市场竞争力。建立多元化海外用人机制，大力实施"中高级管理人才国际化，基层管理人才及操作人员本土化"的人力资源战略。中高级人才国际化即引进一些具有国际经营能力、熟悉国际运营模式的高级人才，利用外籍雇员的语言和管理经验上的优势，推动跨国产能合作。在中高级国际化人才的开发上，要采取内部培养和外部延揽两方面相结合措施。

第五，加强研究，降低产能合作风险。为应对和降低产能合作可能存在

---

① 编者按：中国和马来西亚共建的中马钦州产业园区和马中关丹产业园区。

的各种风险,要加强对"一带一路"沿线国家世情、国情、社情、民情研究。科学评估相关国家投资风险,谨慎选择合作东道国,应作为"一带一路"产能合作的前置条件。

(执笔人:杜 琼)

附件十

汽车行业开展国际产能合作现状、经验及启示[*]

一、汽车行业开展国际产能合作现状

（一）整车出口逐年大幅下滑，出口市场较为集中

中国汽车工业协会的数据显示，2012年，中国汽车出口达到高峰，出口量近100万辆，但2012年之后，受各种因素影响，出口量不断下滑，到2015年已经降至73万辆，同比下降近20%，如图1所示，2016年1~7月，我国汽车出口37万辆，比去年同期下降17.1%。其中乘用车出口23.5万辆，同比下降7.2%。

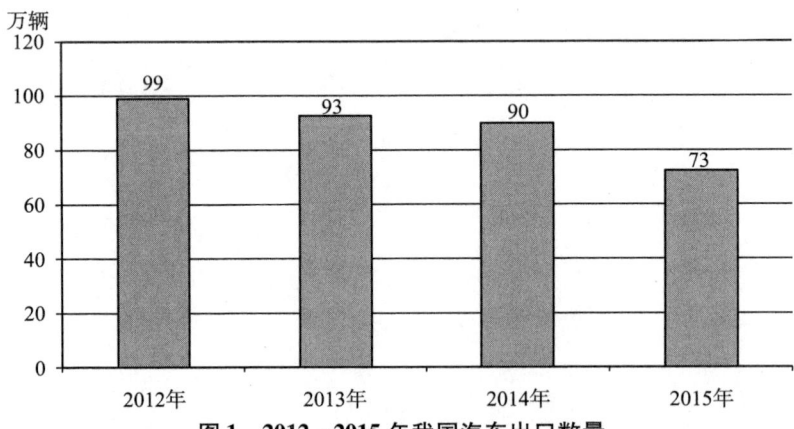

图1　2012~2015年我国汽车出口数量

资料来源：中国汽车工业协会。

---

[*] 本部分文中未标注的数据均来源于中国汽车工业协会（http://www.caam.org.cn/）和《德勒2016中国汽车行业对外投资报告》。

从出口数量分布看，目前我国汽车出口市场仍以发展中国家为主，主要集中在亚洲、南美洲和非洲地区，2015年亚洲是我国汽车整车出口的最大市场，占比达到50%，非洲、南美洲呈现萎缩趋势，欧洲市场下跌明显，东欧地区跌幅则高达75%。

从出口金额分布看，汽车商品出口金额排名前50位的国家（含地区）累计出口711.68亿美元，占汽车商品出口总额的88.91%。其中：出口金额排名前十位的国家依次是：美国、日本、韩国、越南、墨西哥、德国、伊朗、英国、俄罗斯和沙特阿拉伯，出口金额分别为170.39亿美元、61.37亿美元、31.85亿美元、27.05亿美元、25.46亿美元、24.28亿美元、21.02亿美元、18.29亿美元、16.74亿美元和15.46亿美元。与上年相比，俄罗斯出口金额下降最快，美国、日本、伊朗和英国小幅下降，其他国家呈不同程度增长，其中越南增速更为明显。2015年，上述10个国家共出口金额411.91亿美元，占汽车商品出口总额的51.46%（见图2）。

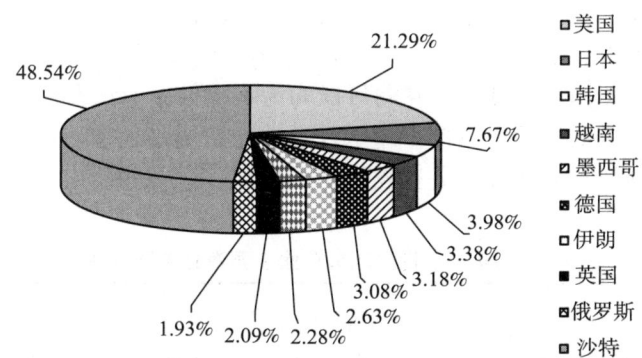

图2　2015年我国汽车出口前十名国家出口金额所占比重
资料来源：中国汽车工业协会。

从具体国家看，伊朗连续两年成为我国整车出口第一大市场，越南和委内瑞拉增速显著提高，是我国汽车出口第二、三大市场，其中，越南是我国卡车出口主要目标市场，占2015年卡车出口的1/4，这与"一带一路"海外基建项目带动卡车出口需求增加有关。此外，我国汽车出口前15个国家和地区中，南美洲有5个国家，占出口总量的20%。

（二）海外投资稳步发展，不同市场投资方式出现分化

2013~2015年，我国自主品牌汽车和零部件企业共完成60起海外并

购，金额 177 亿美元，绿地投资 99 起，涉及金额 107.9 亿美元。具体来看，我国汽车企业海外建厂增幅放缓，但海外并购在交易数量和规模上呈现上涨趋势，尽管 2015 年并购交易数量同比小幅下降，但整体交易规模创历史新高，预计未来海外并购仍将是我国汽车行业开展国际产能合作的主要方式。

从资金流向看，海外并购以美国、西欧等发达国家市场为主，而绿地投资则集中在拉美、东盟等发展中国家和新兴经济体。

从并购主体看，零部件企业是海外收购主力军，所涉及交易占到总交易量的 72%，总交易额的 80% 以上。一些国内汽车零部件巨头早已活跃于海外并购市场，随着国内经济增速放缓、消费需求疲软，外延式并购已经成为企业实现非有机增长的重要途径。5 家零部件企业在报告期内参与 2 起以上（含 2 起）跨境交易，其中军工和航空巨头中航工业集团相继在海外收获 4 家欧美零部件企业，多集中在传动系统和动力总成领域，凸显零部件企业弥补传统业务短板的较强意愿。

从并购分别地区看，西欧和北美是汽车行业跨境并购主要目标地区，其中，德国是我国汽车企业海外并购首选地，如表 1 所示，2013~2015 年，我国汽车和零部件企业在德国共发起 12 起并购交易，占总体并购交易的 20%，其次是美国（10 起），并购目标均为零部件企业，发达国家强大的制造能力以及金融危机后大量西方零部件企业经营困难，急于剥离非核心业务等因素是我国汽车零部件企业在发达国家发起多起并购的主要原因。

表 1　　　　2013~2015 年我国汽车企业主要海外并购交易

年份	并购方	并购标的	所在国家	涉及金额（百万美元）
2015	中国化工	倍耐力轮胎公司	意大利	8814
2015	中航工业	Llenniges Automotic	美国	572
2015	万丰奥威	万丰镁瑞丁	加拿大	220
2014	东风集团	法国 PSA 集团	法国	2206
2014	方源资本	Kcy safcty Systems	美国	700
2014	中航工业机电系统	L lilitc International	德国	644
2014	上海集优机械	Koninklijkc Nedschrooef Llolding B. V	荷兰	442
2014	株洲时代新材	BOGC Clastmetall Gmbll	德国	400
2013	华域汽车	廷锋伟世通汽车饰件系统	美国	928
2013	潍柴动力	凯傲集团	德国	430

资料来源：《德勤 2016 中国汽车行业对外投资报告》。

从海外投资建厂看，拉美、东盟、东欧是我国自主品牌汽车企业海外建厂最为密集的地区，这主要是由于当地出口非关税壁垒的提高以及东道国汇率波幅较大，使得车企转而以投资建厂的方式降低出口成本，实行本土化经营策略，充分利用东道国优惠政策和市场资源。并且相对于欧美发达国家更为严格的标准和市场进入门槛，我国汽车企业更倾向于在市场化程度相对较低、配套能力不强、监管和市场准入较松动的新兴市场国家建立初期投资据点。图 3 为 2013～2015 年我国汽车企业海外投资建厂金额分布，图 4 为 2013～2015 年我国汽车企业海外投资建厂数量分布。

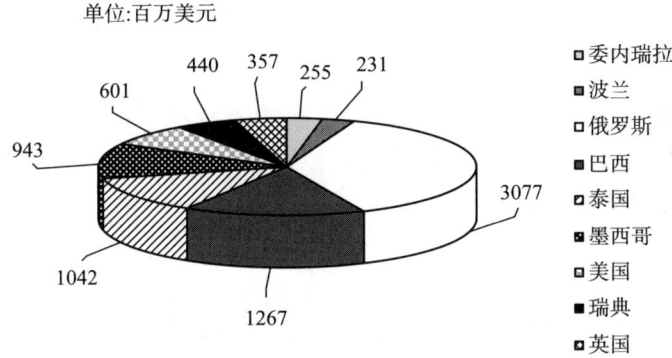

图 3　2013～2015 年我国汽车企业海外投资建厂金额分布

资料来源：《德勤 2016 中国汽车行业对外投资报告》。

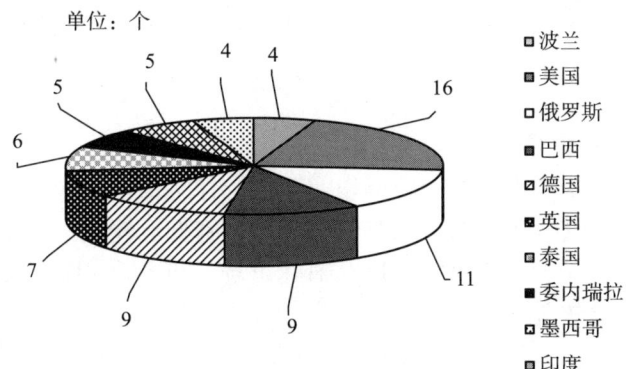

图 4　2013～2015 年我国汽车企业海外投资建厂数量分布

资料来源：《德勤 2016 中国汽车行业对外投资报告》。

从近年来我国汽车企业海外投资建厂发展速度看，在新兴市场投资建厂增速放缓，而西欧和北美地区则迅速增长。主要是由于新兴市场如巴西、俄罗斯经济低迷，销量大幅下滑，且我国企业品牌形象尚不稳固，又面临发达国家的竞争。而发达国家因先进的技术条件人才储备、运营管理经验以及当地对企业建立研发中心的鼓励政策等，使得我国大量汽车企业将海外研发中心设立在这些发达国家，带动了当地的绿地投资。

二、我国汽车行业开展国际产能合作主要模式和经验

（一）我国汽车行业开展国际产能合作的主要模式

我国汽车行业开展国际产能合作有多元化的方式，一般而言，每个企业都要根据自己的实力、背景和不同的发展阶段选择适合自身的"走出去"方式。根据产业合作深度的阶段性特征，企业会分阶段逐步由出口贸易向海外全产业链的模式推进。

1. 出口项下的产能合作

出口贸易是初级阶段汽车企业常用的产能合作方式。我国汽车企业"走出去"大多都是从出口贸易开始的，因为它所需的资金投入少，在国外的区位优势和规模经济容易实现，有很大的灵活性。在企业发展初期，基本上都以出口整车和关键零部件为主。当在某类型整车或零部件领域具有领先的技术优势，或具有相对于欠发达地区的比较技术优势时才可以考虑技术出口。

2. 成立战略联盟

战略联盟是指国内汽车企业间以及企业与保险信贷机构、远洋公司等建立的战略联盟，其目的是为了回避出口风险、降低运输成本。企业间成立战略联盟，抱团"走出去"，共同开发国际市场，可以利用多家企业的资源，更容易实现规模效应。

3. 海外 SKD 组装厂与 CKD 组装厂

SKD 即半散件组装，是指在东道国将自己在国内生产的汽车总成，如发动机、驾驶室、底盘等简单组装成整车。SKD 方式一般是在出口贸易发展到一定阶段，有相对稳定的国际市场，而在目标国建立汽车总成的组装

厂。这一方式能减少关税，降低成本，提高汽车在目标国的市场竞争力。由于关键零部件仍在国内生产，企业对技术的控制能力较强。

海外 CKD 建厂是指在当地生产零部件，当地组装成整车。基本要求是：汽车企业必须拥有先进的技术和相应的品牌影响力。此种方式可以绕过进口限制与投资壁垒，降低运输成本，促进当地汽车产业的发展。

4. 海外合资、合作与并购

海外合资是指与海外目标国企业建立合资公司，共同投资、共同经营，按各自的出资比例共担风险、共负盈亏。进行海外合资有利于获得合资方市场、资金、管理经验、无形资产、市场销售渠道等；局限性在于企业战略布局和经营方针的制定都要受制于合资方，企业文化难以融合。

海外合作是指不涉及产权关系、没有固定形式、一般期限较短的合作项目。包括合作生产汽车产品、合作进行技术研发等。可以被企业用于应急而随时采用，短期优势明显，但是不适合作为单一的"走出去"方式采用。

海外并购是指本国实力较强的汽车企业吸收国外一家或多家企业并组成一家新公司的形式；或者是用现金或有价证券购买海外另一家企业的股票或者资产，以获得对该企业全部资产或某项资产的所有权或控制权。其优势在于，可以使企业迅速获得海外资源和先进技术，实现市场和产品的多样化。

5. 构建海外产业链

汽车企业将资本和本企业的管理技术、销售、财务以及其他技能转移到目标国家，建立受本企业控制的分公司或子公司，当地生产，当地销售。其作用基本相当于在海外建立工厂和生产基地。

设立海外研发中心与本土化经营。汽车企业发展到一定阶段，拥有相应实力，即可在海外建立研发中心。其优点是：可以紧跟世界汽车技术发展步伐；充分利用和整合国外资源，降低研发成本，缩短研发周期；吸引更多当地研发人员，实现本土化汽车设计，提升企业国际竞争力。

本土化经营是指深入了解当地经济、文化、生活消费习惯，将企业生产、营销、管理、人事等全方位融入当地经济和经营中，生产能更好满足当地消费习惯的汽车产品。本地化经营可以为当地提供更多就业机会，降低本地消费者对外资品牌的排斥感，从而促进企业更好的发展。

（二）典型汽车企业开展国际产能合作的路径

1. 合资背景下的自主品牌走出去模式

（1）着眼于中高端市场的模式：一汽和上汽的自主品牌均定位于中高端市场。这与企业状况和合资背景密切相关。尽管一汽的中高档轿车"红旗"和"奔腾"在国际市场上所占份额很少，但一汽又承担着高端自主品牌建设的历史责任。上汽推出的自主品牌"荣威"引进了"罗孚"的技术并将其本土化，关键零部件进行全球采购，并极力营造"尊贵服务"理念，也是直接瞄准国际中高端汽车市场。

（2）超值性价比短期快速占领海外市场模式：汽车的质量包括售后在内的系列服务价值远超过其标价所及。这种物超所值的汽车产品一经推出，便会在短时间内走俏海外市场。如果能够根据消费者需求变化，适时推出一组或多款"超值"产品行销国外，将会构成对市场领导者的冲击，从而为走向海外市场铺平道路。

东风风神S30凭借"超值"性价比的口碑赢得客户的充分认可。2012年首批单笔出口4000辆到委内瑞拉。由于拥有超高人气，东风汽车与巴西CFS公司签署合作意向书，双方将通过KD组装的形式在巴西生产乘用车。

2. 本土自主品牌走出去模式

（1）出口扩张模式：首先用自有技术研发出一款或几款车型，利用国内庞大的市场规模提升其竞争力，时机成熟后直接出口海外市场，实现扩张。奇瑞公司2001年率先出口叙利亚，到2015年，在海外一共建立了近1000家以经销商为核心的营销服务网络，16个KD工厂（汽车组装工厂），10个办事处和4个合资（独资）公司。迅速扩张的海外发展模式，提高了奇瑞产品的全球竞争力。

（2）跳跃式进入中高端市场模式：即后发车企实施赶超战略，直接进入中高端市场。走在奇瑞之后的吉利集团率先宣布进入战略转型期，通过企业再造，实现体制转型和机制重塑。新体制更加注重市场导向和经营的灵活性与应变性，将过去以低价竞争为主，转变为重视质量，强化品牌，提升技术。而在战略布局上，吉利集团更是跳出浙江，立足全国，走向全球。随后，吉利以灵活应变的"走出去"方式，创新性地收购了瑞典沃尔沃轿车100%的股权，成功进入中高端豪华轿车市场。

(3) 稳步推进模式：稳步推进模式就是按照先低档后高档、先国内再国外的思路，构筑产品线，依托国内市场寻找出口契机，实现"走出去"战略。其基本特点是循序渐进，稳步推进，实现突破。坚持"稳步推进"的车企当属长城汽车。自 1998 年长城皮卡出口中东伊拉克、叙利亚伊始，长城汽车连续 10 余年出口数量、出口金额在中国企业中名列前茅。长城汽车已出口到 100 多个国家，海外网络达 800 余家。

三、汽车行业开展国际产能合作存在的问题

当前，我国汽车行业开展国际产能合作缺乏持续稳定的动力，大多集中在并购资产、开拓市场等初级阶段，导致大量企业"走出去"后无法真正站稳脚跟，究其原因，根本在于汽车产业竞争力有待提升。此外，内需放缓，产业竞争环境愈发激烈使得我国汽车行业整体利润空间逐渐收紧。

第一，以获取优质战略资产为主要目的，缺乏前瞻性的技术投资。随着模块化生产方式的盛行，迫于成本压力，整车企业试图压缩零部件配套环节，将设计、研发、工程、装配、质控等环节转移给零部件企业，一方面提升了我国汽车零部件企业的市场机遇和空间，但另一方面也对零部件企业专业化、系统化创新提出了更高的要求。由于我国汽车企业尤其是零部件企业自身技术实力不强，为了进一步提高企业超前研发能力，其海外并购的主要目标是弥补稀缺的优质资源，获取目标公司战略资产，帮助企业提高竞争力，扩大领先优势。但当前汽车行业企业主要以扩大市场份额、开拓新产品为主，在开展国际产能合作的过程中缺乏对前沿技术的投资，企业急于在工业产值大、技术壁垒高的细分行业做大做强，对于前期投入大、研发要求高的技术性投资相对较少，而企业在并购后又缺乏整合消化的能力，导致汽车行业国际产能合作始终缺乏技术引领和创新。

第二，海外市场大幅萎缩，汽车行业国际产能合作缺乏需求动力。我国汽车出口量下降主要是因为海外市场萎靡，尤其是以发展中国家市场为主，如南美、俄罗斯、中东、非洲等地区，这些地区经济发展速度放缓，并且在政治和经济上局势不稳定，进一步导致了需求的下滑。

例如巴西，当下经济已连续 3 年处于低迷状态。2012 年开始，我国自主品牌汽车在巴西的销量便遭遇下挫，出口量较好的江淮和奇瑞，年销量均跌破 2 万辆，到 2014 年，两大品牌在当地的年销量均跌破 1 万辆，去年销量更是跌至 5000 辆左右。2016 年销量下滑趋势仍在延续。上半年，中国自

主品牌在巴西继续失速，奇瑞的累计销量为 1133 辆，江淮为 1402 辆，力帆为 1842 辆。

同时，受整体经济环境和消费不振影响，俄罗斯车市也处于"寒冬"期，影响了中国自主品牌汽车在当地的销售。欧洲商会旗下汽车制造商委员会的数据显示，2016 年 7 月，俄罗斯销量延续此前的两位数跌幅，同比下滑 16.6%，前 7 个月跌幅达 14.4%。7 月，中国自主品牌在俄销量为 2351 辆，同比下降 35.8%；前 7 个月累计销量为 1.8 万辆，同比下滑 2.0%。

市场销售乏力，则直接影响了中国汽车品牌海外发展的积极性，江淮此前曾计划巴西当地建厂，但受巴西车市低迷影响，江淮不得不将建厂计划推迟。

第三，缺乏海外长期本土化发展战略。我国品牌汽车在海外市场出现销量下滑，同国外整体经济环境有很大关系，但也与我国自主品牌的海外发展战略，以及整车产品存在问题有一定关系。目前，中国自主品牌在海外发展所存在的问题在于大多没有一个长期发展规划，尽管我国品牌汽车产品一直在强调自身的高性价比特征，但如果从全球视角来审视中国汽车群体，则很难发现中国汽车的整体定位，融入当地市场，没有形成口碑。因此没能完全打开市场，一旦出口地经济环境发生变化，销量下滑也就随之出现。一直以来，多数自主品牌在海外市场并未形成体系，无论在营销还是品牌层面，被认为以"投机心态"经营海外市场。但如果要抵抗海外市场的波动风险，"本土化模式"不可忽视。产品和当地市场的融合是我国汽车企业开展国际产能合作需重点考虑的问题，比如当地消费者的喜好、习惯、文化等。这是决定汽车产品口碑是否能在当地得到提升的一个重要因素。

第四，品牌影响力有待提升。虽然中国自主品牌在国内外市场均占据了一定的位置，但与几家知名的国际品牌相比，显然国内厂商的竞争力与品牌力都还有一定的差距。与欧美汽车品牌相比，国内自主品牌海外经营方式较为单一，没有经历从出口到对外直接投资，再到国外本土化经营的全部发展历程，这种历程则涵盖了多元化的"走出去"方式：出口、技术合作、海外建厂、海外创办子公司、海外合资合作、海外技术合作研发、兼并收购、与国外企业建立战略联盟、在海外设立研发中心、本土化经营等。而我国汽车品牌企业一是无法覆盖全部海外经营方式，二是大部分企业的海外经营还停留在较为初级的模式，海外环节与国内产业链结合不紧密。

四、进一步推动我国汽车行业国际产能合作的对策和措施

目前我国汽车企业国际产能合作还缺乏统一的战略规划和行业引导，不

同汽车企业对国际化的理解、定位、战略目标和行动策略也有较大差异，表现在海外则是各自为战、互相之间难以形成良性的互动支持。制定一个有利于中国汽车整体发展、符合行业共同利益的国际化战略发展路线图，形成系统化、清晰化的自主品牌汽车企业国际化发展战略体系是当前亟待解决的问题。

第一，实行多元化的国际化发展模式。根据国际市场进入实践，汽车产业进入国际市场的方式主要有三种：直接出口、建立海外全散件或半散件组装工厂、直接投资建立海外生产基地。这三种方式各有利弊，相互之间有着内在的市场发展逻辑联系。欧美、日韩的汽车产业巨头对三者经过分析比较，权衡利弊，均采取了"直接出口—建立海外散件组装工厂—建立海外生产基地"的国际化发展模式，并无一例外地取得了巨大成功。我国自主品牌汽车在经过系统的市场调研并确定目标国市场后，也可借鉴采取这种成熟的国际化发展路径，循序渐进，步步为营，稳步发展，避免出现因急功近利而导致欲速则不达的局面。

第二，企业要加强品牌建设。品牌建设首先要准确定位。我国自主品牌汽车在国际市场上除了价格优惠外，其他特色非常模糊，给消费者的印象是"低质低价"，我国自主品牌汽车的定位总体上应体现自己的特点，根据不同的目标国市场和消费群体，对市场进行细分，有的放矢地推出适应其需求的特色品牌车型，以"优质优价"的品牌营销策略，成熟一个，推出一个，稳扎稳打，逐步由单一品牌形成复合品牌。

第三，企业技术研发需要加强和突破。目前，我国自主品牌汽车的技术研发整体基础薄弱，人才和资金明显不足，需要通过国际合作研发、购买专利技术、引进一流人才、引进关键设备等方式突破技术瓶颈，可以借鉴日本车企"技术引进—消化吸收—自主创新"的研发发展模式，进行技术创新突破。在传统汽车技术领域，我国自主品牌汽车企业应逐步提高研发投入占销售收入的比例，着重以车型设计创新为突破点进行产品开发，将技术提升的重点放在降低能耗、提升轿车舒适度和实用性方面，在造型技术、底盘技术、发动机技术、变速箱技术和汽车电子技术方面全面拥有自己的知识产权。在新能源汽车技术领域，无论是混合动力汽车，还是纯电动汽车，我国的研发水平同发达国家相比，基本处于同一起跑时间点，有着良好的赶超机遇。由于纯电动汽车受到电池性能、价格及基础设施的制约，在相当长的时间内难以普及推广，而混合动力汽车作为切实可行的产业发展方向受到发达国家的普遍重视；因此，我国新能源汽车的研发重点目前应在混合动力技术上取得突破，形成自己的核心竞争力，但在纯电动汽车技术方面要有领先的技术储备能力，一旦市场推广条件成熟，即可抢占先机，领先一步。

参考文献：

1. 严龙茂：《我国自主品牌汽车"走出去"战略模式与路径选择》，载《汽车工业研究》2015年第6期。

2. 郭秀君：《中国汽车行业对外直接投资扩展现状及发展趋势》，载《对外经贸》2013年第6期。

3. 施永兵：《中国自主品牌汽车国际化经营困境及路径选择》，载《商业经济》2014年第6期。

4. 徐向龙：《发展中国家对外直接投资新模式：合作第三国直接投资研究——上海汽车与通用汽车合作对印度直接投资案例研究》，载《学术研究》2010年第7期。

5. 荣伟成：《中国自主品牌汽车国际化优劣势分析与发展对策》，载《华东经济管理》2013年第1期。

（执笔人：季剑军）

附件十一

关于国际产能合作的文献综述

目前,关于国际产能合作的理论及学术探讨尚处在起步阶段,其理论依据基本上是建立在国际产业转移以及对外直接投资理论的基础上,国内相关研究和讨论主要集中在内涵、重要性、问题、实施路径和保障机制等方面。现将研究现状概述如下:

一、关于国际直接投资的文献综述

(一)产业组织理论框架下的企业国际化理论

1. 垄断优势理论

1960年美国学者斯蒂芬·海默(Stephen Hymer)在麻省理工学院完成的博士论文《国内企业的国际化经营:对外直接投资的研究》中,率先对传统理论提出了挑战,首次提出了垄断优势理论。垄断优势理论是由麻省理工学院 C. P. 金德贝格在20世纪70年代对海默提出的垄断优势进行的补充和发展。它是一种阐明当代跨国公司在海外投资具有垄断优势的理论。此理论认为,考察对外直接投资应从"垄断优势"着眼。鉴于海默和金德尔伯格对该理论均做出了巨大贡献,有时又将该理论称为"海默—金德尔伯格传统"(H – K Tradition)。

2. 内部化理论

内部化理论是由英国里丁大学的巴克莱(Peter J. Buekley)和卡逊(Maik C. Casson)在1976年提出的。内部化理论仍然运用市场不完全作为分析研究问题的基本前提,但内部化理论中的市场不完全不再强调产品特异、规模经济、市场障碍等而是指市场不完全或垄断因素存在而导致企业参加市场交易的成本上升。内部化理论是侧重分析市场交易机制与企业内部交易机制的关系来阐述战后对外直接投资及跨国公司发展动因的，市场不完全和交易成本促使企业进行内部化，通过建立企业内部市场来取代外部市场。

内部化理论认为，对外直接投资的实质不在于资本的转移，而是基于所有权之上的企业管理与控制权的扩张，其结果是企业管理机制替代市场机制来协调企业各项经营活动和进行资源配置。显然内部化也必须支付代价，但只要对外直接投资的内部化收益超过国际外部市场的交易成本和对外直接投资的内部化成本，则企业就拥有可从事对外直接投资或跨国经营的内部化优势。拥有内部化优势的企业就可获得内部化收益。

3. 国际生产折衷理论

1977年，英国雷丁大学教授邓宁（J·H·Dunning）在《贸易，经济活动的区位和跨国企业：折衷理论方法探索》中提出了国际生产折衷理论。1981年，他在《国际生产和跨国企业》一书中对折衷理论又进行进一步阐述。邓宁总结出决定国际企业行为和国际直接投资的三个最基本的要素：所有权优势（Ownership）、区位优势（Location）、市场内部化优势（Internalization），这就是所谓的OLI模式。所有权优势理论是发生国际投资的必要条件，包括：技术优势、企业规模、组织管理能力、金融与货币优势。内部化优势是为避免不完全市场给企业带来的影响将其拥有的资产加以内部化而保持企业所拥有的优势。区位优势是指投资的国家或地区对投资者来说在投资环境方面所具有的优势，形成区位优势的四个条件：劳动力成本、市场潜力、贸易壁垒、政府政策。"折衷理论"进一步认为，所有权优势、区位优势和内部化优势的组合不仅能说明国际企业或跨国公司是否具有直接投资的优势，而且还可以帮助企业选择国际营销的途径和建立优势的方式（如表1所示）。

表1　　　　　　　　　　　"折衷理论"示意

方式	所有权优势	内部化优势	区位优势
对外直接投资（投资式）	√	√	√
出口（贸易式）	√	√	×
无形资产转让（契约式）	√	×	×

注："√"代表具有或应用某种优势；"×"代表缺乏或丧失某种优势。

（二）比较优势理论框架下的国际直接投资

1. 产品生命周期视角下美国国际贸易和投资理论

美国哈佛大学教授雷蒙德·维农 1966 年在其《产品周期中的国际投资与国际贸易》一文中首次提出，从产品生产周期和投资周期角度分析，认为生产和投资的周期性变化是国际产业转移发生的经济动因。维农（R. Vernon，1966）提出的产品生产周期理论，以产品生产周期的变化来解释产业国际转移现象。他将产品生产周期分为新产品、成熟产品和标准化产品三个时期，不同时期产品的特征会发生变化，将由知识技术密集型向资本或劳动密集型转换。相应地，在该产品生产的不同阶段，对不同生产要素的重视程度也会发生变化，从而引起产品的生产在要素丰裕程度不一的国家之间转移。弗农把产品寿命周期分为创新阶段、成熟阶段和标准化阶段。

维农认为美国是资本充实而劳动力成本相对较高的国家，美国在产品生产上的比较优势是生产资本—技术密集型的产品和高档消费品。因此，在新产品的初始生产阶段，应在美国国内生产并出口，美国企业依靠新产品的独创性及其技术、品牌等非价格因素，可维持其产品生产和出口的垄断优势。在产品成熟阶段，美国企业应到其他发达国家去投资设厂，扩大市场和扩大生产规模，降低成本，以保持竞争优势。在产品标准化阶段，美国应该把产品生产转移到生产要素成本较低特别是劳动力成本较低的发展中国家以保持竞争的比较优势。

2. 宏观比较优势视角下日本对外直接投资理论

小岛清理论是以 20 世纪 50~70 年代日本对外直接投资为考察对象的。在他看来，"日本式"对外直接投资同"美国式"对外直接投资具有明显的区别，20 世纪 70 年代中期由日本一桥大学的小岛清教授（Kiyoshi Kojima）在《外商直接投资的宏观方法》中发展提出的，后在《国际贸易和外商直接投资：替代还是补充》和《日本和美国向发展中国家技术转移的方式差异》中进行完善。小岛清在比较优势理论的基础上，总结出所谓的"日本式对外直接投资理论"。

在对外直接投资的特点上，"边际产业扩张论"认为，对外直接投资不单是货币资本的流动，而是资本、技术、经营管理知识的综合体由投资国的特定产业部门的特定企业向东道国的同一产业部门的特定企业（子公司、合办企业）的转移，是投资国先进生产函数向东道国的转移和普及。

在投资主体上，该理论认为对外直接投资应该从本国的边际产业（或边际性企业、边际性生产部门。这里的"边际"包括边际以下）开始依次进行。所谓"边际产业"（也称为"比较劣势产业"）是指在本国内已经或即将丧失比较优势，而在东道国具有显在或潜在比较优势的产业或领域。由于同大企业相比，中小企业更易趋于比较劣势，成为"边际性企业"，因此中小企业更要进行的对外直接投资。

在投资的国别选择上，该理论积极主张向发展中国家工业的投资，并要从差距小、容易转移的技术开始，按次序地进行。在小岛清看来，从比较成本的原理角度看，日本向发达国家（美国）的投资是不合理的。他认为，几乎找不出有什么正当理由来解释日本要直接投资于美国小汽车等产业，如果说有，那也仅限于可以节省运费、关税及贸易障碍性费用以及其他交易费用等。与其这样，不如由美国企业向日本的小型汽车生产进行投资，日本企业向美国的大型汽车生产进行投资，即实行所谓"协议性的产业内部交互投资"。

在投资的目的和作用上，该理论认为对外投资目的在于振兴并促进东道国的比较优势产业，特别是要适应发展中国家的需要，依次移植新工业、转让新技术，从而分阶段地促进其经济的发展。对外投资应起"教师的作用"：应当给当地企业带来积极的波及效果，使当地企业提高劳动生产率，教会并普及技术和经营技能，使当地企业家能够独立进行新的生产。在成功地完成了"教师的作用"之时，就应该分阶段地转让所有权。

在投资与贸易的关系上，"日本式"的对外直接投资所带来的不是取代贸易（替代关系），而是互补贸易、创造和扩大贸易。也就是说这种投资不会替代投资国国内同类产品的出口，反而会带动相关产品的出口，是一种顺贸易导向型的对外直接投资。为什么会这样呢？因为这种投资将投资国技术、管理等优势移植到东道国，使东道国生产效果得到改善，生产成本大大降低，创造出盈利更多的贸易机会。对比于投资发生之前，投资国可以以更低的成本从东道国进口产品，且扩大进口规模，给东道国留下更多的利益。

（三）工序之间国际产业转移的研究

价值链最初由迈克尔·波特（Michael E. Porter, 1985）提出，在他的分析框架中，价值链是一个判定竞争优势的基本工具。波特认为，将企业作为一个整体来分析无法认识竞争优势，竞争优势来源于企业在设计、生产、营销和交货等过程及辅助过程中所进行的许多相互分离的活动。每一个环节的活动或辅助活动都影响到企业在竞争中的成本和差异化的基础，而低成本和差异化是企业的两个基本优势。

McGrath（1989）、Robinson（1991）认为各个产业的价值链往往都被分离开来，而价值链每一环节的生产都根据国家之间要素丰裕度的不同而分配在各个国家。产品内分工的持续深入促使全球价值创造体系和企业生产组织方式发生了巨大变化。在此背景下，Gereffi（1999）将 Porter（1985）的企业价值链理论与全球化的生产组织现象联系起来，提出了"全球商品链"理论，随后发展成为更突出产品价值创造和获取过程的全球价值链理论框架。在这一框架下，国内外学者对它的治理模式（Gereffi，2005）、动力机制（Gereffi，2001；张辉，2006）以及升级方式（Hum-phrey and Schmitz，2002）等构成要素进行了大量深入的研究。

在学术界关于价值链理论研究的基础上，联合国工业发展组织（UNI-DO，2002）将全球价值链的定义为："由全球性跨企业网络组织为实现商品或服务的价值而链接起来的，产品从研发设计、生产制造到销售和回收处理的整个循环过程，它不仅包括原料采购和运输、半成品和成品的生产以及分销、最终消费和回收处理等生产过程，还包括所有参与者的价值创造和利润分配过程。"按此定义，当前全球范围内各类企业从事的产品研发设计、生产制造、营销、运输以及循环利用等各种价值创造活动，都是全球价值链条上的一个环节。

很多欧美学者还从实证的角度对工序之间的转移进行了研究。Ettore Bolisani（1996）对整个世界服装行业各个工序在全球布点状况的分布情况的分析，不仅证明了工序间国际转移的普遍存在，而且还进一步分析了决定这种工序间国际转移四种动因，即资源动因、市场动因、效率动因和战略动因。Peter Gourevitch（2000）通过对计算机硬盘驱动器（HDD）产业的研究发现，HDD 的生产是很多工序的结合体（包括 Research，Development，Parts fabrication and subassembly，Tooling，Repair，Service，Marketing，Management），而美国作为最大最先进的 HDD 生产国，已经只是保留了一些工序的生产，很多工序的生产都转移到了其他国家，这一实证研究实际上从侧面间接地论证了工序之间的国际转移的存在。

随着外包现象在全球的普遍出现，关于外包和国际直接投资方式的研究逐渐成为经济学家们的关注点。Grossman 与 Helpman（2002）认为，一体化与外包的均衡决定于两者的成本比较，一体化存在较高的固定成本与管理成本,外包存在交易成本,在其权衡比较纵向 FDI 与跨境外包的选择模型中,投入品生产者与最终产品生产者对专有生产能力供给与需求的差距是决定交易成本大小的基本因素,成为选择的重要分界线,这种差距越大,生产组织方式就越是趋向于采用纵向 FDI 建立子公司实行一体化生产,反之则趋向于外包。Grossman 与 Helpman(2003)指出,一个需要零部件专业化生产的行业,潜在的零部件供应商需要进行成本的差异、不完全竞争契约的程度、产业规模、

二、目前关于我国推进国际产能合作相关观点的综述

国际产能合作,是一个综合性的概念,包含的国际经济行为,既有国际直接投资,也包括国际贸易、国际经济技术合作等。目前国内关于国际产能合作的讨论主要有以下几个方面:

(一)关于国际产能合作的内涵

《国务院关于推进国际产能和装备制造合作的指导意见》指出了国际产能合作的对象与领域,合作对象,包括作为重点国别的、与我国装备和产能契合度高、合作愿望强烈、合作条件和基础好的发展中国家,以及发达国家市场,涉及的领域主要有钢铁、有色、建材、铁路、电力、化工、轻纺、汽车、通信、工程机械、航空航天、船舶和海洋工程等作为重点行业。

向东、刘武通(2015)从东道国的角度阐释了国际产能合作。认为其实质上是产业与投资合作,是在一国发展建设过程中,根据需要引入别国有竞争力的装备和生产线、先进技术、管理经验等,充分发挥各方比较优势,推动基础设施共建与产业结构升级相结合,提升工业化和现代化水平。

商务部研究院副院长邢厚媛(2015)指出,国际产能合作是我国有比较优势的产业转移到有需求的市场。此外,产能国际合作不是排他性的,是以产业加速集群的方式吸引来自东道国和第三方的企业,共同推动相关国家的工业化。

国家发改委外资司司长顾大伟(2015)认为,国际产能合作,不是简单地把产品出口到国外,而是把相关产业整体输出到不同的国家去,帮助这些国家建立更加完整的工业体系、制造能力,其核心就在于通过这样的合作把产品的贸易、产品的输出推进到一个产业的输出和能力输出上来。

江德斌(2015)认为,大多数发展中国家正处在工业化初期,中国已

经进入了工业化的中期，中国工业化的生产线和装备处在世界中端，而发达国家处于高端，形成阶梯状落差。国际产能合作起到一个桥梁的作用，打通发展中国家与发达国家之间的经济通路，通过三方合作模式将南北连接在一起，构成新的利益共同体，为南南合作、南北合作找到一条新的道路，共同为缩小南北差距而努力。

（二）关于当前我国推进国际产能合作的意义

武寒（2014）认为，世界经济总体复杂疲弱态势难有明显改观，面对新的经济形势，传统贸易方式已经难以担当推动经济可持续发展的重任，必须要创造性利用国际国内两种资源、两个市场，推动我国优势产能走出去。

银河证券首席经济学家潘向东（2015）表示，国际产能合作是去产能的主要途径之一。去产能主要是两个方面，第一个方面是从供给端，将制造业的中低端和其他周期性行业粗放型的结构不断地淘汰。第二个方面是从需求端来看，加强国际产能合作。现在重复过去粗放型增长方式已经不行，包括环境等社会资源结构已无法支持它的继续发展。

江德斌（2015）认为，借助国际产能合作，向外输出国内过剩产能，并在与发达国家合作的过程中，学习先进技术和管理经验，加快自身产业升级步伐，实现经济转型大战略。同时，发达国家则可以通过国际产能合作，开拓新的消费市场，增加经济增长点，以缓解经济低迷压力。

《印度教徒报》（2015）认为，由于中国经济增速放缓，中国已经在水泥和钢铁等行业产能严重过剩，"一带一路"战略旨在沿欧亚走廊建立新的"增长引擎"，该战略将很好地吸收这种过剩产能。

（三）关于我国推进国际产能合作面临问题

商务部对外投资和经济合作司司长周柳军（2015）表示，中国推进国际产能合作面临诸多问题。中国周边众多国家都处在复杂的政治经济社会转型之中，未来形势潜存很大的不确定性和风险。此外，一些国家更加注重扶持本国民族产业的发展，希望帮助解决劳动力就业和转移技术等问题，对中国的期望值日益增高，当地政府和民间也越来越关注项目的环保问题和对当地的贡献度；部分国家和地区安全形势较严峻，劳工政策和市场准入较严，都制约了装备和产能合作规模的进一步扩大。最后，来自其他国家特别是发达国家的外部竞争也日趋激烈，中国企业市场开拓难度正不断加大。

卓丽洪、贺俊、黄阳华（2015）认为，"一带一路"战略下的国际产能合作存在五大问题，包括：战略导向与经济激励之间的关系亟须理顺、政治环境差异与中国企业的"水土不服、产能合作公共服务体系建设严重滞后、双边投资协定有待进一步完善、应对投资地社会风险的水平有待提升。

王义桅（2015），我国国际产能合作与欧盟"容克投资计划"对接过程中存在复杂性。欧盟决策流程复杂，且法律门槛多多，"一带一路"与"容克计划"的对接，要多层沟通，既要跟欧盟机构接触，也要跟欧盟国家的政府、精英、企业沟通。

丝路基金董事长金琦（2015）认为，我们国家中资企业多年来在"走出去"的过程中普遍遇到的问题是股权支持不足，主要是以债权为主的融资方式。这种比较单一的模式不利于产业链的形成。

中国欧盟商会（2016）指出，"一带一路"和亚投行吸纳产能过剩的能力有限。工信部黄立斌等认为，亚洲基础设施投资银行（亚投行）的成立和"一带一路"等举措将有助于解决中国的产能过剩问题，但是，中亚各国的市场太小，无法大量吸收中国的过剩产能。至关重要的是，政府相对强势的国家例如印度、印度尼西亚、越南愿意接受的中国贷款、产品和劳务很有限。而政府相对弱势的国家例如巴基斯坦、柬埔寨则存在高度的贷款拖欠，中国的政策制定者需要评估冒这样的风险是否符合国家的长远利益。

（四）关于我国推进国际产能合作的实施路径

部署推进国际产能和装备制造合作，以扩大开放促发展升级可从以下几个方面推进。一要聚焦铁路、电力、通信、建材、工程机械等具有比较优势的领域，对接不同地区尤其是"一带一路"沿线国家需要，以国有、民营等各类企业为主体，灵活采取投资、工程建设、技术合作等方式，带动装备等出口，促进相关国家就业扩大和经济发展。二要构建上下游协同的产能合作链条，注重技术交流，做好后期维护服务，做到装备走出去与配套服务共推进，产能合作和技术升级双丰收。三要把装备走出去与融资手段紧密结合。采用市场化方式，拓宽外汇储备使用渠道，提高出口信用保险保障水平。建设人民币跨境支付系统。鼓励企业和金融机构发行股票、债券等在境内外筹资。四要简化境外投资管理，搭建政府和企业对外合作平台。推动标准国际互认，注重风险防控，促进企业有序竞争。发挥行业协会商会和市场中介作用，提供法律、税务、知识产权等服务。

国家发改委外资司司长顾大伟认为（2015），推进国际产能和装备制造合作，本质上是一个市场行为，要坚持企业为主体，市场为导向，商业原则和国际惯例，自担风险。为了降低风险，政府鼓励企业采取各种新的商业运作模式，如企业抱团出海，企业在境外建立产业集聚区，工业园区等方式，也可以通过以大企业带动小企业合作出海，以大企业带动中小配套企业，以全产业链走出去的方式推进国际产能合作。

商务部研究院副院长邢厚媛（2015），从推进的区域看，不仅仅是面向发展中国家，也包括发达国家和转轨国家，与高端市场、高端企业的合作将有利于我们更好地获取智力、管理、市场渠道和资本资源，从推进载体看，2006年开始的境外合作园区的建设可以视为试点阶段。从相关配套政策看，"走出去"相关扶持政策是带有普惠性质的，国际产能合作则需要更加具有针对性的政策，之前园区合作区建设的政策要进一步强化和推广，金融保险等政策也要有所创新，政府服务和外交政策也要继续强化。

丝路基金董事长金琦（2015）指出，"一带一路"框架下企业走出去不能够再简单依赖低端工业制造，单纯工程承包和粗放经营模式。"一带一路"建设中产业链是重要核心，"一带一路"的建设是资源和产能整合的过程，也是产业再造的过程，是带动产业链上的相关企业直接或间接"走出去"的过程。在这个过程中，一些具备比较优势的大企业，比如核电产业、高铁产业，他们"走出去"必然要对接、输出国际标准。通过核心技术提升、强化运营管理，巩固领军地位。

中金公司（2015）提出了钢铁产业和建材行业不同的合作模式。钢铁行业，由于对一国经济的重要影响，钢铁行业在全球都是受本国保护较多的行业，外资在本地竞争面临较大的政治和经营风险，在国际产能合作中，中国企业到境外进行大规模钢铁产能投资面临的难度亦较大，更可行的方向是利用长期积累的技术和装备制造能力，为他国进行产能建设并带动设备出口。当然，对于拥有技术和资金实力的大型国有钢企，通过与本地企业合资的方式实现技术输出和市场开拓是一条被证实可行的路径，海外大型钢企亦与国内钢厂合资建设了若干汽车板生产厂。建材行业的国际产能投资较为普遍，如拉法基在中国西南地区以及台泥、亚泥在中国中南地区已投资经营多年，中国水泥企业亦早已开始尝试海外投资，如海螺在东南亚，华新在塔吉克斯坦和柬埔寨，以及上峰水泥在吉尔吉斯斯坦等。东南亚和中亚地区水泥需求增长快速而产能不足，是中国水泥企业产能输出的重要地区。

梅新育（2016）认为，在国际产能合作问题上，对基础设施产能输出和制造业产能输出需要采取不同策略。在基础设施领域，采取的策略是推动产能输出，进而带动相关装备输出。在制造业产能输出方面，不能"一刀切"地讲"输出过剩产能",应当满足以下条件:一是产品重量大、价值低、其国际贸易受运输成本影响较大,因而销售半径有限,无法通过国内生产出口而占领海外市场。二是能够利用东道国不可替代的资源优势、区位优势,或劳动力、土地等要素优势。

(五) 关于我国推进国际产能合作的支撑和保障机制

国家发改委外资司司长顾大伟认为(2015),政府主要做好三方面的工作。一是简政放权,二是主动提供服务,三是要为企业开展国际合作铺路架桥。服务体现在三个方面,第一是做好国别分析,帮助企业分析不同国家的情况。第二是提供信息和法律服务。第三是提供国别风险和领事保护,在货物通关、人员出入境、货币结算、司法、税务合作这些方面要跟不同国家建立多双边的合作机制。

冯维江(2015)认为,控制和化解风险,一是借鉴现有国际开发机构的风控与治理机制,完善项目契约;二是与国际主要开发机构与发达国家重要私人部门合作开发,形成利益共同体;三是建立有力的跨国协商机制,保证丝路基金的项目契约能够得到执行。

金琦(2015)指出,企业"走出去"需要创新,加大股权投资的支持,配合债券、基金、信贷、信保以及各种本外币的多种投资和多币种的组合,支持企业在"走出去"当中实现产业链的合理布局。此外,要加强对风险的评估和防控,所以项目的评估和调查需要尽量全面、详细和客观。投资方案中要充分设计风险的管控和补偿机制,基础设施和公共服务类项目需要争取所在国担保,相应要坚持与风险相对等的合理回报。

国家外汇管理局年报(2015)提出,从五个方面积极做好机制设计,稳步推进国家战略。一是做好股权和债权投资的均衡配合。发展中国家外债负担较重,部分国家被列为重债穷国,受到IMF等国际组织债务融资约束。为有效推进合作,除传统债权资金外,可适当增加股权类资金。根据所投资国家和地区的外债情况差异,合理设计股债搭配,促进投融资活动可持续发展。二是拓展项目的参与深度和广度,增强投资主体能力建设。应利用股权出资特点,一方面升级合作模式,除继续输出设备和劳务外,加大项目参与程度,特别是建成后的运营、管理、维护等;另一方面加强多方合作,以联合体等方式共同投资,广泛覆盖上下游产业链,实现利益捆绑和优势互补。三是做好各类投资主体的协调配合。应均衡发挥政府、金融机构、企业等各主体的优势和积极性,各尽所能,增加对外合作的投融资主体和资金选择,形成适度竞争、分散多元的对外投融资格局。

三、对文献观点的评述

（一）学术界围绕国际直接投资实践的发展不断进行理论创新

20世纪50年代以来，全球范围内发生了三次大规模的、特征差异较大的产业结构调整与转移，每次产业转移都极大地影响了世界经济的发展，也都出现了大量解释国际直接投资行为的相关理论创新。

一是围绕美国20世纪50年代开始的第一次国际产业转移，美国、英国等国的经济学家开展了相关理论的研究与创新，垄断优势理论、内部化理论和国际生产折衷理论，以及产品生命周期理论等都是对该阶段国际直接投资的动因、决定因素等进行了理论研究。第一阶段美国凭借其科技和经济发展水平的全球领先地位，成为第一次国际性产业调整和转移浪潮中的推动者，对日本、西德、加拿大等国进行海外投资和资本、技术输出。通过承接转移产业，日本和西欧国家大大加快了工业化进程，工业产业的竞争力迅速提高。这个时期的理论创新主要是从企业微观视角，融合了产业组织理论中的市场交易成本等理论，对企业国际化的必要条件、区位选择和方式选择等进行论述，此外，产品生命周期理论分析了企业在产品创新、成熟、标准化阶段采取的对外贸易和投资方式选择。

二是针对20世纪六七十年代日本主导推进的第二次大规模国际产业转移，以日本小岛清为代表的相关学者进行了一系列的理论研究，提出了国际直接投资的宏观比较优势理论。该阶段日本集中力量发展钢铁、化工、汽车和机械等出口导向型资本密集工业，同时注重发展电子、航天等部分高附加值技术、资本密集型进口替代工业，而把纺织、服装等轻纺类劳动密集型工业和部分耗能多、污染大的重化工业，逐渐转移到亚洲四小龙和部分拉美国家。因此，小岛清的理论主要解释了日本失去了比较优势的产业逐渐向发展中国家转移的现象，认为该阶段日本的产业转移以中小企业为主的边际产业转移，是包括资本、管理、技术等在内的生产函数的转移，一方面，国际直接投资扩大了日本的对外贸易，另一方面，对发展中国家工业化发展发挥了重大作用。

三是20世纪80年代中期以后的第三次国际产业转移，主要出现了产品内工序分工，涌现出Gereffi等的全球价值链、Grossman和Helpman的产品内分工、外包等理论创新。20世纪90年代后期，信息技术的快速发展和知识经济蓬勃兴起有力地推动了经济全球化的进程和发达国家产业结构的升级，引发了新一轮的国际产业转移浪潮。在这一阶段，美、日将产业结构重心向高技术化、信息化和服务化方向发展，亚洲"四小龙"、中国等新兴工业化国家或地区通过承接美国、日本转移出来的和一部分资本技术密集型产业劳动密集型生产环节，带动了经济发展和产业结构的升级。

从以上国际直接投资实践和理论的发展看，随着科学技术和国际产业的发展，国际直接投资领域不断呈现出新的模式，一般情况下，相关理论创新是对某一阶段国家直接投资的主流现象进行相关研究的突破，解释了特定历史阶段国际直接投资的特征、决定因素和影响等。

从当前全球国际直接投资看，美国信息技术等高技术产业迅猛发展，跨国公司主导的产品价值链的全球布局过程中，离岸外包、对外直接投资等仍然是国际产业转移的主流现象，美国等发达国家的理论研究目前也主要集中在该领域。

（二）随着国际产能合作逐渐成为国际直接投资领域的新现象，理论研究不断发展

与美国、日本当年的情形相似，目前中国拥有全球最大规模的外汇储备，并且也拥有庞大的制造业过剩产能。在当前经济全球化不断深入发展以及中国"一带一路"战略推进实施的大背景下，产能国际转移既是化解中国过剩产能的有效宏观治理举措，也是助力"中国制造"走向世界，占据产业链制高点的可行路径。国际产能合作将是未来一段时期我国对外经济合作的主要内容，同时，相关的理论研究也将不断开展。通过前面对目前相关观点的综述，我们发现：

一是内涵界定尚需进一步规范。从目前的理论研究来看，学术界对国际产能合作尚没有一个严格的理论概念。国际产能合作本身不是微观企业国际化经营的视角，也不是国际直接投资的视角，带有多领域、多维度的合作框架色彩。或者说，国际产能合作是一个包含国际直接投资和国际贸易的相互促进、不同产业依次战略推进的一个综合性架构。内涵界定不清，将直接影响国际产能合作的机制设计，但需要进一步的完善理论研究。

二是关于国际产能合作面临的问题，学术界已有较多的论述，但是目前关于国际产能合作的实施路径和机制保障的研究，但还有待进一步的细化和落实。首先，关于政府的作用的界定与构建，目前已形成一定的思路和方

向，要简政放权、主动提供服务、为企业开展国际合作铺路架桥，但是，提供服务的内容、具体的机制设计等需要不断的探索。其次，不断加强金融支持体系建设，应均衡发挥政府、金融机构、企业等各主体的优势和积极性，形成适度竞争、分散多元的对外投融资格局，但是投融资主体和机制的设计还需要进一步的研究和探索。

（三）国际产能合作的相关理论研究突破面临的难题

中国推进国际产能合作的理论研究，需要解决以下几个主要问题，一是国际产能合作的内涵。日本小岛清认为，外商直接投资在本质上是东道国的资本、管理技能和技术知识打包向投资国传递输送，其主要作用在于通过劳动力的培训，管理和市场营销将高级的生产函数从发展程度较高的国家向发展水平次高的国家转移，是发展水平次高国家工业化的"起动机"和"教师"。我国推进的国际产能合作，整体上来看，是发挥我国的比较优势，通过对工业化水平较低的发展中国家进行国际直接投资，向其转移先进生产能力和生产体系等，以创造和扩大对我国装备产品的相关需求，带动我国国内产业升级，但是这样的界定还需放在一个理论框架内进行研究。二是产业转移的原则和决定因素。在比较优势的框架内，遵循比较优势的原则，我国推进国际产能合作的决定因素主要包括哪些，劳动力成本、市场规模、产业发展契合度等。小岛清认为，发展水平差距越小的国家，越适合产业转移，我国的产能合作遵循原则必然和小岛清主张的原则有相同点，但根据我国的产业结构特征又有怎样的不同。三是我国推进的国际产能合作，与当前发达国家主导的产业外包和直接投资必然具有不同的特征，如何处理二者之间的关系，包括国内资源的配置和政策导向，这些都是需要回答的关键问题。

参考文献：

1. 张辉：《全球价值链理论与中国产业发展研究》，载《中国工业经济》2004年第5期。
2. 《国家外汇管理局年报》（2015）。
3. 卓丽洪、贺俊、黄阳华：《"一带一路"战略下中外产能合作新格局研究》，载《东岳论丛》2015年10期。
4. 聂名华：《发展中国家对外直接投资理论述评》，载《经济学动态》2000年第3期。
5. Raymond Vernon, International Investment and International Trade in the

Product Cycle, The Quarterly Journal of Economics, Vol. 80, No. 2 (May, 1966), pp. 190 – 207.

6. Dunning, John H., "Trade, Location of Economic Activity and the MNE: A Search for an Eclectic Approach", Bertil Ohlin et al. eds., The International Allocation of Economic Activity, Macmillan, 1977. [11] Eclectic Theory, University of Reading Discussion.

7. KOJIMA, K., "A macroeconomic approach to foreign direct investment", Hitot-subashi Journal of Economics, Vol. 14, No. 1 (June 1973), pp. 1 – 20.

8. KOJIMA, K., "International trade and foreign investment: substitutes or complements", Hitotsubashi Journal of Economics, Vol. 16, No. 1 (June 1975), pp. 1 – 12.

9. KOJIMA, K., "Transfer of technology to developing countries – Japanese type versus American type", Hitotsubashi Journal of Econoomics, Vol. 17, No. 2 (Feb. 1977), pp. 1 – 14.

10. Gene M. Grossman and Elhanan Helpman (2002). Integration versus Outsourcing in Industry Equilibrium. The Quarterly Journal of Economics, Vol. 117, No. 1, 85 – 120.

11. Gene M. Grossman & Elhanan Helpman (2005). Outsourcing in a Global Economy. Review of Economic Studies, Blackwell Publishing, Vol. 72 (1), 135 – 159.

(执笔人：杜　琼)